工会工作速查手册
基层工会干部工作实务专辑

工会组织委员速查手册

专业性·政策性·权威性

打造高素质的工会干部队伍

孟未◎编著

中国工人出版社

图书在版编目（CIP）数据

工会组织委员速查手册 / 孟未编著. —北京: 中国工人出版社, 2014.11
ISBN 978-7-5008-5956-7

Ⅰ.①工… Ⅱ.①孟… Ⅲ.①工会工作—中国—手册 Ⅳ.①D412.6-62

中国版本图书馆CIP数据核字（2014）第261035号

工会组织委员速查手册

出 版 人 李庆堂
责任编辑 杨 丽
责任校对 孙迺伟
责任印制 栾征宇
出版发行 中国工人出版社
地　　址 北京市东城区鼓楼外大街45号 邮编：100120
网　　址 http://www.wp-china.com
电　　话 （010）62350006（总编室） （010）62005039（营销出版部）
（010）82075935（工会与劳动关系分社）
发行热线 （010）62004002 （010）82081553（传真）
经　　销 各地书店
印　　刷 北京市密东印刷有限公司
开　　本 710 毫米×1000 毫米 1/16
印　　张 16
字　　数 270 千字
版　　次 2015 年 1 月第 1 版 2018 年 6 月第 2 次印刷
定　　价 35. 00 元

本书如有破损、缺页、装订错误，请与本社营销出版部联系更换

目录
CONTENTS

第一章　工会组织原则和组织制度

根据工会组织的性质和特点，确立工会组织原则、研究制定相关的组织制度、规范工会组织的行动，是工会自身建设的重要方面，是保证工会组织依照法律和工会章程开展工作的重要条件。

一、工会组织原则

工会组织原则：是指工会在建立组织、确定组织领导体制、建立组织制度等方面应当遵守的基本准则。这里主要介绍以下几项原则。

（一）全国建立统一的中华全国总工会

《工会法》第十条明确规定："全国建立统一的中华全国总工会。"《中国工会章程》第十一条也明确规定："全国建立统一的中华全国总工会。中华全国总工会是各地方总工会和各产业工会全国组织的领导机关。"

高度统一的组织领导体制事关中国工会性质和中国工会事业的发展。马克思主义认为，工人阶级的力量在于团结，工会的一个重要作用，就是消除工人之间的竞争，坚持不分民族、种族、性别、职业、地域、宗教信仰、教育程度，把先进、中间和后进的工人群众都吸收进来，把工人群众最广泛地凝聚起来，形成坚强的团结的阶级力量，共同为争取工人阶级和全体人民的利益而奋斗。工会的诞生，使工人阶级为自身利益的斗争进入了有组织斗争的新阶段。在社会化大生产条件下，工会绝不应当只是个别行业的、部分工人的组织，而应当是尽可能广泛的群众组织。在我国，工人阶级是国家的领导阶级，是党的阶级基础。最广泛地把职工群众组织到工会中来，提高工人阶级的组织程度，符合工会工作的发展规律，符合工人阶级的根本利益，是巩固我国工人阶级领导地位、实现工人阶级历史使命的重要保障，是增强党的阶级基础、扩大党的群众基础、巩固党的执政地位的必然要求，具有重大现实意义。

在中国共产党的领导下最广泛地把职工群众组织到工会中来，实现工人阶级的团结和工会组织的统一，是经历长期的曲折过程逐步实现的，是中国工人阶级的重大斗争成果，是中国工会的一个显著特点和优势。中国工人阶级诞生和成长于半殖民地半封建社会，深受世界各民族中少见的帝国主义、资产阶级、封建势力的深重压迫。早期中国工人的斗争缺乏正确的目标和纲领，工人组织的形式大多数具有封建性、狭隘性、落后性，自发、分散、力量不统一，不能有效维护工人群众的利益。1921 年 7 月中国共产党诞生后，集中力量发展工人运动，建立公开领导工人运动的总机关——中国劳动组合书记部，我国工人运动逐步由分散走向联合。在党的领导下，1925 年 5 月第二次全国劳动大会召开，中华全国总工会宣告成立，实现了全国工人运动在政治上和组织上的团结统一。1948 年 8 月第六次全国劳动大会召开，中华全国总工会恢复，原国民党统治区的中国劳动协会作为团体会员加入中华全国总工会，重新实现了全国工人运动和工会组织的团结统一。中国工人运动的历史表明，中国工人阶级的团结和工会组织的统一来之不易，是完成党在不同历史时期的目标和任务的组织保证，是反对敌对势力西化、分化我国工人阶级队伍和工会组织图谋，维护我国工人阶级和工会组织的团结统一，维护我国职工队伍和社会政治稳定的客观需要，一定要倍加珍惜、长期坚持、不断发展。

全国建立统一的中华全国总工会的基本要求：一是中华全国总工会是中国境内唯一合法的工会组织，是中国境内的各级各类工会组织的最高领导机关，负责领导全国工会工作。二是在中国境内建立的各级各类工会组织，都是中华全国总工会的下级或基层组织，必须认真贯彻中华全国总工会提出的工会工作方针和作出的决议，按照中华全国总工会的工作部署和要求，结合各自的实际开展工作。三是各级、各地工会工作和职工队伍的重大问题与事项，要按照组织程序及时报告中华全国总工会。四是全国产业工会和省级地方工会的设立和撤销，其领导班子成员和经费审查委员会领导机构成员，必须报中华全国总工会审批。五是各地方工会、地方产业工会和各基层工会的设立和撤销，其领导班子成员和经费审查委员会领导机构成员，必须按照《中国工会章程》规定报上级工会审批。六是未按照《工会法》和《中国工会章程》规定成立的组织，不得称为工会组织。

（二）实行同级党组织和上级工会双重领导，以同级党组织领导为主的原则

《中共中央关于加强和改善党对工会、共青团、妇联工作领导的通知》（中发〔1989〕12号文件）规定：“工会、共青团、妇联受同级党委和它们上级组织的双重领导，以同级党委领导为主。”这是由中国工会的性质和特点所决定的一个重要的组织原则，是工会在党的领导下，坚持走中国特色社会主义工会发展道路，坚持工会工作正确的政治方向和充分发挥工会作用的本质要求。

马克思主义经典作家认为，工人阶级是唯一能肩负实现人类社会从阶级社会走向没有阶级、没有剥削和压迫社会宏伟任务的领导阶级，工人阶级要完成这一崇高历史使命，必须靠工人阶级政党来加强领导，必须靠工会来巩固团结。工会和工人阶级政党都是工人阶级组织，有着共同的阶级基础，是工人运动的产物，是工人阶级和劳动群众的工具，致力于实现工人阶级利益。工会是工人阶级联合的初级形式，是先于工人阶级政党出现的工人阶级最广泛的群众组织；工人阶级政党则是工人阶级联合的最高形式，是由工人阶级中最有觉悟的先进分子组成、以科学理论武装、具有极严格的铁的纪律的工人阶级先锋队，负有在政治上统一领导工会等工人阶级组织的重要责任。列宁强调指出：“工会要紧紧地靠近党——这是唯一正确的原则。”

自工会组织产生以来，各种政党为实现所代表的阶级、阶层或集团的利益，总是竭力争取工会的支持；工会为争取实现工人利益，也往往与一定政党合作，受一定政党的影响。工会不受工人阶级政党的影响，就受资产阶级政党或其他政党的影响，不存在“中立”的可能。

中国工会自觉接受中国共产党的领导是我国《宪法》《工会法》和《中国工会章程》等明确规定的，各级工会组织和广大工会干部必须始终不渝地自觉遵循，任何情况下都不能动摇。

党的领导主要是政治、思想和组织领导，三者紧密联系、相互作用、不可分割。党的政治领导，就是党在政治原则、政治方向和重大政策的领导，政治领导是党的领导的根本；党的思想领导，就是坚持党在思想战线上的领导地位和马克思主义在意识形态领域的主导地位，思想领导是党的领导的基础和前提；党的组织领导，就是坚持党管干部原则，加强领导班子、干部队伍、党员队伍建设，组织领导是党的领导的保证。

工会自觉接受党的领导，必须始终同党中央在思想上、政治上、行动上保持高度一致，从自身的性质和特点出发，把自觉接受党的领导同坚决按照法律和工会章程独立自主创造性地开展工作紧密结合起来，把对党负责与对职工负责紧密结合起来，把贯彻党的主张和反映职工群众的愿望紧密结合起来。在政治上坚持党指引的方向，在思想上以党的理论武装头脑，在组织上接受党委的领导，在各级工会建立党组织，充分发挥工会中党组织的领导核心作用、战斗堡垒作用和党员的先锋模范作用，通过工会的决议、政策等，把党的理论和路线方针政策以及党委决策部署真正转化为工会组织和广大职工的自觉行动，把职工群众紧密团结在党的周围，始终做党联系职工群众的桥梁纽带。

贯彻这一组织原则，工会工作中的重大问题应当及时向党组织汇报，提请党组织研究决定。主要包括：①贯彻上级工会的重要决议和工作部署；②召开本级工会代表大会的方案、工作报告和主要领导人的提名人选；③涉及职工切身利益的重大政策性问题；④就重大政治、经济和社会问题需要公开表明的态度和主张；⑤对处理重大职工突发性事件的意见和建议；⑥年度工作计划和工会重大活动的安排；⑦工会建设和改革中的重大问题；⑧工会工作中需要党组织协调的重要问题。

工会在接受同级党组织领导的同时，接受上级工会领导。其基本要求是：①认真贯彻上级工会的重要决议和工作部署；②按照上级工会的要求，结合本地区（产业）、本单位的实际开展工作；③工会的重要工作和涉及职工利益的重大问题、信息及时向上级工会报告；④召开工会代表大会的报告、换届选举结果和届中人事变动情况，及时报上级工会审批；⑤工作上主动接受上级工会的监督检查与指导。

没有建立党组织的单位，其工会组织直接接受上级工会的领导，属于党组织研究决定的事项，包括工会领导人的推荐、提名、换届选举结果和届中人事变动情况等，由上级工会或所在地方党组织决定。

（三）民主集中制原则

1. 民主集中制的形成与含义

民主集中制：是指一个组织研究决定重大问题和开展工作时，在充分听取组织成员意见、发扬民主的基础上，集中大多数人的意见作出正确决策的制度。毛泽东同志在《关于正确处理人民内部矛盾的问题》中指出：“在人民内部，不可以没有自由，也不可以没有纪律；不可以没有民主，也不可以没有集中。这种民主和集中的统一，自由和纪律的统一，就是我们的民主集中制。”也就是说，民主集中制是民主与集中的统一，是民主制和集中制的结合，是在高度民主的基础上实行的高度集中。

民主集中制是列宁在1906年5月《关于俄国社会民主工党统一代表大会的报告》中提出来的，他在报告中说：“现在留下的是一项重大的、严肃的和非常重要的任务：在党组织中真正实现民主集中制的原则。”民主集中制成为中国工会的基本组织原则，是刘少奇同志在1926年提出来的，“所谓民主集权制，就是工会的权利集中在大多数人的会议上，不集中在个人身上，即凡事须经过大多数人的会议决定。一经决定以后，即必须实行。各会员在一事未决议之前，均可以自由地发表意见，若一经会议决议之后，则无论什么人均须服从”。我国的工会立法集中地体现了这一原则。1950年颁布的《工会法》规定：“工会组织原则，根据全国劳动大会通过之中华全国总工会章程之规定，应为民主集中制”。1992年修订的《工会法》规定：“工会各级组织按照民主集中制原则建立”。2001年10月27日第九届全国人大常委会第二十四次会议通过的《工会法》修正案进一步明确规定：“工会各级组织按照民主集中制原则建立”。

2. 民主集中制的主要内容

民主集中制原则的主要内容在《中国工会章程》第九条作了具体规定：“中国工会实行民主集中制，主要内容是：（一）个人服从组织，少数服从多数，下级组织服从上级组织。（二）工会的各级领导机关，除它们派出的代表机关外，都由民主选举产生。（三）工会的最高领导机关，是工会的全国代表大会和它所产生的中华全国总工会执行委员会，工会的地方各级领导机关，是工会的地方各级代表大会和它所产生的总工会委员会。（四）工会各级委员会，向同级会员大会或会员代表大会负责并报告工作，接受会员监督。会员大会和会员代表大会有权撤换或者罢免其所选举的代表和工会委员会组成人员。（五）工会各级委员会，实行集体领导和分工负责相结合的制度，凡属重大问题由委员会民主讨论，作出决定，委员会成员根据集体的决定和分工，履行自己的职责。（六）工会各级领导机关，经常向下级组织通报情况，听取下级组织和会员的意见，研究和解决他们提出的问题。下级组织向上级组织请示报告工作。”

《中国工会章程》规定的民主集中制的六点内容，集中反映了两个方面的要求：

（1）“会员个人服从组织，少数服从多数，下级组织服从上级组织”，这是民主集中制最基本的原则，也是工会实行群众化、民主化的根本原则。会员个人服从组织，实质上是服从多数人意见，服从按照多数人选出的领导机构作出的决议，充分体现了会员的意愿和要求。少数服从多数是在民主基础上的集中，其实质是反映了在民主的基础上，集中了符合大多数会员意见的正确决策。下级组织服从上级组织，也是少数服从多数的体现。第一点讲的三个“服从”，都是在充分发扬民主基础上的高度集中，只有在充分发扬民主的基础上才能集中大多数人的正确意见，形成共同的行动准则。

（2）按照群众组织的性质和特点，建立充分体现群众化、民主化要求的领导机构和工作制度。从第二点到第六点讲的都是这方面的内容，领导机构要坚持民主选举，工会领导人要接受会员的监督，实行集体领导和分工负责制，重大问题及时报告等。

3. 贯彻民主集中制原则的具体措施和要求

（1）建立健全民主生活制度

工会作为工人阶级群众团体，它的内部生活应该是充分民主的。邓小平同志在中国工会九大致词中指出：“工会组织都必须密切联系群众，使广大工人都感到工会确实是工人自己的组织，是工人信得过的、能替工人说话和办事的组织，是不会对工人说瞎话、拿工人的会费做官当老爷、替少数人谋私利的组织。工会要为工人的民主权利奋斗，反对形形色色的官僚主义，它本身就必须是民主的模范。”工会内部的民主，就是通过建立一套民主制度，保证会员有管理工会事务、发表意见和对工会领导人进行监督的权利。

建立工会民主生活制度，主要体现在：①要保证会员的民主权利。建立有关制度，明确会员对工会重大问题的知情权、参与权和决定权。②工会的各级领导机关和领导成员必须按照民主程序进行选举，并切实接受选举单位会员群众的监督，充分体现选举人的意志。凡是不经会员大会或会员代表大会选举，指定或任命工会领导人，随意撤销、合并工会组织机构的做法，都是无视工会会员民主权利，违反《工会法》的行为，应当及时予以纠正。③从实际出发，建立工会机关的民主制度。比如，定期召开会员大会或会员代表大会制度；定期向会员大会或会员代表大会报告工作的制度；工会的重大活动和重要事宜，由会员代表大会讨论、审议和决定的制度；会员代表大会代表实行常任制的制度；工会领导班子研究和讨论重大问题的议事制度；会员代表评议工会工作和领导干部制度，等等。

（2）实行集体领导和个人分工负责制

一个组织的建立，首先要解决好的问题是，在组织内部按照什么原则处理个人和组织、领导和被领导的关系。集体领导和个人分工负责制，就是民主和集中相结合的原则在工会组织中的运用。

集体领导是指：各级工会组织对工会工作的重大问题，必须在民主讨论的基础上集体作出决定，要严格按照民主集中制的原则办事，坚持集体领导、民主集中、个别酝酿、会议决定的内部议事和决策的基本制度。工会工作中重大问题及时提交工会委员会集体讨论，讨论研究问题时，要充分发扬民主、广泛听取意见，参加讨论的人都要从全局和工作出发，毫无保留地发表自己的意见；决定问题时，按照少数服从多数的原则作出决定。

个人分工负责是指：一旦集体研究形成决议后，就要按照各自的分工做好工作，保证决议的贯彻执行，不允许在行动上有任何反对的表示。

为了保证正确有效地实施集体领导和个人分工负责制，一般情况下，在集体讨论重大原则问题时应当把握的程序是：①在工会委员会召开之前，应将讨论的议题通知各位委员，提前做好准备。②在研究讨论工会重大问题时，应先学习和掌握党的有关方针和政策以及国家相关法律法规，保证作出的决定不违背原则。③在研究和讨论重大问题时，要注意充分听取分管领导同志的意见和建议。④在充分讨论研究的基础上，按照多数人的意见作出决定。

（3）加强工会组织的系统领导

贯彻民主集中制的原则，必须重视和发挥工会组织的系统领导作用。

一是下级工会必须认真贯彻执行上级工会的决议和决定，各级工会都要贯彻执行全国代表大会的决议，服从中华全国总工会的领导，执行和努力完成中华全国总工会提出的工会工作方针和工作任务。下级工会贯彻执行上级工会的决议和决定，要结合本地区、本单位的实际，不能机械地照搬照抄，更不允许符合意愿的就执行、不符合意愿的便不执行。

二是坚持下级组织向上级组织请示报告和反映重要情况的制度，保证工会组织上下情况反映及时、信息灵敏、渠道畅通。

三是要认真按照《中国工会章程》的有关规定，各级工会委员会的选举结果，报上级工会批准，各级工会主席、副主席未经同级工会委员会和上级工会同意，不得随意调动其工作。这些要求是保证工会组织实现系统领导的重要内容，也是工会组织领导原则的基本要求。只有这样，才能从组织上保持工会组织上下级联系渠道畅通，形成中华全国总工会领导下的统一完整的组织体系。

（四）产业和地方相结合的组织领导原则

《中国工会章程》第十一条规定：“中国工会实行产业和地方相结合的组织领导原则。”产业和地方相结合的组织领导原则，集中体现了中国特色社会主义工会组织结构的特点。

1. 产业和地方相结合组织领导原则的形成与确立

中国工会建立之初，强调按照产业原则建立工会组织。在 1925 年之前，我国工人阶级为了自身利益和革命斗争的需要，曾经按照职业和行业原则组织工会，建立了火车司机工会、搬运工人工会、建筑工人工会等。随着形势的发展和工人组织的逐步完善，明确按照产业原则建立了中国海员工会联合总会、粤汉铁路工人俱乐部、汉口人力车夫总会、全国铁路总工会等产业工会组织。到 1957 年中国工会第八次全国代表大会之前，我国工会都是按照产业原则组织建立的，地方工会是由产业工会联合组成的，名称为地方工会联合会。为了适应我国政治体制和行政管理体制的需要，中国工会第八次全国代表大会通过的《中国工会章程》，将“中国工会是按照产业原则在民主集中制基础上组织起来的”改为“中国工会是按照产业和地区相结合的原则在民主集中制基础上组织起来的”。按照《中国工会章程》的规定，各级地方工会联合会改为地方总工会，统一领导本地区的产业工会和地方工会。中国工会第九、第十次全国代表大会通过的《中国工会章程》，对这一组织原则进行了修改完善，进一步确立了产业与地方相结合的组织领导原则。

2. 产业和地方相结合的组织领导原则的重要性

实行产业和地方相结合的工会组织领导原则，是与我国政治体制和行政管理体制相适应、经过实践检验正确的组织领导原则。这一原则的重要性在于：

一是适应了我国基本国情的要求。我国地域辽阔、幅员广大，各地区的经济发展不平衡，工会会员人数多，分布面积广，单靠地方工会或者产业工会难以实行对基层工会工作的指导。实行产业和地方相结合，凡属于地方性的工作，由地方工会负责；凡属于产业特殊性的工作，由产业工会负责，二者相结合就可以发挥工会的整体功能。

二是有利于加强党对工会工作的领导。我国的政治体制是在党中央的统一领导下，由各级地方党委对本地区工作实行全面领导。实行产业和地方相结合的原则，有利于把各地区、各产业的职工组织起来，在各级地方党委领导下开展工作。

三是有利于工会参政议政，动员和组织职工在经济建设和社会发展中充分发挥作用。我国实行以地方管理为主的行政管理体制和经济管理体制，工会实行产业和地方相结合的组织领导原则，有利于工会参与政府对涉及职工切身利益重大问题的决策，及时反映职工群众的愿望和要求，维护职工合法权益，充分调动职工群众的积极性、创造性，推进社会主义物质文明和精神文明建设。

四是有利于维护工人阶级的团结统一。按照产业原则能够有机地把同一个企事业单位的职工组织到一个基层工会，把同一个国民经济部门或性质相近的几个国民经济部门组成一个产业工会，产业工会作为地方工会的组成部分，通过条块结合把工人阶级紧密地组织在一起，形成在中华全国总工会领导下的工会组织体系。

五是有利于发挥地方和产业工会两个积极性，相互配合、相互支持，充分发挥各自组织的作用，共同完成工会工作任务。

3. 产业和地方相结合的组织领导原则的主要内容

产业和地方相结合的组织领导原则，其内容和要求主要有以下几个方面：

（1）关于基层工会的建立

把“同一企业、事业单位、机关和其他社会组织中的会员，组织在一个工会基层组织中”。凡是与用人单位建立劳动关系的职工，都可以申请加入所在单位工会，不允许跨单位参加工会组织。基层工会具备《民法通则》规定的法人条件的，经过登记，依法取得社会团体法人资格。

（2）关于产业工会的建立

根据《工会法》的规定：“同一行业或者性质相近的几个行业，可以根据需要建立全国的或者地方的产业工会。”除铁路、民航、邮政、电信、金融以及交通、长江航运等少数行政管理体制实行垂直管理的产业，其产业工会实行产业工会和地方工会双重领导，以产业工会领导为主外，其他产业工会均实行以地方工会领导为主，同时接受上级产业工会领导的体制。

（3）关于地方工会的建立

根据《中国工会章程》第十一条的规定，按照行政区划，在省、自治区、直辖市，设区的市和自治州，县（旗）、自治县、不设区的市建立地方总工会。地方总工会是当地地方工会组织和产业工会地方组织的领导机关。

在发展社会主义市场经济的过程中，非公有制经济得到迅速发展，针对大量的分散的小型企业集中在城市街道和乡镇的现实情况，在经济发达、企业比较集中、职工人数较多、条件成熟的乡镇、街道、经济开发区逐步建立总工会，履行地方工会的职能，对辖区内的各种所有制经济单位工会组织实行统一领导，已经势在必行。

（4）关于工会组织设置

产业工会全国组织的设置，由中华全国总工会根据需要确定。各级地方产业工会组织的设置，由同级地方总工会根据本地区的实际情况确定。按照《中国工会章程》第二十二条的规定，根据工作需要，省、自治区总工会可在地区设派出代表机关。直辖市和设区的市总工会可在区建立区一级工会组织或设派出代表机关。县及市的区可在乡镇、街道建立乡镇工会和街道工会组织，具备条件的，建立总工会。

（5）关于中华全国总工会的建立

根据《工会法》第十条规定，全国建立统一的中华全国总工会。

根据《中国工会章程》第十一条规定，中华全国总工会是各地方总工会和各产业工会全国组织的领导机关。

4. 贯彻产业和地方相结合的组织领导原则应当把握的几个问题

（1）建立健全产业工会组织体系的原则

坚持从中国国情和工会实际出发，与我国政治体制、行政管理体制改革相适应；坚持产业工会和地方工会相结合的组织领导原则，发挥产业工会和地方工会两个积极性；坚持地方产业工会的设置与本地区产业结构调整和产业职工队伍发展变化相适应；坚持不改变基层工会组织隶属关系、干部管理和经费管理体制。实行垂直领导的产业工会地方组织的设置，由相关全国产业工会提出意见，报全国总工会批准。地方产业工会组织（除实行垂直领导的产业工会）的设置由同级地方工会根据本地区实际情况确定。

（2）工会的组织领导体制要与行政管理体制相适应

在建立健全地方工会组织，发挥地方工会对本地区工会实行统一领导的同时，要按照产业结构和职工队伍的构成情况，建立健全产业工会组织，并根据产业行政管理体制确定工会的领导体制。属于产业特色的工作和特殊性问题，主要由上级产业工会负责，地方总工会支持配合；属于工会统一性要求和地区性问题，主要由地方总工会负责，上级产业工会支持配合，避免职责交叉、工作重复。实行垂直领导的全国产业工会对所属工会组织的工作实行全面领导，要加强与地方总工会的联系与沟通，所属基层工会应当主动向所在地方总工会报告工作，接受工作指导。其他地方产业工会在同级地方总工会的领导下，对本产业所属工会组织的工作实行领导，按照上级产业工会的工作部署，结合产业实际，突出产业特点，创造性地开展工作。

（3）根据行政管理体制改革和政府机构改革后的变化，适时调整产业工会设置

原来设在政府有关部门的产业工会，政府有关部门在机构改革中仍然保留的，其产业工会可以保持不变；原有的政府部门在机构改革中改组为集团公司或控股公司的，其产业工会可以改组为集团公司工会或控股公司工会，根据工作需要，对能够涵盖本产业（行业）绝大部分企业和职工的，所在地方工会也可以赋予其产业工会职能；机构改革后，原政府部门撤销，或变成行业协会、行业联合会的，地方工会可以根据本地区产业结构调整和职工队伍构成情况，在地方工会机关设立新的产业工会或由性质相近的产业工会管理。

（4）加强城市和县级产业（行业）工会建设

城市和县级工会直接领导基层工会，直接面向职工群众，在工会组织体系中处于承上启下的重要地位。城市和县级地方工会要按照上级工会的工作部署，结合本地实际研究确定工会工作重点，提出具体要求，通过产业（行业）工会直接面向基层抓好落实。城市产业工会要适应工业化、信息化、城镇化、市场化、国际化深入发展和产业结构调整的要求，在支柱产业和职工集中的产业建立健全产业（行业）工会组织；要

适应市场经济条件下工会工作领域和工作对象的变化，建立覆盖产业不同所有制企业工会的产业（行业）工会组织体系；根据区县经济发展的新情况，承担起对本产业县（区）行业工会联合会指导和服务的职责，在县级以下区域积极推动开展行业或区域平等协商，签订行业性或区域性集体合同。

（5）合理划分地方工会和上级产业工会的职责

地方工会要加强对产业工会工作的指导，及时对产业工会提供理论政策支持；产业工会要认真总结本产业基层工会工作经验、及时反馈工作中遇到的困难和问题；加大上级产业（行业）工会代表基层和（县以下）产业（行业）工会依法维权的力度，形成工作合力，共同加强对基层工会的指导服务。

地方工会的主要职责：做好社会保障、劳动就业、医疗保险、劳动关系协调以及涉及地方性的立法、政策参与等工作，开展地方性的工会活动和对工会日常工作进行指导。

上级产业工会的主要职责：开展调查研究和反映本产业改革发展重大问题以及职工特殊利益问题，参与涉及本产业职工切身利益的法律法规和政策的制定，维护本产业职工合法权益；指导基层工会建立健全以职工代表大会（职工大会）为基本形式的企事业单位民主管理制度，推动建立产业（行业）的科学劳动标准，开展行业工资集体协商，建立企业职工工资决定机制、正常增长机制和支付保障机制，构建和谐劳动关系；围绕产业经济发展，组织开展具有产业特点的劳动竞赛、安全生产、班组建设等建功立业活动，提高职工队伍素质，参与推荐和评选本产业的先进典型和劳动模范；调查研究，总结经验，推广典型，指导所属产业的工会工作；培训本产业工会干部，提高工会干部的工作能力和水平。

（6）探索建立县级以下行业工会联合会

县级总工会可根据产业工会工作需要和基层单位小而分散、职工流动频繁的特点，建立县（区）、乡镇（街道）行业工会联合会。在健全和完善乡镇（街道）工会、社区工会、企业工会组织网络的同时，根据行业分布、企事业规模、职工人数和工作需要，建立县（区）、乡镇（街道）行业工会联合会。在县（区）、乡镇（街道）建立行业工会联合会，应当因地制宜、积极稳妥地推进；坚持以企业工会为基本单位组成、同时接受本产业工会的工作指导；坚持基层工会组织领导关系保持不变。

二、工会组织制度

工会组织制度：是用法律和规章的形式确定的，工会各级组织和工会会员共同遵守的办事规则。工会的组织制度主要包括以下五个方面。

（一）会员大会或会员代表大会制度

1. 建立健全会员大会或会员代表大会制度的重要意义

会员大会或会员代表大会是工会的一项根本性的制度。各级工会代表大会或会员大会，是同级工会的最高领导机关，是工会讨论、决定工会重大事项和选举工会领导机构的权利机关。

《中国工会章程》第九条规定："工会的最高领导机关，是工会的全国代表大会和它所产生的中华全国总工会执行委员会。工会的地方各级领导机关，是工会的地方各级代表大会和它所产生的总工会委员会。"基层工会的领导机关则是基层工会会员大会或会员代表大会和它所产生的基层工会委员会。坚持和健全工会的会员大会或会员代表大会制度，对于加强工会组织建设，实现工会组织的民主集中制，推进工会组织的群众化、民主化、法制化具有十分重要的意义。

2. 会员大会或会员代表大会的职权

各级工会会员大会或会员代表大会的职权是：（1）审议和批准工会委员会的工作报告；（2）审议和批准工会委员会的经费收支情况报告和经费审查委员会的工作报告；（3）选举同级工会委员会和经费审查委员会。

除此之外，工会全国代表大会还有修改《中国工会章程》的职权；各级地方工会和基层工会会员大会或会员代表大会，还有对本级或本单位工会领导人进行民主评议和民主测评，选举出席上级工会代表大会代表的职权。

3. 会员大会或会员代表大会的有关规定

（1）会员大会与会员代表大会的区别

根据《中国工会章程》第二十六条规定，工会基层组织召开会员大会或者会员代表大会，每年至少召开一次；工会会员在一百人以下的基层工会应当召开会员大会。

根据《中国工会章程》有关规定，中国工会的全国组织、地方组织分别召开中国工会全国代表大会和地方工会代表大会，产业工会的全国组织、地方组织，由中华全国总工会或地方总工会批准，可以召开全国或地方的代表大会。

（2）会员代表大会的期限和任期

根据《中国工会章程》的规定，工会全国代表大会和地方工会代表大会每五年召开一次。基层工会会员大会或会员代表大会，一般每年召开一次。会员大会或会员代表大会选举产生的工会委员会，每届任期3~5年。

（3）代表的组成和名额

工会全国代表大会的代表名额一般为1800名左右，主要由各级工会组织的负责人和会员代表组成，同时邀请部分老工会工作者、离退休职工、企业经营管理人员、科技界知名人士、劳动模范、个体劳动者、党政机关和社团组织负责人等，作为特邀代表列席大会，邀请部分港澳工会工作者和有关工作人员列席大会。

根据1984年5月3日中华全国总工会第十届书记处第二十七次会议通过的《关于地方工会和基层工会召开代表大会及组成工会委员会、经费审查委员会的若干规定》，县以上地方工会代表大会代表，主要由工会工作者、工会积极分子、先进模范人物、科技人员、工人和其他人员组成。会员在5万人以下者，代表为100~200人；会员在5万~30万人者，代表为200~300人；会员在30万~70万人者，代表为300~450人；会员在70万~120万人者，代表为450~550人；会员在120万~250万人者，代表为550~700人；会员在250万~500万人者，代表为700~800人；会员在500万人以上者，代表为800~1000人。

文件还规定，基层工会代表大会的代表名额按照基层单位的会员人数确定，工会代表大会的代表要有广泛的群众性和代表性。代表的选举一律采取无记名投票方式进行差额选举，全国代表大会代表的差额比例为10%，地方工会或基层工会代表大会代表的差额比例由同级工会委员会决定。

特别提示：工会基层组织的会员大会或会员代表大会的召开，一是定期召开，即每年至少召开一次；二是临时召开，即经基层工会委员会或1/3以上的工会会员提议，可以临时召开会员大会或会员代表大会。

（二）基层工会会员代表大会代表常任制

基层工会会员代表大会代表实行常任制是《中国工会章程》规定的一项重要的组织制度，对于推进基层工会民主化、群众化建设，充分发挥会员代表熟悉基层情况，密切联系会员群众的优势，团结、依靠会员群众开展工会各项工作，把工会组织建设好，具有重要意义。为此，全国总工会 1992 年制定下发了《关于基层工会会员代表大会代表实行常任制的若干暂行规定》，对会员代表的产生、职责权利、会员代表大会的职责、内容及程序、会员代表大会与职工代表大会的关系等都作了具体规定。

1. 基层工会会员代表大会代表常任制的含义

基层工会会员代表大会代表常任制：是指基层工会会员代表大会的代表在规定的任期内，始终具有代表资格、履行代表权利和义务的制度。会员代表的任期与基层工会代表大会届期一致，每届任期 3 ~5 年。

2. 实行基层会员代表常任制的重要意义

基层工会会员代表大会的代表实行常任制，是基层工会组织制度的一项重要改革。会员代表一般工作在基层，生活在职工群众之中，最熟悉职工群众。实行基层工会会员代表大会代表常任制，不仅使会员代表任期延长，在任期内始终具有代表资格，而且使其在工会会员代表大会闭会期间，仍然能够履行会员代表的职责义务，更好地行使会员代表的权力。更重要的是从制度上保证让会员代表经常地参与工会事务，使工会的工作和活动都置于会员的监督之下，实现工会工作的群众化、民主化。基层工会应该在保障会员民主权利的同时，充分发挥会员代表的作用，采取多种方式为他们参与工会事务创造条件。通过会员代表的工作，最大限度地调动会员和职工群众的积极性、智慧和创造力，最大限度地倾听会员和职工群众的意见和建议，更加密切工会组织与会员群众的联系，切实把工会的事情办好。

3. 基层工会会员代表大会代表的基本职责

（1）模范地执行党的路线、方针、政策，自觉遵守国家法律和本单位的规章制度，努力完成生产、工作任务。

（2）积极参加会员代表大会，认真听取基层工会委员会和经费审查委员会的工作报告，讨论和审议代表大会的各项议题，提出审议意见和建议。

（3）严肃负责地履行民主选举权利，做好各项民主选举工作。

（4）积极参加对基层工会领导人的民主评议和民主测评，实事求是地提出奖惩和任免建议。

（5）经常保持与本单位会员群众的密切联系，注意听取会员的意见和建议，并及时向工会委员会反映，热心为会员说话办事，积极为做好各项工作献计献策。

（6）积极宣传贯彻基层工会代表大会的决议精神，团结和带动会员群众完成会员代表大会提出的各项任务。

（三）民主选举制度

1. 实行民主选举制度的重要意义

工会作为职工自愿结合的群众组织，其内部生活必须是充分民主的。邓小平同志在中国工会第九次全国代表大会致词中强调指出："工会要为工人的民主权利奋斗，反对形形色色的官僚主义，它本身就必须是民主的模范。"工会要做民主的模范，就必须认真贯彻民主集中制原则，充分保证全体会员享有选举、监督、撤换或者罢免其所选举的会员代表或者工会委员会组成人员的民主权利。

工会各级代表大会的代表和工会委员会均实行民主选举。《中国工会章程》第二十七条规定："工会基层委员会的委员，应在会员或会员代表充分酝酿协商的基础上选举产生；主席、副主席，可以由会员大会或会员代表大会直接选举产生，也可以由工会基层委员会选举产生。"

工会的民主选举，是工会组织性质的本质体现，是推进工会组织群众化、民主化、法制化的重要组织制度。实行这一制度，有利于把群众公认、德才兼备的优秀人才选拔到工会的领导岗位；有利于强化各级工会干部的公仆意识和群众意识，把自己置于群众的监督之下，与群众始终保持血肉联系；有利于进一步增强工会干部的责任感和使命感，振奋精神，开拓创新，努力做好工会各项工作；有利于调动会员群众的积极性，关心工会工作，参与工会活动，增强工会组织的生机和活力。

2. 民主选举的方式

民主选举的方式分为四种：

（1）差额选举。指候选人数多于应选人数的选举。具体有两种形式：一是先进行差额预选，然后再进行正式选举；二是不经过预选，直接采用候选人数按比例多于应选人数的办法进行差额选举。

（2）等额选举。指候选人数与应选人数相等的选举方式。

（3）直接选举。指有选举权的人直接参加投票进行选举，根据投票结果确定当选人的选举方式。

（4）间接选举。指有选举权的人选出代表，由代表进一步行使选举权的选举方式。

3. 民主选举的程序和范围

为了保证民主选举工作的顺利进行，在选举前要制定选举办法，对候选人的提出、选举的人数、选举的方式、选举的规则、计票的要求以及选举结果的认定和报批程序等作出明确规定。选举时要充分尊重选举人的意愿，任何组织和个人不得以任何方式强迫选举人选举或不选举某个人。按照《中国工会章程》的规定，工会各级代表大会的代表和工会委员会的委员，必须实行差额选举。各级工会委员会常务委员会委员和主席、副主席，可以实行差额选举，也可以实行等额选举，具体采取哪种选举方式，由代表大会决定。选举一律采用无记名投票方式。

一般的选举程序是：

（1）基层工会和地方工会召开代表大会或代表会议，选举产生基层工会会员代表大会代表或出席上级工会代表大会的正式代表。

（2）基层工会和地方工会正式召开会员（代表）大会或工会代表大会，选举产生基层工会委员会或地方工会委员会。召开工会全国代表大会，则将选举产生中华全国总工会执行委员会。

（3）一些设立常务委员会的基层工会，由工会委员会第一次全体会议选举产生常务委员会委员和主席、副主席。召开地方工会委员会第一次全体会议，则选举产生常务委员会委员和主席、副主席。召开中华全国总工会执行委员会第一次全体会议，则将选举产生执行委员会主席团委员和主席、副主席。

各级工会经费审查委员会的选举与工会委员会的选举程序相同。

各级工会领导机构和领导成员的产生以大会选举结果为准，在选举当日生效。按照《中国工会章程》规定，工会基层委员会、常务委员会和主席、副主席以及工会经费审查委员会的选举结果，报上一级工会批准。同时，按照干部管理权限，报同级党组织。上级工会和党委组织部门应根据大会选举情况（即对候选人的提出、选举的人数、选举的方式、选举的规则、计票的要求以及选举结果的认定和报批程序等），对选举结果进行审核，及时进行批复。没有建立党组织的单位，选举结果报上级工会审批。

4. 民主选举的基本要求

实行工会民主选举制度，应坚持党管干部的原则，由同级组织人事部门事先提出工会主席、副主席的条件，并明确其级别待遇，按规定履行干部考察等必经程序，以保证人选合格。要贯彻公平、公正、公开、依法合规的原则，加强组织领导，规范选举程序，切实保障会员依法行使民主选举的权利。要规范工会主席、工会委员候选人产生环节，其中企业行政负责人（含行政副职）、合伙人及其近亲属不得作为本企业工会主席候选人。对于一些不履行民主程序，随意调动和任命工会主席（副主席）的做法，要按照民主选举的基本要求加以纠正。

（四）联合制、代表制

1. 联合制、代表制的提出

联合制、代表制是中华全国总工会于 1988 年在总结常州市、潍坊市等地建立工会联合会经验的基础上，提出的一项工会组织制度的重大改革，得到了中国工会第十一次全国代表大会的充分肯定。中国工会第十一次全国代表大会报告指出：“工会组织制度改革的方向是逐步向联合制、代表制过渡，即各级工会的领导机构由其所属基层工会或下级工会的代表联合组成，真正做到工会代表职工，上级代表下级，各级工会为基层、为职工服务。”中国工会第十二次全国代表大会正式将联合制、代表制写入《中国工会章程》。

2. 实行联合制、代表制的意义

联合制、代表制的基本特点是：民主、联合、代表。按照这一制度组成的工会领导机构，能够比较好地体现工会组织的民主性和工会领导机关的代表性，解决了企事业单位数量多、规模小、职工和会员人数少，工会领导机关难以召开代表大会的问题。同时，理顺了工会组织内部的领导关系，实现了上级代表下级、工会代表职工、各级工会为基层、为职工服务的要求。

3. 联合制、代表制的基本内容和要求

（1）工会基层组织由会员大会或会员代表大会选举本级工会领导人。

（2）基层以上的各级工会是下一级工会组织的联合体，其领导机构主要应由下一级工会民主选举产生的主要领导人组成，是下一级工会的领导机关和代表机关。

（3）参加上级工会领导机构的成员可以实行替补制，当其不再担任工会组织的原领导职务时，即自然失去代表身份，其所担任的上级工会领导机构的职务，由其原工会组织新当选的主要领导人，经过一定的民主程序予以替补。

（4）按照联合制、代表制建立的工会组织，根据工作需要，领导机构可以吸收有关方面的代表参加。

（5）按照联合制、代表制建立的工会组织，依照法律和工会章程的规定，享有工会组织的权利和义务。具备《民法通则》规定的法人条件的，依法取得社会团体法人资格，工会主席是本级工会组织的社团法人代表。

4. 实行联合制、代表制的范围

《中国工会章程》第十二条规定："全国产业工会、各级地方产业工会、乡镇工会和城市街道工会的委员会，可以按照联合制、代表制原则，由下一级工会组织民主选举的主要负责人和适当比例的有关方面代表组成。"根据《中国工会章程》的规定，1990 年大多数全国产业工会按照联合制、代表制的原则建立了产业工会全国委员会，地方产业工会和城市街道工会也相继按照这一原则建立了工会委员会。为了适应改革开放和我国经济体制改革的要求，各地工会根据工作需要，经上级工会批准，在一些企业集团公司、民营企业、经济开发区等工会组织的领导机构也试行了按照联合制、代表制的原则进行组建。

（五）委员替补、增补制

委员替补、增补制：是按照 1988 年中国工会第十一次全国代表大会

工作报告提出“全国总工会本届执行委员会和经费审查委员会的委员将实行替补制”的要求，1989 年中华全国总工会第十一届执行委员会第二次全体会议通过的《关于中华全国总工会执行委员会委员和经费审查委员会委员替补、增补的暂行规定》建立的。这是与联合制、代表制原则相联系的一项新的组织制度，是工会组织制度改革的重要内容和具体步骤。

替补、增补制的基本程序：经全国工会代表大会选举产生的中华全国总工会执行委员会委员和经费审查委员会委员中的各级工会领导人，当他们的职务变动时，由省级总工会或全国产业工会提名，经中华全国总工会执行委员会全体会议确认，可以由该级工会新任领导人或其他合适的人选替补；根据工作需要，工会组织领导人或与工会工作联系密切的有关方面的人员，需要作为中华全国总工会执行委员会委员或经费审查委员会委员时，由全国总工会书记处提名，经中华全国总工会执行委员会主席团审议同意，在中华全国总工会执行委员会全体会议上予以增补，在下次工会全国代表大会预备会议上予以确认。

在实践中，一些地方工会、产业工会、企业集团公司工会等，都参照全国总工会的规定，试行了工会委员会委员的替补、增补制。实行工会委员会委员的替补、增补制，有利于保持工会委员会组成的合理性和工会委员会工作的连续性，更好地发挥工会委员会研究工作和决定工会重大事项的作用。

第二章 工会组织结构

工会组织结构：是按照工会的组织原则和组织制度，由各级工会组织及其工作机构和相应的工作人员构成的。不同层级的工会组织，其本身具有不同的组织形式，对工作机构设置和人员配备的要求也有不同。将这些不同层级、不同形式的工会组织及其工作机构和工作人员，有序联系起来，就形成了我国工会的组织结构体系。

一、我国工会的组织结构

我国的工会组织，包括中华全国总工会、各级地方总工会及其派出机构和基层工会三大部分。

从层级上分，有中华全国总工会，省（自治区、直辖市）总工会，市（地、州）总工会，县（市、旗）总工会和基层工会，共五级。

产业工会全国组织和各级地方产业（行业）工会组织分别是中华全国总工会和各级地方总工会的组成部分。各级工会组织设置工作机构，配备相应的工作人员。

二、中华全国总工会及工会的全国组织

《中国工会章程》第九条规定："中国工会的最高领导机关，是工会的全国代表大会和它所产生的中华全国总工会执行委员会。"

《中国工会章程》第十一条规定："中华全国总工会是各级地方总工会和各产业工会全国组织的领导机关。"

因此，中华全国总工会既是"工会的全国代表大会和它所产生的中华全国总工会执行委员会"的工作机构，也是"各级地方总工会和各产业工会全国组织的领导机关"，负责领导全国工人运动，指导全国工会工作，并在国际交往活动中代表中国工会组织。

【链接】

中国工会的会徽

中国工会会徽，选用汉字“中”“工”两字，经艺术造型呈圆形重叠组成，并在两字外加一圆线，象征中国工会和中国工人阶级的团结统一。会徽的制作标准，由中华全国总工会规定。

中国工会的会徽，可以在工会办公地点、活动场所、会议会场悬挂，可以作为纪念品、办公用品上的工会标志，也可以作为徽章佩戴。

（一）中华全国总工会

1. 中国工会全国代表大会

到2013年，中国工会已经召开了16次全国代表大会。中国工会第七次全国代表大会之前，大会的名称为全国劳动大会。第一次全国劳动大会于1922年5月1日在广州召开，大会决定在中华全国总工会成立前由中国劳动组合书记部为全国工会的总通讯机关，中国劳动组合书记部实际上成为中华全国总工会的前身。1925年5月1日，在广州召开第二次全国劳动大会，决定正式成立中华全国总工会，并通过了《中华全国总工会总章》。在1948年8月1日召开的第六次全国劳动大会上，将《中华全国总工会总章》改名为《中华全国总工会章程》。1953年5月2日召开的中国工会第七次全国代表大会上，又改名为《中华人民共和国工会章程》。1957年12月2日召开的中国工会第八次全国代表大会上，改名为《工会章程》。1978年10月11日召开的中国工会第九次全国代表大会，将其改名为沿用至今的《中国工会章程》。

根据《中国工会章程》的规定，中国工会全国代表大会每5年召开一次，由中华全国总工会执行委员会召集。在特殊情况下，由中华全国总工会执行委员会主席团提议，经执行委员会全体会议通过，可以提前或延期举行。

代表名额和代表选举办法由中华全国总工会决定。

中国工会全国代表大会职权有四项：①审议和批准中华全国总工会

执行委员会的工作报告。②审议和批准中华全国总工会执行委员会的经费收支情况报告和经费审查委员会的工作报告。③修改《中国工会章程》。④选举中华全国总工会执行委员会和经费审查委员会。

根据《中国工会章程》第十二条的规定，在两次代表大会之间，认为有必要时，可以召集代表会议，讨论和决定需要及时解决的重大问题。代表会议代表的名额和产生办法，由中华全国总工会决定。

2. 中华全国总工会执行委员会

中华全国总工会执行委员会由中国工会全国代表大会选举产生，在全国代表大会闭会期间，负责贯彻执行全国代表大会的决议，领导全国工会工作。

执行委员会全体会议由主席团召集，每年至少举行一次会议，其主要任务是：①根据全国代表大会确定的工作任务，审议通过每年的工会工作报告、财务工作报告和经费审查委员会的报告。②根据形势和党的中心工作，研究和确定工会工作方针、任务。③讨论工会有关人事变动事宜，替补、增补执行委员会委员和经费审查委员会委员，选举主席团委员、主席、副主席等。

执行委员会一般由全国总工会书记处书记以上领导人员，各全国产业工会主席、全国总工会机关各部门和直属单位主要负责人，各级地方总工会主席，有关企业工会主席，与工会工作联系密切的党政机关负责人、劳动模范代表、社会知名人士等方面的人员组成。

中华全国总工会执行委员会的任期，与中国工会代表大会届期相同，每届任期5年。中华全国总工会执行委员会委员实行替补制。

3. 中华全国总工会执行委员会主席团及主席会议

中华全国总工会执行委员会主席团，由中华全国总工会执行委员会选举产生。主席团由主席1人、副主席若干人、主席团委员若干人组成。

在执行委员会全体会议闭会期间，由主席团行使执行委员会的职权，主要任务是：负责执行全国代表大会和执行委员会的决议，领导全国工会工作。执行委员会主席团会议由主席负责召集，一般每半年举行一次，根据工作需要由主席提议可以提前或延期召开。

执行委员会主席团成员主要由中华全国总工会主席、副主席、书记处书记、经费审查委员会主任，各省、自治区、直辖市总工会和产业工会全国委员会的主席，以及与工会工作有关的中央和国务院有关部门的负责人，部分全国总工会直属单位负责人组成。

主席团的任期，与中国工会全国代表大会届期相同，每届任期 5 年。

为了坚持和健全民主集中制，进一步完善中华全国总工会执委会主席团的集体领导制度和民主决策机制，明确职责，提高工作效率，规范全国总工会主席会议的职权，中国工会第十四次全国代表大会修改的《中国工会章程》增加了主席会议的内容。主席团闭会期间，由主席、副主席组成的主席会议行使主席团职权。主席会议由中华全国总工会主席召集并主持。主席会议一般每季度召开一次。

4. 中华全国总工会书记处

中华全国总工会执行委员会主席团下设书记处，由执行委员会主席团在主席团成员中推选第一书记 1 人、书记若干人组成。书记处在主席团领导下，主持中华全国总工会的日常工作。

书记处的任期，与中国工会全国代表大会届期相同，每届任期 5 年。

（二）中华全国总工会经费审查委员会

1. 产生

根据《中国工会章程》的规定，中国工会全国代表大会选举产生中华全国总工会执行委员会的同时，选举中华全国总工会经费审查委员会。

2. 主要任务

中华全国总工会经费审查委员会的主要任务是：①审查全国总工会及其直属企业、事业单位经费收支和资产管理情况。②监督工会财经法纪的贯彻执行。③审查下一级（指省级工会及产业工会全国委员会）工会及其直属企业、事业单位的经费收支和资产管理情况。④指导下级工会经费审查委员会的工作。

中华全国总工会经费审查委员会向工会全国代表大会负责并报告工作；在工会全国代表大会闭会期间，向中华全国总工会执行委员会负责并报告工作。

3. 会议召开

中华全国总工会经费审查委员会每年召开一次会议，有 1/3 的委员提议，或者中华全国总工会经费审查委员会常委会认为有必要时，可以临时召开中华全国总工会经费审查委员会全体会议。

4. 组成与任期

中华全国总工会经费审查委员会的组成，主要以省、自治区、直辖市总工会经费审查委员会的负责人和独立管理工会经费的全国产业工会经费审查委员会负责人为主；根据工作需要，中华全国总工会机关和全国产业工会可以有适当代表参加。

中华全国总工会经费审查委员会设常务委员会，由中华全国总工会经费审查委员会全体会议选举主任1人、副主任1人和常务委员会委员若干人，组成常务委员会。中华全国总工会经费审查委员会的办事机构是全国总工会经费审查委员会办公室，负责处理中华全国总工会经费审查委员会的日常工作。

中华全国总工会经费审查委员会的任期与中华全国总工会执行委员会的任期相同，每届任期5年。

特别提示：凡经上级工会批准，确立为一级工会组织的，在组建工会或换届选举时，工会经费审查委员会与同级工会委员会人选同时考察、同时报批、同时选举产生。

（三）中华全国总工会女职工委员会

1. 产生

根据《中国工会章程》的规定，各级工会建立女职工委员会。中华全国总工会女职工委员会是中华全国总工会领导下的具有民主性、代表性的全国女职工组织。中华全国总工会女职工委员会由中华全国总工会书记处提名，在充分协商的基础上产生。

中华全国总工会女职工部是中华全国总工会女职工委员会的办事机构，承担中华全国总工会女职工委员会办公室的工作职责，重大问题提交中华全国总工会女职工委员会常委会会议讨论决定。

2. 主要任务

中华全国总工会女职工委员会的主要任务是：①维护女职工的合法权益和特殊利益。②指导、组织动员女职工为经济发展和社会进步建功立业。③代表女职工参政议政，依法开展维权工作。④指导、组织开展提高女职工整体素质的活动。⑤加强女职工组织的自身建设。

3. 组成与任期

中华全国总工会女职工委员会由主任1人、副主任2人、委员及顾问若干人组成。主任由中华全国总工会的一名女性副主席担任，副主任由中华全国总工会女职工部部长及副部长担任，委员由各省、自治区、直辖市总工会和中共中央直属机关工会联合会、中央国家机关工会联合会、各产业工会全国委员会女性主席（副主席）或女职工委员会主任，中共中央、中央国家机关有关部门、中华全国总工会机关部分部门负责人及部分社会女专家学者等组成。顾问由副部级以上女领导干部担任。

中华全国总工会女职工委员会设常务委员会，常务委员会主任、副主任由委员会的主任、副主任担任，常务委员会委员若干人，从委员会委员中产生。中华全国总工会女职工委员会、常务委员会的任期与中华全国总工会执行委员会任期相同，每届任期5年。

4. 会议

中华全国总工会女职工委员会定期向全国总工会执行委员会报告工作，每年至少召开一次常委会议和委员全体会议。遇有重大问题，由主任（或副主任）提出，可以临时召集会议。

特别提示：中华全国总工会女职工委员会是全国妇联的团体会员。

（四）全国产业工会

1. 产业工会全国委员会是在中华全国总工会领导下的全国一级工会组织。产业工会全国组织的设置，由中华全国总工会根据工作需要决定

按照国民经济部门和产业结构的分布情况，全国总工会多次对全国产业工会进行调整。1995年全国总工会机关机构改革时，确定为16个全国产业工会。2001年按照中央关于群团机关机构改革的要求，全国产业工会重组合并为10个，其中设在有关产业部门的3个（即中华全国铁路总工会、中国民航工会全国委员会、中国金融工会全国委员会）；设在中华全国总工会机关的驻会产业工会7个（即中国教科文卫体工会全国委员会、中国海员建设工会全国委员会、中国能源化学工会全国委员会、

中国机冶建材工会全国委员会、中国国防邮电工会全国委员会、中国财贸轻纺烟草工会全国委员会、中国农林水利工会全国委员会)。

与产业行政管理体制相适应，中华全国铁路总工会、中国民航工会全国委员会、中国金融工会全国委员会以及中国国防邮电工会全国委员会中的邮政电信系统的工会组织，实行全国产业工会垂直领导的体制。中华全国铁路总工会、中国民航工会全国委员会、中国金融工会全国委员会以同级党委领导为主，同时接受中华全国总工会的领导。设在中华全国总工会机关的 7 个全国产业工会全国委员会，直接接受中华全国总工会的领导。

2. 产业工会全国委员会的建立，可以按照联合制、代表制的原则组成，也可以由产业工会全国代表大会选举产生

目前 10 个全国产业工会中，召开全国代表大会的只有中华全国铁路总工会 1 个，其余 9 个产业工会全国委员会都是按照联合制、代表制的原则组成的。产业工会全国委员会每届任期 5 年，在特殊情况下，经中华全国总工会批准，可以提前或延期换届。

产业工会全国代表大会和按照联合制、代表制原则组成的产业工会全国委员会全体会议的职权是：①审议和批准产业工会全国委员会的工作报告。②选举产生产业工会全国委员会或产业工会全国委员会常务委员会。③独立管理经费的产业工会，选举或确认同级工会经费审查委员会，并向产业工会全国代表大会或全体委员会会议报告工作。

3. 产业工会全国委员会设立常务委员会

一般由主席 1 人、副主席 2 ~ 4 人、常务委员若干人组成，根据工作需要也可以选举兼职副主席若干人。产业工会全国委员会主席、副主席和常务委员会委员，可以实行差额选举，也可以实行等额选举，具体选举办法由产业工会全国代表大会或产业工会全国委员会全体会议决定。产业工会全国委员会常务委员会任期与产业工会全国委员会任期相同，每届任期 5 年。产业工会全国委员会委员实行替补制。

4. 其他

(1) 中华全国铁路总工会、中国民航工会全国委员会、中国金融工会全国委员会独立管理工会经费，在选举产生或组成全国委员会的同时，选举或组成同级工会经费审查委员会，设主任1人，副主任和委员若干人，其任期与产业工会全国委员会任期相同，每届任期5年。

（2）为了加强对中共中央直属机关和中央国家机关工会工作的领导，分别建立了中共中央直属机关工会联合会和中央国家机关工会联合会，对各自所属的机关工会工作实行领导。中共中央直属机关工会联合会和中央国家机关工会联合会，是中共中央直属各机关工会、中央国家机关各机关工会按照联合制、代表制原则组成的具有产业工会性质的一级工会组织，是中共中央直属各机关工会、中央国家机关各机关工会的领导机关，分别以中共中央直属机关工作委员会和中央国家机关工作委员会领导为主，同时接受中华全国总工会的领导。

中共中央直属机关工会联合会和中央国家机关工会联合会独立管理工会经费，建立本级工会经费审查委员会。工会联合会与经费审查委员会任期相同，每届任期5年。

三、地方总工会及工会的地方组织

（一）地方总工会

工会的地方领导机关，是工会的地方各级代表大会和它所产生的总工会委员会。

1. 工会代表大会

省、自治区、直辖市，设区的市和自治州，县（旗）、自治县、不设区的市建立地方总工会，地方总工会是当地地方工会组织和产业工会地方组织的领导机关。代表大会由同级总工会委员会召集，每5年举行一次。在特殊情况下，由同级总工会委员会提议，经上一级工会批准，可以提前或延期举行。

工会地方各级代表大会的职权是：①审议和批准同级总工会委员会的工作报告。②审议和批准同级总工会委员会的经费收支情况报告和经费审查委员会的工作报告。③选举同级总工会委员会和经费审查委员会。④选举出席上级工会代表大会代表。

2. 总工会委员会

省、自治区、直辖市，设区的市和自治州，县（旗）、自治县、不设区的市工会代表大会选举产生的地方总工会委员会，是当地地方工会和产业工会地方组织的领导机关。

各级地方总工会委员会，在代表大会闭会期间，执行上级工会的决定和同级工会代表大会的决议，领导本地区的工会工作，定期向上级总工会委员会报告工作。

各级地方总工会委员会全体会议，每年至少举行一次，由常务委员会召集会议。其主要任务是：①根据工会代表大会确定的工作任务，审议通过每年的工会工作报告、财务工作报告和经费审查委员会的报告。②研究和决定工会工作的重大问题。③研究和决定有关人事变动事宜。④选举主席、副主席和常务委员会委员等。

总工会委员会一般由同级总工会主席、副主席、经费审查委员会主任、所属地方工会和产业工会主席、总工会机关各部门和直属单位主要负责人、基层工会主席、社会知名人士和有关方面的人员组成。

根据《中国工会章程》第十二条的规定，县和县以上各级工会委员会，在两次代表大会之间，认为有必要时，可以召集代表会议，讨论和决定需要及时解决的重大问题。代表会议代表的名额和产生办法，由召集代表会议的总工会决定。

各级地方总工会委员会任期与地方工会代表大会届期相同，每届任期5年。

3. 常务委员会及主席办公会

各级地方总工会常务委员会在同级总工会委员会闭会期间，行使委员会的职权。

各级地方总工会委员会选举主席1人、副主席和常务委员若干人，组成常务委员会。常务委员会会议一般每季度召开一次，由同级总工会委员会主席负责召集。总工会常务委员会由同级总工会主席、副主席、经费审查委员会主任、所属部分地方工会、产业工会主席和总工会机关部分部门、直属单位负责人组成。各级地方总工会常务委员会任期与地方工会代表大会届期相同，每届任期5年。

主席办公会由同级总工会主席、副主席组成。在总工会常务委员会闭会期间，由主席办公会行使常务委员会的职权。根据工作需要，可以定期或由主席提议随时召开主席办公会。

4. 工会办事处和工作委员会

《中国工会章程》第十二条规定："县和县以上各级地方总工会委员会，根据工作需要可以派出代表机关。"第二十二条规定："根据工作需要，省、自治区总工会可在地区设派出代表机关。直辖市和设区的市总工会可在区建立区一级工会组织或者设派出代表机关。"

这些"代表机关"指的是工会办事处或工会工作委员会。工会办事处一般是在地区设立，工会工作委员会一般由上一级工会在下一级组织设立。办事处和工作委员会都是上级工会的派出机关，按照上级工会的要求，代表上级工会行使职权。办事处和工作委员会设主任 1 人，副主任若干人，组成领导机构。主任、副主任由上级工会任命。

（二）地方工会经费审查委员会

1. 产生

根据《中国工会章程》的规定，地方工会代表大会选举产生同级总工会委员会的同时，选举产生工会经费审查委员会。

2. 主要任务

其主要任务是：①负责审查同级总工会和下一级工会及其直属企业、事业单位经费收支和资产管理情况。②监督工会财经法纪的贯彻执行和工会经费的使用。③接受上级工会经费审查委员会的指导，指导所属下级和基层工会经费审查委员会的工作。④向同级工会代表大会负责并报告工作。

3. 组成和任期

地方总工会经费审查委员会的组成，主要以同级和所属地方工会经费审查委员会的负责人为主，总工会机关和部分管理经费的产业工会可以有适当代表参加。省、自治区、直辖市总工会经费审查委员会，应设常务委员会。由同级经费审查委员会选举主任 1 人，副主任 1 人和常务委员会委员若干人，组成常务委员会。地方总工会经费审查委员会任期与同级工会委员会委员相同，每届任期 5 年。

（三）地方工会女职工委员会

1. 组成

各级地方总工会女职工委员会委员由同级工会委员会提名，在充分协商的基础上组成。由主任 1 人、副主任若干人、委员及顾问若干人组成。主任由同级总工会女性主席（或女性副主席）担任，委员由所辖地方总工会女职工委员会主任、同级工会机关有关部门及其他有关方面的人员组成。

2. 主要任务

地方总工会女职工委员会在同级工会领导下开展工作，并接受上级工会女职工委员会的指导，定期向同级工会委员会和上级工会女职工委员会报告工作。其主要任务是：①维护女职工的合法权益和特殊利益。②指导所属下级工会组织动员女职工为经济发展和社会进步建功立业。③代表女职工参政议政，依法开展维权工作。④指导、组织所属下级工会开展提高女职工整体素质的活动。⑤加强女职工组织的自身建设。

3. 任期

地方总工会女职工委员会的任期与同级地方总工会委员会的任期相同，每届任期 5 年。

4. 工作机构

省级、市级总工会女职工委员会的工作机构是同级总工会女职工部；县级工会女职工委员会根据需要设立专职或兼职的工作人员，有条件的设立女职工部，负责女职工委员会的日常工作。县和县以上工会女职工委员会根据工作需要可聘请顾问若干人。县和县以上各级工会女职工委员会是同级妇联的团体会员。

（四）地方产业工会

地方产业工会是在同级地方总工会领导下的一级工会组织。

1. 设置

各级地方产业工会的设置，由同级地方总工会根据本地区的实际情况确定。除实行垂直领导的铁路、民航、金融、邮政电信以及交通、长江航运等系统的产业工会，实行上级产业工会与地方工会双重领导、以上级产业工会领导为主外，其余的产业工会组织，均由同级地方工会领导为主，同时接受上级产业工会的领导。

2. 组成与任期

地方产业工会可以召开代表大会，选举产生工会委员会，也可以按照联合制、代表制原则组成工会委员会。任期与同级地方总工会委员会相同，每届任期5年。

省级总工会、市级总工会、县级总工会，根据当地产业结构和职工队伍的构成情况，分别建立本地区的产业工会组织。县级总工会可根据产业工会工作需要和基层单位小而分散、职工流动频繁的特点，建立县（区）、乡镇（街道）行业工会联合会。

（五）其他形式的工会组织

随着我国社会经济不断发展，职工人数和就业方式的变化，产生了一些介于地方工会与基层工会之间的工会组织。

1. 乡镇（街道）总工会

随着我国工业化、城镇化进程的加快，乡镇（街道）的企事业单位数量大幅度增长。为适应乡镇（街道）工会工作的需要，中华全国总工会2004年下发了《关于开展建立乡镇（街道）总工会试点工作的意见》，提出在经济发达、职工人数较多的乡镇（街道），可以开展建立总工会的试点工作。2005年下发了《关于加强乡镇（街道）工会规范化建设的意见》，已经建立的乡镇（街道）总工会，在县（市、旗）总工会领导下，对本地区内的工会组织实行领导，在履行地方工会职责的同时，根据工作需要代行基层工会难以履行的部分维权职能。

当前，迫切需要解决的问题是，明确乡镇（街道）党委（工作部门）对乡镇（街道）工会（总工会）工作的领导职责；协助解决各级工会，特别是县、乡镇（街道）、村（社区）级工会有人干事的问题；明确在经济发达、企业比较集中、职工人数较多、条件成熟的乡镇（街道），逐步建立总工会。

2013年中国工会第十六次全国代表大会通过的《中国工会章程》第

二十二条规定："县和城市的区可在乡镇和街道建立乡镇工会和街道工会组织，具备条件的，建立总工会。"

2. 经济开发区、工业园区、高新技术园区工会

适应我国改革开放和经济体制改革的要求，一些地方建立了不少经济开发区、工业园区、高新技术园区。已经建立的经济开发区、工业园区、高新技术园区等，根据其经济管理模式，适应工会工作的需要，在同级地方总工会的领导下，有的建立了经济开发区、工业园区、高新技术园区总工会，有的建立了工会联合会或工会工作委员会，分别履行地方工会的职责，或代表地方工会对本区域内的工会组织实行领导。2011年中华全国总工会下发了《关于进一步加强开发区、工业园区工会工作的意见》，进一步明确了经济开发区、工业园区、高新技术园区工会建设的要求和方向。

3. 城市和县区行业工会联合会

近几年来，一些城市工会和县区工会根据本地产业结构调整和职工队伍构成情况，大胆探索工会组织新形式，创新工会组织体制，不分企业所有制性质、不分企业隶属关系，按照联合制、代表制的原则，建立了以职业、行业性质为属性的城市、县区行业工会联合会，形成了在同级地方总工会领导下的"大产业、小行业"工会组织体制，进一步健全和完善了城市和县区产业工会组织。在健全和完善乡镇（街道）工会、社区工会、企业工会组织网络的同时，根据行业分布、企事业规模、职工人数和工作需要，建立县（区）、乡镇（街道）行业工会联合会，这是在新形势下对建立和完善中国特色社会主义工会领导体制的实践与探索，是地方工会组织体制的创新，应当进一步在实践中总结完善。

4. 直属机关工会

按照全国总工会关于建立健全党政机关工会组织的要求，各级地方总工会根据机关工会的性质和特点，相继对应省级、市级、县级党工委，分别建立了直属机关工会，对同级党委和政府所属机关的工会实行领导。

直属机关工会是具有产业工会性质的一级工会组织，是同级党委直属机关和政府直属机关工会的上级领导机关。

直属机关工会实行同级党工委和地方总工会双重领导，以同级党工

委领导为主。

四、工会的基层组织

基层工会：是根据《工会法》和《中国工会章程》的规定，建立在各种所有制的企业、事业单位、机关和其他社会组织中的工会组织，它是工会组织体系中最基本的组织单位，是整个工会的组织基础和工作基础。

（一）会员大会或会员代表大会

基层工会会员大会或会员代表大会是基层工会的最高权力机关，每年召开一次。经基层工会委员会或者1/3以上的工会会员提议，可以临时召开会员大会或者会员代表大会。工会会员在100人以下的基层工会应当召开会员大会。

会员代表大会的代表实行常任制，任期与本单位工会委员会相同。

基层工会会员大会或会员代表大会的职权是：①审议和批准工会基层委员会的工作报告；②审议和批准工会基层委员会的经费收支情况报告和经费审查委员会的工作报告；③选举工会基层委员会和经费审查委员会。④撤换或者罢免其所选举的代表或者工会委员会组成人员。⑤讨论决定工会工作的重大问题。

（二）工会委员会

1. 基层工会委员会

《工会法》第十条规定："企业、事业单位、机关有会员二十五人以上的，应当建立基层工会委员会；不足二十五人的，可以单独建立基层工会委员会，也可以由两个以上单位的会员联合建立基层工会委员会，也可以选举组织员一人，组织会员开展活动。"这一规定，适应了在发展社会主义市场经济中，大量产生的职工人数较少的单位建立工会组织的需要，较好地解决了不足25人的基层单位建立工会委员会的问题。

根据《中国工会章程》的规定，基层工会委员会由基层工会会员大会或会员代表大会选举产生，每届任期3～5年，具体任期由会员大会或者会员代表大会决定。任期届满，应当如期召开会议，进行换届选举。在特殊情况下，经上一级工会批准，可以提前或者延期举行。

在基层工会会员大会或会员代表大会闭会期间，由基层工会委员会执行会员大会或会员代表大会的决议和上级工会的决定，主持基层工会的日常工作。

基层单位除独立建立基层工会委员会以外，在本单位会员人数较少而工作性质相同单位相对集中的地区，工会委员会还可以有另外的两种组织形式：一种是基层工会联合委员会，另一种是联合基层工会委员会。二者的区别是：前者是由规模较小的、各自独立的基层工会联合形成的；后者是由几个没有成立独立基层工会委员会单位的会员、工会小组联合成立的基层工会委员会。在实践中，基层工会联合委员会，不仅限于规模较小的基层单位。

工会基层委员会的委员，应当在会员或者会员代表充分酝酿协商的基础上选举产生，选举采取差额选举的方式，差额率不少于5%。主席、副主席可以由会员大会或者会员代表大会直接选举产生，也可以由工会基层委员会选举产生。大型企业、事业单位的工会委员会，根据工作需要，经上级工会委员会批准，可以设立常务委员会。工会基层委员会、常务委员会和主席、副主席的选举结果报上一级工会批准。

按照《工会法》的规定，工会基层委员会承担企业、事业单位职工代表大会工作机构的职责，负责职工代表大会的日常工作，检查、督促职工代表大会决议的执行；代表职工与企业签订集体合同，进行工资集体协商，协调劳动关系等。集体企业工会委员会，还承担组织职工选举企业管理人员和讨论审议企业重大经营决策等职责。《中国工会章程》第二十八、二十九条中，规定了工会基层委员会的基本任务。

2. 分厂、车间、科室工会委员会

《中国工会章程》第三十条规定："工会基层委员会根据工作需要，可以在分厂、车间（科室）建立分厂、车间（科室）工会委员会。分厂、车间（科室）工会委员会由分厂、车间（科室）会员大会或者会员代表大会选举产生，任期和工会基层委员会相同。"在有些企业，将分厂、车间（科室）的工会委员会称为分会。

在实际工作中，企业分厂、车间（科室）的工会委员会或工会委员会分会，与工会基层委员会的职权和性质相同。

（三）常务委员会

大型企业、事业单位和企业集团公司工会委员会，根据工作需要，

经上级工会批准，可以设立常务委员会，在工会基层委员会闭会期间，领导工会工作，研究决定工会工作中的重大问题。

常务委员会由主席1人、副主席若干人和常务委员会委员若干人组成。常务委员会可以由工会委员会选举产生，也可以由工会会员大会或会员代表大会选举产生，采取无记名投票差额选举方式进行选举，差额率不少于10%。

常务委员会的任期与本届工会委员会相同，每届任期3～5年。

（四）基层工会经费审查委员会

凡建立一级工会财务管理的工会基层组织，必须在选举工会基层委员会的同时，选举产生经费审查委员会。

基层工会建立工会经费审查委员会，由基层工会会员大会或会员代表大会采取无记名投票等额选举方式选举产生。经审会及其主任、副主任的选举结果，与基层工会委员会同时报上级批准。

经费审查委员会委员名额一般为3～11人，设主任1人，必要时也可以设副主任1人，主任（副主任）由经费审查委员会推选产生，经费审查委员会与基层工会委员会的任期相同。

经费审查委员会代表会员群众，负责审查本单位及其直属单位的经费收支和资产管理情况，监督财经法纪的贯彻执行和工会经费的使用，接受上级工会经费审查委员会的指导，向基层工会会员大会或会员代表大会负责并报告工作，在基层工会会员大会或会员代表大会闭会期间，向基层工会委员会负责并报告工作。

上级经审会对下级经审会进行业务指导和监督检查。

（五）基层工会女职工委员会

基层工会女职工组织：是指基层企业、事业单位、机关和其他社会组织的工会女职工委员会。基层单位在建立工会组织时，同时建立女职工委员会。工会组织换届时，同时进行女职工委员会的换届工作。

《工会法》第十条规定：“女职工人数较多的，可以建立工会女职工委员会，在同级工会领导下开展工作；女职工人数较少的，可以在工会委员会中设女职工委员。”《中国工会章程》第二十五条规定：“工会基层委员会有女会员十人以上的建立女职工委员会，不足十人的设女职工委员。”

女职工委员会由同级工会委员会提名，在充分协商的基础上组成或者选举产生，女职工委员会与工会委员会同时建立。女职工委员会主任由工会女主席或副主席担任，没有女主席或副主席的，由符合相应条件的女职工委员会委员担任。女职工委员会与基层工会委员会的任期相同。

女职工委员会在同级工会委员会领导和上级工会女职工委员会指导下开展工作，表达和维护女职工的合法权益。女职工委员会是基层工会委员会领导下的依法维护女职工合法权益的组织。

企业工会女职工委员会是县或者县以上妇联的团体会员，通过县以上地方工会接受妇联的业务指导。即，妇联组织不直接对企业工会女职工委员会进行工作联系与指导，也不能对其下达工作任务。需要时，可以通过县以上同级地方工会对企业工会女职工委员会提出要求。

五、工会组织机构和编制

工会组织机构设置和编制的确定，应当适应中国工会运动的需要，保障各级工会组织履行职责和完成工作任务。

（一）中华全国总工会的机构和编制

中华全国总工会1925年成立后，在于1929年通过的《中华全国总工会总章》中规定，中华全国总工会设干事局，干事局下设组织部、秘书部、宣传部、经济部等部门。1948年工作机构增加到11个，即：办公厅、组织部、国际部、生产部、劳动保护部、文教部、工资部、青工部、女工部、私营企业委员会、国民党统治区工作委员会。1953～1957年内设机构增加到16个，产业工会23个。即部门增加了政策研究室、干部部、保险部、保护部、生活住宅部、体育部、财务部、总务部、事业管理局9个机构，撤销了青工部、劳动保护部、私营企业委员会、国民党统治区工作委员会4个机构。全国产业工会为：铁路、纺织、电业、海员、煤矿、第一机械、第二机械、邮电、建筑、五金冶炼、化学、教育、食品、盐业、搬运、店员、农林水利、民航、医务、金融、内河航运、地质、新闻出版等。人员编制2072名，其中，全国总工会职能部门与全国产业工会机关工作人员共1536名，直属事业单位职工536名。

改革开放以来，随着我国政治经济体制的变化，中华全国总工会机关的内设机构和人员编制先后进行了四次调整，机构和人员编制进一步压缩减少。目前，中华全国总工会机关的职能部门与全国产业工会是在2001年机构改革时，根据中共中央办公厅文件印发的《全国总工会机关主要职责、内设机构和人员编制方案》而确定的。该方案进一步强调了全国总工会机关的三项职责，即：一是进一步突出和履行维护职工合法权益的职能。二是指导各级工会组织开展以职工代表大会为基本制度的民主选举、民主决策、民主管理和民主监督工作。三是推动工会组织建立平等协商、集体合同制度和监督保证机制。

中华全国总工会机关内设15个部门、7个全国产业工会和全国总工会机关党委、离退休干部局，另设党组纪检组。职能部门是：办公厅、组织部、宣传教育部、研究室、基层组织建设部、集体合同部、民主管理部、保障工作部、劳动保护部、经济技术部、法律工作部、女职工部、财务部、国际联络部、全国总工会经费审查委员会办公室；7个全国产业工会是：中国教科文卫体工会全国委员会、中国海员建设工会全国委员会、中国能源化学工会全国委员会、中国机冶建材工会全国委员会、中国国防邮电工会全国委员会、中国财贸轻纺烟草工会全国委员会、中国农林水利工会全国委员会。截至2012年12月31日，人员编制共636名。

中华全国铁路总工会、中国民航工会全国委员会、中国金融工会全国委员会设在对应的政府部门或相关机构中。其内设机构一般有：办公室、组织部、宣传部、财务部、女职工部、经费审查委员会办公室等。中华全国铁路总工会机关的编制为36名，中国民航工会全国委员会机关的编制为14名，中国金融工会全国委员会机关的编制为27名。

全国总工会所属事业单位是按照1995年中央机构编制委员会办公室《关于全国总工会所属事业单位机构编制的批复》确定的，以后随着工运事业的发展，也做过一些调整。截至2012年12月31日，所属事业单位有18个：中华全国总工会资产监督管理部（参公管理）、中华全国总工会机关服务中心（对外开展工作时可使用“中华全国总工会机关服务局”印章）、中华全国总工会信息中心、中国工运研究所（加挂“中华全国总工会劳动关系研究中心”牌子）、中华全国总工会国际交流中心、中华全国总工会厦门劳动模范疗休养中心（加挂“中华全国总工会厦门劳动模范培训中心”牌子）、中国劳动关系学院、全总机关印刷室、《中国教工》编辑部、中国职工对外交流中心、全总文工团、工人日报社、中国工会网络中心（工人日报社管理的事业单位）、中国职工旅行社总社经全总同意改名为“中国职工国际旅行社总社”（含“日坛宾馆”）、中国职工电化教育中心（加挂“中国职工音像出版社”牌子）、中华全国总工会北戴河疗养院、中华全国总工会青岛疗养院、中国职工之家。截至2012年12月31日，事业单位人员编制共2719名。所属企业单位是：中国工人出版社。

（二）各级地方工会的机构和编制

1. 新中国成立初期地方工会的机构设置和编制情况

新中国成立初期，全国总工会在东北、西南、中南、华东、西北设立了5个大行政区工会，1956年各大行政区工会撤销，按照行政区划设置省、市、县、乡镇工会4个层次。1958年，省、自治区、直辖市和市级总工会机关一般设有：办公室、政策研究室、组织部、宣教部、体育部、生产部、工资部、劳动保护部、劳动保险部、财务部、女工部等；产业工会一般设有：铁路、邮电、教育、店员、金融、搬运、建筑、公路运输、食品、纺织、商业、机械、电业、医务、农林水等。根据产业和职工分布的不同，一些城市产业工会还设有：石油化工、五金、盐业、海员等工会。

县（市、旗）总工会机关一般设3~6个部门，即办公室、组织部、宣传部、生产部、生活部、女工部等。产业工会一般有：财贸、教育、供销合作社、店员工会等。还有一些行业工会一般设在政府相对应的局。在专区设的工会办事处按县总工会机构设置。

20世纪50年代各级地方工会和产业工会机关的人员编制，主要是按照经济发展和职工人数的多少来确定的。大致分为三种类型：第一类，经济比较发达、职工人数比较多的省、自治区、直辖市总工会机关工作人员共300~500名，产业工会机关工作人员共500~800名；市工会机关工作人员共150~250名，产业工会机关工作人员共400~500名。第二类，经济不够发达、职工人数不太多的省、自治区、直辖市总工会机关工作人员共190~300名，产业工会机关工作人员共230~490名；市工会机关工作人员共100~150名，产业工会机关工作人员共300~400名。第三类，经济比较落后、职工人数比较少的省、自治区、直辖市总工会机关工作人员共90~180名，产业工会机关工作人员共120~229名；市工会机关部门工作人员共30~54名，产业工会机关工作人员共150~250名。专区工会办事处一般为7~11名，最多不超过17名。县级总工会一般为4~6名，最多不超过12名。乡镇工会原则按工会经费承受能力设置编制，报请上级工会审核确定，一般为1～6名。

2. 地方各级工会暂行编制方案的出台

1964年全国总工会研究制定了《地方各级工会暂行编制方案》，经党中央批准下发各地工会试行。主要内容是：

（1）关于省、自治区总工会的人员编制

职工50万人以下，工会编制30～45名；职工50万～100万人，工会编制45～70名；职工100万～150万人，工会编制70～85名；职工150万人以上，工会编制最多不超过100名。北京、上海市总工会人员编制140～160名，天津市总工会人员编制120名。

省、自治区级产业工会机关工作人员编制一般为3～10名，最多不超过15名。

（2）市级总工会的人员编制

职工1万～5万人，工会编制最多不超过20名；职工5万～10万人，工会编制20～40名；职工10万～20万人，工会编制40～65名；职工20万～30万人，工会编制65～75名；职工30万～50万人，工会编制75～90名；职工50万人以上，工会编制一般不超过100名。

市级产业工会机关工作人员编制一般为3～10名，所属产业职工5万人以上的产业工会，每增加1万人增设编制1名。

（3）专区工会办事处的人员编制

专区工会办事处的人员编制根据领导的单位和职工人数的多少确定，一般为5～10名。一些领导的单位多或边远、交通不便的专区办事处人员可多于10名，但最多不超过15名。

（4）县级工会的人员编制

职工5000人以下，人员编制4名；职工5000～1万人，人员编制5～6名；职工1万人以上每增加职工5000人增加人员编制1名。

1978年中华全国总工会筹备召开中国工会第九次全国代表大会时，向党中央报送了《关于地方各级工会干部编制问题的请示》，提出："凡是现有干部人数少于'文化大革命'以前实有人数的地方工会，请同级党委抽调合适的干部，配备到'文化大革命'以前的水平。凡是现有干部人数已经达到'文化大革命'以前实有人数的地方工会，请同级党委了解其质量水平，根据需要，进行必要的调整充实，是否还要增加数量，请同级党委根据情况决定。"党中央同意全国总工会《请示》中提出的意见，并重申继续执行1964年下发的《地方各级工会暂行编制方案》。

《中华全国总工会关于进一步加强县级工会组织工作的意见》（总工发〔2011〕43号）中规定："县级工会机关编制落实到位、部室设置合理、职责分工明确、工作任务落实。县级工会（含驻会县产业工会）工作人员和工作部（室）的设置，按照县级职工人数确定，1万人以下的，工作人员5人左右，设立2到3个工作部（室）；1万人以上的，按照与县域经济社会发展和职工人数相适应、与履行工会职能需要相适应、与工会经费承担能力相适应的原则，相应增加工作人员和工作部（室）。"

3. 地方工会机构编制现状

多年来，各级地方工会的机构设置和编制，基本是按照1964年下发的《地方各级工会暂行编制方案》和1978年党中央批示的意见确定的。随着改革开放和社会主义市场经济的发展，各地职工人数大幅度增加，工会组织的任务加重，在同级党委的重视支持下，各级地方工会机构设置和人员编制也随同地方政府机构改革进行了几次调整。

目前，各级地方工会的机构设置和人员编制，是按党中央2000年12月下发的《21个群众团体机关机构改革意见》经同级地方机构编制委员会办公室批准的方案执行的。《意见》中提出改革的目标是：适应建立社会主义民主政治和市场经济体制的要求，形成充满生机与活力、密切联系群众、符合自身特点的群众团体组织机构和运行机制，更加充分地发挥群众团体在社会主义物质文明和精神文明建设中的作用。改革的内容是：①加强领导，完善体制，使群众团体在党的领导下按照各自领导体制的要求，依法独立自主地工作。②理顺关系，合理划分职责。合理划分机关内设机构的工作职责，减少交叉重复，相同和相近的职责要相对集中到一个部门承担。③改进运行机制，克服行政化倾向。④精干内设机构，精简人员编制。根据工作任务的要求，调整与职责、任务不相适应的机构，合并分工过细、职能交叉的机构，精简并综合设置内设机构。人员编制按照25%左右的比例精简。

按照上述机构改革的目标和要求，截至2011年年底，全国省级工会机关共批复编制3725名。其中，编制最多的五个省级总工会依次是重庆、陕西、四川、天津和江苏，编制数分别为233、228、173、164、158名；编制最少的五个省级总工会依次是西藏、宁夏、广西、海南和江西，编制数分别是36、74、76、77、77名；其他省级总工会编制数一般为80～

150名。机关内设部门一般在15个左右，与全国总工会机关内设部门基本对应。全国省级产业工会共有388个，其中驻会产业工会129个；不驻会产业工会共259个。

各级地方工会根据工作需要，普遍建立了为职工服务的事业单位，省级工会共有事业单位302个，编制19809名。事业单位主要有：机关服务中心、职工对外交流中心、工人报社、工会干部学校、工会宾馆、疗养院、文化宫、俱乐部、物价监督站、技术协作办公室、职工互助保险合作社、法律服务中心、困难职工帮扶中心等。

上海、天津、黑龙江三个省级总工会直属事业单位最多，分别有22、20、20个；北京、山西、吉林、福建、山东、广西、贵州等省级工会直属事业单位比较多，均在10个以上。省级总工会直属事业单位人员编制超过千名的有上海、北京、天津、河北四省市，编制数分别为3367、2561、1424、1005名；人员编制超过800名的有江苏、山东、重庆、四川四省市。

（三）基层工会的机构设置和人员编制

基层工会组织是工会工作的基础，由于基层工会差别比较大，难以做到全国制定统一的基层工会组织机构和人员编制方案，因此，《工会法》规定基层工会组织机构的设置和人员编制，主要由基层工会根据本单位的实际需要同单位协商确定。单位规模比较大、职工人数比较多的基层工会，一般设立工会办公室、组织部、宣传部、文体生活部、民管部、女工部等工作部门；职工人数在1000人以上的，一般配备2~3名工会专职工作人员，设立工会办公室。职工人数在200~1000人以下的单位，基层工会一般配备专职工作人员1~3名，不设立工作机构。

为了保证基层工会开展工作的需要，1950年颁布的《工会法》对基层工会工作人员编制作了具体规定，即：职工200~500人，设编制1名；职工501~1000人，设编制2名；职工1001~1500人，设编制3名；职工1501~2500人，设编制4名；职工2501~4000人，设编制5名；职工4000人以上者，每增加2000人可增编1名。职工不足200人的基层工会，需要配备脱产干部时，须经上级工会批准。

适应形势的变化，1992年4月、2001年10月，全国人大常委会两次对《工会法》进行了修改，对基层工会专职工作人员的编制规定为："职工二百人以上的企业、事业单位的工会，可以设专职工会主席。工会专职工作人员的人数由工会与企业、事业单位协商确定。”2006 年 12 月 11 日中华全国总工会第十四届执行委员会第四次全体会议通过的《企业工会工作条例》规定：“企业工会委员会根据工作需要，设立相关工作机构或专门工作委员会、工作小组。工会专职工作人员一般按不低于企业职工人数的千分之三配备，具体人数由上级工会、企业工会与企业行政协商确定。”

第三章　基层工会组织

一、基层工会组织简介

按照《工会法》和《中国工会章程》的规定，在企业、事业单位、机关和其他社会组织等基层单位，经过上级工会批准建立的工会组织，都称为**基层工会组织**。它是工会组织体系中最基本的组织单位，是整个工会的组织基础和工作基础。基层工会主要包括企业、事业单位的工会和机关工会、集团公司工会以及其他社会组织工会等。《中国工会章程》还规定，“社区和行政村可以建立工会”，明确把建立的社区工会和行政村工会纳入了基层工会的范围。按照目前的行政管理体制，还包括乡镇（街道）工会。

基层工会直接联系和服务职工群众，是工会全部工作和凝聚力、创造力的基础，是落实工会各项工作的组织者、推动者和实践者，是组织会员开展活动的最基本单位。我国基层工会组织，一般建立在具有独立经济核算、独立的行政管理机构，具有一定的权利与义务，能够独立承担民事责任并取得相应法人资格的单位，以及具有在一个场所主要从事一种社会经济活动、相对独立组织生产经营或业务活动、能够掌握收入和支出等业务核算资料的产业活动单位。目前，一些基层工会已经突破了依托单位建立工会的组织模式和组建方式，出现了由两个以上企业工会（含联合基层工会），按照地域相近、行业相同的原则，在县以下联合建立的区域性或行业性工会联合会。

基层工会组织具备法人条件，依法取得社团法人资格，工会主席是法定代表人。依法成立的基层工会组织受法律保护，任何组织和个人不得随意撤销工会组织，也不得把工会组织的机构撤销、合并或者归属到其他工作部门。在改制企业须及时建立健全工会组织。

二、基层工会组织建立的范围和条件

1. 基层工会组织建立的范围

工会作为工人阶级群众组织，最显著的特点之一是成员的广泛性，它几乎包括了工人阶级全体成员。不仅包括传统产业工人，也包括新兴产业工人；不仅包括企业、事业单位、机关和其他社会组织的生产工作者，也包括知识分子、科技人员和干部，还包括一部分国有企业的经营管理者；不仅包括城镇企业的职工，也包括乡镇企业的职工，他们都是发展会员的对象。同时随着我国社会主义市场经济体制的建立和不断完善，社会生活中不断涌现出各种新的社会组织，其从业人员依然是“以工资收入为主要生活来源或者与用人单位建立劳动关系的体力劳动者和脑力劳动者”。群众组织的广泛性要求哪里有职工，哪里就应该组建工会。随着我国工业化、信息化、城镇化、农业现代化发展进程的加快和产业结构的调整，大量的农民工已经成为工人阶级的新成员，把他们吸收到工会组织中来，是工会组织的重要任务。

所谓**“社会组织”**：一般指各种类型的社会群体，它包括政治组织、经济组织（企业）、文化组织、军事组织、宗教组织等。这些单位的工作人员同样是工人阶级的成员，把社会组织列入建立工会组织的范围，符合工会的性质和要求。

特别提示：在我国，吸收入会的范围不包括在军事组织中的现役人员。

2. 基层工会组织建立的条件

在《工会法》和《中国工会章程》中，对建立工会组织的条件提出了明确的要求。

《工会法》第九条规定：“工会各级组织按照民主集中制原则建立。”

《中国工会章程》第二十五条规定：“企业、事业单位、机关和其他社会组织等基层单位，应当依法建立工会组织。社区和行政村可以建立工会组织。有会员二十五人以上的，应当成立工会基层委员会；不足二十五人的，可以单独建立工会基层委员会，也可以由两个以上单位的会员联合建立工会基层委员会，也可以选举组织员或者工会主席一人，主持基层工会工作。”

《工会法》第十条规定："企业职工较多的乡镇、城市街道，可以建立基层工会的联合会。县以上地方建立地方各级总工会。同一行业或者性质相近的几个行业，可以根据需要建立全国的或者地方的产业工会。全国建立统一的中华全国总工会。"

《工会法》第十一条规定："基层工会、地方各级总工会、全国或者地方产业工会组织的建立，必须报上一级工会批准。"

《中国工会章程》第二十二条还明确规定："县和城市的区可在乡镇和街道建立乡镇工会和街道工会组织，具备条件的，建立总工会。"

三、基层工会组织主要形式

基层工会组织的形式主要有以下几种：

1. 基层工会委员会

基层工会委员会：一般是指企业、事业单位、机关及其他社会组织中有会员二十五人以上，经上级工会批准，会员代表选举产生的工会组织。

2. 基层工会联合委员会

基层工会联合委员会：是指由企业、事业单位、机关及其他社会组织在各自成立基层工会组织并民主选举产生本单位工会委员会的基础上，在一定的区域或行业范围内，按联合制、代表制原则，建立的区域或行业性基层工会组织。

3. 联合基层工会委员会

联合基层工会委员会：一般是指两个以上单位由于各自会员人数少，不能单独建立基层工会委员会，而就近按地域或行业联合建立的基层工会委员会。

基层工会联合委员会和联合基层工会委员会的区别：基层工会联合委员会所属工会组织是独立的基层工会，联合基层工会委员会所属工会组织不是独立的基层工会，可称为工会分会或工会小组。

4. 创新形式

近年来，一些地方积极推进工会组织形式的创新，探索建立了楼宇工会、市场工会、施工项目工会、社区工会、一条街工会等新的基层工会组织形式，把大量分散、流动的职工特别是农民工组织到工会中来，为维护职工群众合法权益提供了组织保证。

改革开放以来，一些城市工会和县区工会根据本地产业结构调整和职工队伍构成情况，大胆探索工会组织新形式，创新工会组织体制，不分企业所有制性质、不分企业隶属关系，按照联合制、代表制的原则，建立了以行业性质为属性的城市、县区行业工会联合会，形成了在同级地方总工会领导下的“大产业、小行业”工会组织体制，进一步健全和完善了城市和县区产业工会组织。在健全和完善乡镇（街道）工会、社区工会、企业工会组织网络的同时，根据行业分布、企事业规模、职工人数和工作需要，建立县（区）、乡镇（街道）行业工会联合会，这是新形势下建立和完善中国特色社会主义工会领导体制的实践与探索，是地方工会组织体制的创新做法，应当在实践中进一步总结完善。

四、基层工会的组织体制与机构设置

基层工会的组织体制与机构设置，在纵向上，一般根据基层单位行政管理层次和组织结构的情况确定；在横向上，一般根据工会的社会职能和工会的业务工作来确定。通常，基层工会应设立以下组织及机构：

（一）基层工会委员会

1. 基层工会委员会的设置

基层工会委员会由所在单位会员或者会员代表大会选举产生，一般设工会委员3~5人、主席1人，每届任期3~5年。任期届满，应当如期召开会议，进行换届改举。在特殊情况下，经上一级工会批准，可以提前或者延期举行。

基层工会委员会一般不设常委会。大型企事业单位的工会委员会如因工作需要，经上级工会批准，可以设立常务委员会，负责工会委员会的日常工作，其下属单位可以建立工会委员会。

2. 基层工会委员会的职权

基层工会委员会在基层工会会员大会或者会员代表大会闭会期间，行使以下职权：①负责执行会员大会或者会员代表大会的决议和上级工会的决定，主持基层工会的日常工作，承担所在单位职工代表大会工作机构的职责，代表本单位职工同行政签订集体合同或专项协议。②主持会员代表大会代表的选举工作。③负责筹备工会会员大会或者会员代表大会。④讨论决定基层工会的重要工作安排和有关重大问题。⑤在工会会员大会或者会员代表大会闭会期间，对基层工会领导人选的变动提出意见和建议。⑥审查和批准下级工会会员大会或者会员代表大会的召开和选举结果。⑦讨论任免基层工会的工作人员。⑧讨论决定工会的财务预决算。⑨根据工作需要提出基层工会的工作机构设置方案。

3. 基层工会委员会会议的召开

基层工会委员会实行民主集中制，重要问题须经集体讨论作出决定。基层工会委员（常委）会会议，由工会主席召集，一般每季度召开一次，讨论或决定以下问题：①贯彻执行会员大会或者会员代表大会决议和党组织、上级工会有关决定、工作部署的措施。②提交会员大会或者会员代表大会的工作报告和向党组织、上级工会的重要请示、报告。③工会工作计划和总结。④向本单位提出涉及改革发展和职工权益重大问题的建议。⑤工会经费预算执行情况及重大财务支出。⑥由工会委员会讨论和决定的其他问题。

基层工会委员会讨论决定的重要事项，可事先召开代表团（组）长会议，征求意见。召开工会委员会会议时，根据工作需要，也可以吸收代表团（组）长列席。基层工会委员会的决议，由委员会全体委员过半数通过有效。

（二）基层工会委员会的专门工作委员会

工会委员会可根据工作需要设立相关工作机构或专门工作委员会、工作小组。工会专门工作委员会、工作小组是基层工会组织体制中的重要组成部分。其主要任务是：研究和落实本级工会委员会的工作，组织开展工会专项业务活动，处理有关建议、提案，检查、督促和协助行政有关方面贯彻工会委员会的有关决议，完成工会委员会交办的其他事项。

各工作委员会的组成人选，由工会委员会推选或选聘工会积极分子组成，设主任1人，必要时可设副主任1人。专门工作委员会主任，通常由分管此工作的工会委员兼任。工会专门工作委员会的具体设置由基层工会根据工作任务的实际情况自行确定。这在后面将有详细介绍。

（三）工会分会

《中国工会章程》规定："工会基层委员会根据工作需要，可以在分厂、车间（科室）建立分厂、车间（科室）工会委员会。分厂、车间（科室）工会委员会由分厂、车间（科室）会员大会或者会员代表大会选举产生，任期和工会基层委员会相同。"由此可见，基层工会组织中的工会分会是处于基层工会与工会小组之间的一级工会组织。基层工会可以根据工作需要，按企事业单位、经营管理机构的设置、职工人数的多少和分布情况，建立分厂、车间（科室）工会委员会，即分厂、车间（科室）工会分会。

分厂、车间（科室）工会是加强基层工会与职工群众联系的重要环节，担负着贯彻执行基层工会委员会决议，了解职工群众的愿望和要求，依靠和组织广大工会会员和积极分子实现和保证完成分厂、车间（科室）各项任务的重要责任。因此，必须加强工会分会组织建设，明确工作职责，充分发挥其作用。

1. 工会分会的建立

分厂和车间（科室）工会的成立，可以先由筹备组负责发展会员，再由会员选举分厂和车间（科室）工会委员会委员，成立分厂和车间（科室）工会。也可以先由筹备组发展少数会员，成立临时分厂和车间（科室）工会，再由临时分厂和车间（科室）工会负责发展会员，最后由会员选举分厂和车间（科室）工会委员会委员，正式成立分厂和车间（科室）工会。

2. 工会分会的主要任务

工会分会的主要任务是：①组织职工参加民主管理和民主监督。②代表和维护职工合法权益。③发挥工会联系职工群众的桥梁纽带作用。④组织职工开展群众性经济技术创新活动。⑤努力促进职工思想政治和文化技术水平的提高。⑥组织职工广泛开展互助互济活动。

3. 工会分会的职权

依照《中国工会章程》和《职工代表大会条例》等规定，工会分会有五项职权：①依法保证分厂、车间（科室）工会会员的民主权利，维护工会会员的合法权益，代表工会会员向上级工会反映情况；②负责分厂、车间（科室）民主管理的日常工作，组织职工实施民主管理，其中，车间工会是车间职工代表大会的工作机构；③对本分厂、车间（科室）职工的奖惩，奖金分配，聘用、解聘、辞退、处分职工等涉及职工切身利益的重要问题提出建议；④组织职工开展有利于保证分厂、车间（科室）生产工作任务完成的群众性经济技术活动和提高职工素质活动；⑤按照上级工会要求开展工会活动，完成上级工会布置的各项工作任务。

（四）工会小组

工会小组：是按照生产（行政）班组（科室）建立的工会组织中最小的单位，它依托生产（行政）班组（科室）而存在，是工会会员学习、工作、活动的场所，是工会会员直接行使会员权利和履行会员义务的最基本单位，是基层工会组织的细胞，在工会工作中有着十分重要的地位和作用。工会小组直接联系着会员。不断加强工会小组建设，使其真正发挥作用，是增强基层工会活力的重要一环。

1. 加强工会小组建设的意义

加强工会小组建设，有利于更好地组织和动员职工实现工会工作的目标任务。工会小组与广大职工群众联系最密切，通过工会小组的积极活动，可以直接把党的路线、方针、政策传达到职工群众中去，也可以把广大职工的情绪、要求和愿望及时反映给工会组织，使工会更好地维护职工合法权益，从而更有效地调动职工群众全面建成小康社会的积极性。

加强工会小组建设，有利于体现工会组织群众化的特点。加强工会小组建设，把工会工作直接融入职工群众之中，并接受职工群众的监督，能够更好地贴近职工、服务职工，密切工会与职工群众的联系，促进工会组织的群众化建设。

加强工会小组建设，有利于提高工人阶级的组织程度。工会小组直接担负着开展学习教育和各项活动以及发展新会员的重要任务。加强工会小组建设，可以最及时、最大限度地把广大职工吸收到工会组织中来，并通过工会的教育和各项活动，提高广大会员的素质。

2. 加强工会小组建设的关键环节

（1）按照《中国工会章程》关于“按照生产（行政）班组建立工会小组，民主选举工会小组长，积极开展工会小组活动”的规定，建立健全工会小组，首先要通过全体会员民主选举政治素质比较好，对班组生产（工作）比较熟悉，有一定组织领导能力，受职工群众拥护和信赖的会员担任工会小组长，建立健全工会小组的组织，落实相应工作责任。

（2）从实际出发，制定工会小组工作制度。例如学习制度、家访制度、民主生活会制度、民主管理制度等，开展适合小组全体成员并有小组特点的工会活动，确保各项制度的落实，提高活动的质量，促进活动的经常化。

（3）明确工会小组职责和任务，突出重点，发挥好工会小组作用。工会小组任务不宜太多，主要应抓好四件事：①围绕生产（工作）任务，开展劳动竞赛、合理化建议和技术革新等活动，加强安全生产检查，保证生产（工作）任务的完成。②加强班组民主管理，做到生产工作任务、分配、奖罚等民主公开。③组织政治理论和科学文化技术学习，提高职工素质，创建文明班组。④开展生活互助，做到职工有事必访、有难互帮，建立和谐友好的小组氛围。

（4）开展建设“职工小家”活动。建设“职工小家”，是加强和活跃工会小组的重要举措，目的是通过强化工会小组建设，活跃工会小组工作，密切工会同职工群众的联系，把工会工作与行政班组的工作结合起来，促进班组建设，引导职工努力完成生产和工作任务。建设“职工小家”要根据新形势下建设职工之家的要求，结合实际制定规划，并不断赋予“职工小家”新的内容，建立一支热心为职工群众服务的积极分子队伍。加强“职工小家”阵地建设。

（五）企业集团工会

企业集团：是指以母子公司为主体，通过投资及生产经营协作等多种形式，以资产为纽带，与众多的企事业单位共同组成的经济联合体。随着经济体制改革的不断深化和社会主义市场经济的持续发展，我国的企业集团应运而生并迅速发展、壮大，迫切要求加强企业集团工会组织建设。

1. 建立企业集团工会应把握的基本原则

为适应企业集团发展的需要，研究和推进组建企业集团工会的工作，全国总工会从20世纪80年代企业集团发展初期即开始进行组建集团工会的试点。从试点情况看，建立企业集团工会组织应注意把握以下工作原则：

（1）坚持党对企业集团工会组织的领导；凡是建立党组织的企业集团，企业集团工会接受同级党组织的领导。没有建立党组织的企业集团，企业集团工会由所在地地方工会领导。

（2）按照企业集团的基本特征，结合企业集团行政管理体制的实际，与具有法人代表资格的企业集团建立对应的企业集团工会组织，以保证工会组织能依法、有效地开展工作。

（3）要从工会工作全局和企业集团实际出发，研究、总结企业集团公司（母公司）工会对子公司工会实行领导的方式和方法，合理划分母公司工会与子公司工会的职责，真正建立起符合母子公司体制的企业集团工会组织领导体制。

2. 企业集团工会的设置

全国总工会《关于企业集团建立工会组织的试行办法》明确规定：与规范化企业集团的组织、领导、管理体制相适应，企业集团应在母公司（集团公司）亦即核心企业和子公司（紧密层企业）范围内，按照母公司工会领导子公司工会的原则建立集团公司工会。集团公司工会委员会是企业集团工会组织的领导机构，是集团各子公司工会的上级领导机关。

企业集团工会委员会由企业集团母公司与子公司（全资子公司、控股子公司）民主选举的工会领导人，按照联合制、代表制原则组成。集团公司工会委员会全体会议民主选举工会主席、副主席和常务委员会委员组成常务委员会。成员单位和职工人数较少单位的工会委员会，也可不设常务委员会。

3. 企业集团工会的组织领导体制

《中国工会章程》规定：“中国工会实行产业和地方相结合的组织领导原则”。鉴于企业集团各成员单位情况的千差万别，涉及经济发展和职工切身利益重大问题的决策，以及劳动关系协调、职工社会保障、职工队伍稳定等许多问题都主要依靠企业集团成员单位所在地的地方政府来协调处理，因此全国总工会《关于企业集团建立工会组织的试行办法》规定：企业集团工会委员会对企业集团母公司所在市（县）的核心层、紧密层各成员单位工会实行直接领导与管理；对不在母公司所在市（县）的子公司工会实行由子公司所在的地方工会和企业集团工会双重领导，以子公司所在地的地方工会领导为主的原则。企业集团工会以接受同级党组织领导为主，同时接受所在地方工会的领导和上级有关产业工会的指导。

4. 企业集团工会和地方工会领导跨地区分公司、子公司工会的职责

为了有利于发挥企业集团工会和地方工会两个积极性，搞好企业集团工会的建设，应根据工作需要对企业集团工会与跨地区分公司、子公司所在地方工会的职责进行合理划分。

（1）企业集团工会的主要职责

①指导所属工会组织建立平等协商和签订集体合同制度，协调企业劳动关系，依法维护职工合法权益。②开展具有集团特点的群众性经济技术创新活动，促进集团公司的发展。③组织各成员单位工会开展扩大企业集团影响的重大社会活动和具有增进企业集团凝聚力的文化体育活动，树立企业集团形象。④交流工会工作经验，指导成员单位工会工作。⑤指导成员单位建立职工代表大会制度，组织职工代表参与企业集团重大经营决策，反映成员单位职工的意愿和要求。⑥企业集团建立党组织的企业集团工会，协助企业集团党委管理成员单位工会主席，组织工会干部培训，提高工会干部素质。

（2）地方工会的主要职责

①传达全国总工会关于工会工作的方针政策和重要会议精神，组织企业工会参加地区性统一活动。②负责企业工会组织状况有关数据的统计和重要信息的收集。③负责全国劳动模范、全国五一劳动奖章、奖状和全国模范职工之家的推荐和管理。④指导企业工会做好劳动关系的协调、仲裁，做好职工社会保障和下岗职工再就业等工作，维护企业和职工队伍的稳定。⑤负责企业工会换届选举工作的审批。

五、基层工会委员会专门委员会

基层工会委员会可根据工作需要设立相关工作机构或专门工作委员会、工作小组。工会专门工作委员会、工作小组是基层工会组织体制中的重要组成部分。一般可设立组织工作委员会、宣传工作委员会、生产工作委员会、生活工作委员会、劳动保护工作委员会、女工工作委员会、财务工作委员会等。

（一）基层工会委员会专门委员会的任务与组成

1. 基层工会委员会专门委员会的主要任务

主要任务是：研究和落实本级工会委员会的工作，组织开展工会专项业务活动，处理有关建议、提案，检查、督促和协助行政有关方面贯彻工会委员会的有关决议，完成工会委员会交办的其他事项。

2. 基层工会专门委员会的组成

各工作委员会的组成人选，由工会委员会推选或选聘工会积极分子组成，设主任1人，必要时可设副主任1人。专门工作委员会主任，通常由分管这方面工作的工会委员兼任。工会专门工作委员会的具体设置由基层工会根据工作任务的实际情况自行确定。

（二）专门委员会的职责

1. 基层工会组织委员（组织工作委员会）的职责

（1）向工会会员进行会员权利和义务的教育。

（2）承办新会员入会手续，负责工会会员的档案管理，接转会员组织关系，签发会员证，并负责各项组织统计工作。

（3）负责召开工会全委会、常委会的具体准备工作。

（4）深入分厂、车间、科室、班组调查研究，抓好分厂、车间（科室）分会的组织建设和思想建设，做好专职工会干部的考核，发挥工会小组长作用，及时总结交流工会组织工作经验。

（5）组织工会有关部门，做好工会干部和工会积极分子的培训工作。定期表彰工会积极分子。

（6）接受会员和职工代表的申诉，及时向有关部门和科室反映职工群众的意见和要求，并取得合理解决。

2. 基层工会宣传委员（宣传工作委员会）的职责

（1）以社会主义核心价值观教育为核心，配合各项中心工作，抓好日常的思想政治教育。与党委宣传部门和团委一起，有分有合地抓好形势教育、党和政府的方针政策教育、厂纪厂规教育、模范人物先进事迹教育，以及根据职工思想情况而进行的个别教育。

（2）配合有关部门抓好职工文化、技术学习，督促行政开办各类业余教育，提高职工的科学文化技术素质。

（3）开展“创建学习型组织，争当知识型职工”活动。有系统地抓好职工文化教育，开展多种形式的读书活动和讲座活动等，不断提高职工的综合素质。

（4）做好新闻宣传工作，组织和依靠工会积极分子，搞好黑板报、有线广播、宣传栏，充分发挥宣传阵地对职工的鼓励、教育、鞭策作用。

（5）建立一支文艺体育活动的积极分子队伍，开展职工喜闻乐见的文体活动，办好运动会、文艺晚会、舞会等，把职工群众吸引在工会组织周围。

（6）加强对俱乐部、图书馆、活动室等文化设施的管理工作，并积极开展群众性的游艺活动和读书活动。

3. 基层工会生产委员（生产工作委员会）的职责

（1）组织职工参加生产、技术和经济管理，维护职工在生产工作中的民主权利和物质利益，发挥群众监督作用。

（2）发动和组织职工开展社会主义劳动竞赛，制定竞赛方案和奖励办法，督促和会同有关部门定期进行竞赛的检查、总结、评比和表彰工作。

（3）协助企业行政总结先进经验。组织各种交流先进经验的座谈、参观、观摩活动和举办先进经验学习班，以达到互相学习、互相帮助、取长补短、共同提高的目的。

（4）广泛开展群众性的合理化建议、技术革新、技术协作等活动，推动企业的挖潜、革新和改造。配合有关部门做好生产技术宣传工作。

（5）做好先进生产（工作）者和劳动模范的评选和管理教育工作。

（6）会同有关部门抓好班组的群众生产工作，提高班组建设水平。

（7）教育职工群众遵守劳动纪律、技术操作规程、安全操作规程，协助行政组织文明生产，监督行政切实贯彻执行国家有关生产和劳动方面的政策、法令。

（8）参加制定企业的工资分配形式，经常了解和反映职工群众对工资的意见和要求，维护职工群众的合法权益。

4. 基层工会劳动保护委员（劳动保护工作委员会）的职责

（1）向职工群众宣传党和国家有关安全生产和劳动保护的政策法规，对职工进行安全生产、安全技术知识、工业卫生知识、规章制度和劳动纪律的教育。协助行政做好新职工的岗位培训工作。

（2）把劳动保护工作列入职工代表大会的重要议事日程，开展群众监督检查活动。

（3）督促和协助企业行政改善各种安全设备。监督行政不得随便加班加点。

（4）定期检查行政执行安全技术和工业卫生措施的情况。监督行政正确提取和合理使用劳动保护措施经费。参加审查、验收新建、扩建、改建和挖潜、革新、改造工程项目，以及劳动保护措施的“三同时”（新建设项目要做到劳动保护设施与主体工程同时设计、同时施工、同时投产）工作，如发现工程项目不合格，可以不签字盖章；如行政强行投产，有权向上级控告。

（5）积极参加伤亡事故处理工作，查清事故原因，协助行政制定改进办法。对漠视职工生命安全的官僚主义者和造成重大事故的主要责任者，要提出意见，直至依法追究刑事责任。

（6）会同女职工委员（工作委员会），协助、督促企业行政做好女职工劳动保护工作。做好未成年工劳动保护工作。

（7）切实维护职工在生产过程中保障自身安全和健康的权利，有权制止违章指挥和违章作业，如有打击报复，有权向上级控告。

5. 基层工会生活委员（生活工作委员会）的职责

（1）开展互助互济活动。组织发动职工办好互助储金会，广泛开展群众性的经济互助、生活互助、劳动互助，做好职工困难档案管理，帮助职工解决迫切需要解决的困难，尽可能地减少职工的后顾之忧。

（2）做好社会保险工作。宣传党和国家的社会性保险政策，协助行政为职工办理各种社会保险，按劳动保险条例和国家有关规定办理职工及其家属的各项福利待遇。

（3）做好职工的家庭访问工作。经常听取和了解群众对生活方面的意见和要求，及时向同级党组织和行政反映，对一些合理的要求和意见，要区别情况，妥善处理。

（4）积极协助行政办好集体福利事业，督促、帮助行政改善集体福利设施。协助后勤部门开展竞赛活动，不断提高服务质量。

（5）协助行政组织好退休职工管理委员会，加强对退休职工的管理教育，注意解决退休职工生活中的实际困难。

（6）办好职工的疗休养事业，接待职工群众生活方面的来访等工作。

第四章　基层工会委员会的组建和换届选举程序

一、筹备组建程序

依照《工会法》和《中国工会章程》的规定，企业、事业单位、机关和其他社会组织等基层单位，有会员25人以上的，应当建立基层工会委员会；不足25人的，可以单独建立基层工会委员会，也可以由两个以上单位的会员联合建立基层工会委员会，也可以选举组织员或工会主席1人，组织会员开展活动。同时按有关规定建立工会经费审查委员会和工会女职工委员会。建立基层工会组织筹备阶段一般要经过以下步骤：

（1）成立工会筹备组，提出建会申请，发展会员。

（2）建立工会小组，民主选举工会小组长。

（3）选举会员代表大会代表；协商提出基层工会委员会委员和经费审查委员会委员候选人。在女职工中酝酿女职工委员会委员候选人。

（4）将工会委员会和经费审查委员会候选人初步名单报同级党组织和上级工会审查同意。

（5）向上级工会组织申请召开会员（代表）大会。

（6）完成召开会员（代表）大会的准备工作。

（一）成立工会筹备组，提出建会申请，发展会员

凡是已经建立党组织的基层单位，由党组织提出工会筹备组的组成人选，报上一级工会批准。没有建立党组织的单位，由职工选出自己的代表，向上一级工会提出建会申请，或由上一级工会与相关单位或职工共同协商，成立工会筹备组，由工会筹备组提出建会申请。上级工会接到基层单位申请组建工会的请示后，一般应在10日内以正式文件下达同意筹备工会的批复。

在这个过程中，上级工会可以派员到基层单位对筹备及以后的组建工会工作，给予指导。

1. 工会筹备组申请与建立

在同级党组织领导和上级工会组织指导下，选派热心工会工作、群众基础好、工作能力较强、符合工会干部条件的人员组成工会筹备组。根据基层单位职工数量、集中程度，工会筹备组一般可由 3 ~7 人组成，规模较大、工作场所较分散的，可以适当增加。工会筹备组具体负责筹备期间的各项工作。

根据各地实践情况，基层单位党组织健全的，由党组织牵头建立工会筹备组。未建立党组织的，可以由该单位所在地方的党组织或工会组织、或其上级单位工会组织牵头建立工会筹备组。

对于规模小、职工人数少的单位，可以由两个或者两个以上单位共同建立联合基层工会组织，其工会筹备组由联合单位协商产生。

初步组成工会筹备组后，应当及时向上级工会组织提出申请。单位规模较小的，向乡镇（街道）总工会提出申请；规模较大的向乡镇（街道）总工会、或者县级及以上总工会提出申请。行政管理体制实行垂直管理的产业，实行产业工会和地方工会双重领导，以产业工会领导为主的单位，也可以向其上级单位工会提出申请。申请落款应当写单位全称，加盖单位党组织印章。未建立党组织不能盖章的，可以由工会筹备组负责人签字，牵头建立工会筹备组的该单位所在地方的党组织或工会组织、或其上级单位工会组织应当予以证明。

【附例 1】申请建立工会筹备组的函

关于××（单位名称）申请建立工会筹备组的函

××工会（此为上级工会名称）：

我单位系 ××（所有制及性质），××年××月开业，现有职工×××人。为了更好地维护职工合法权益，促进企业（事业）发展，根据《中华人民共和国工会法》和《中国工会章程》有关规定，现准备建立工会组织，工会筹备组负责人拟由×××同志担任，工会筹备组成员有：××、×××同志。

当否，请复。

附件：1. 工会筹备组成员情况表

2. 单位工商登记复印件

（单位党组织全称）

（盖章或签字）

年　月　日

【附例2】工会筹备组成员情况表

工会筹备组成员情况表

姓名	性别	年龄	政治面貌	文化程度	本单位工龄	行政职务	筹备组职务
×××							组长
××							成员
×××							成员
单位地址： 联系人：				邮编： 电话：			

上级工会在接到申请建立工会筹备组的函后，应当及时派人到申请单位了解情况，核实申请函内容。如存在与《工会法》和《中国工会章程》有关规定不符合的情况，应当及时指出，并指导解决。情况属实，应当尽快批复。

【附例3】对建立工会筹备组申请的批复

关于同意××（单位名称）建立工会筹备组的复函

××（单位全称）：

经研究，同意你单位建立工会筹备组。同意工会筹备组负责人由×××同志担任，工会筹备组成员为：××、×××同志。请你们按照《中华人民共和国工会法》和《中国工会章程》有关规定，认真做好组建工会的筹备工作。

此复。

（上级工会组织全称）
（盖章）
年　月　日

获得上级工会组织的批复后，应当及时向全体职工公布，组织开展组建工会的筹备工作。只有获得上级工会组织的批复，单位的工会筹备组才能算合法，其开展的工作才算有效。根据工作需要，可以申请刻制工会筹备组公章。

2. 发展会员，建立工会小组，选举工会小组长

工会筹备组在得到上级工会组织的批复后，应当组织职工学习《工会法》和《中国工会章程》，以及有关法律法规和工会的文件，广泛宣传工会组织的性质、作用、任务以及会员的权利、义务，使职工进一步了解和熟悉工会组织，提高职工的工会意识和加入工会组织的自觉性，营造出组建基层工会组织的良好氛围。

关于发展会员问题具体分为两种情况：

（1）未建基层工会组织的职工

没有加入工会组织的职工，入会的一般程序是：由个人口头或者书面提出加入工会组织的申请。个人提出申请时，向单位所在地方工会提出。如所在单位工会筹备组得到上级工会组织批复的，则应当由工会筹备组集体办理向上级工会组织提出申请。

提出申请后，个人应当填写《中华全国总工会入会申请书》和《工会会员登记表》。单位工会筹备组应当审查申请人是否符合工会会员资格条件。

【附例4】《中华全国总工会入会申请书》和《工会会员登记表》（2014年版）

中华全国总工会入会申请书

我自愿加入中华全国总工会，遵守工会章程，执行工会决议，积极参加工会活动，为全面建成小康社会、把我国建设成为富强民主文明和谐的社会主义现代化国家、实现中华民族伟大复兴的中国梦而奋斗。

申请人：

年　月　日

工会会员登记表

填表日期：____年____月____日

姓　名		性　别		民　族	
学　历		学　位		政治面貌	
身份证号码				联系电话	
户　口 所在地					
现居住地					
工作单位 及职务					
个人工作 简　历					
家庭主要成员 以及联系方式					
有何特长					
工会基层 委员会 意　见	（盖章） 年　月　日				
备　注	（注：该同志于____年____月____日因_____转出会员关系）				

中华全国总工会　制

《中华全国总工会入会申请书》和《工会会员登记表》由上级工会组织履行批准程序后，交单位工会筹备组留存。同时，通知职工本人，其已经成为中国工会会员；并告知其从何时起交纳会费；颁发中华全国总工会统一制作的《中华全国总工会会员证》。

（2）曾经加入过工会的

对在原工作单位已经加入工会组织的，根据会员证明接续组织关系。在此基础上，做好单位内已有会员情况统计，登记造册。单位工会筹备组应当采取多种形式公布会员名单。

【附例5】工会会员登记汇总表

工会会员登记表

序号	姓名	性别	年龄	民族	文化程度	政治面貌	行政职务	入会时间	备注
备注：会员总数　名；男性　人；女性　人。									

特别提示：组建工会后发展职工加入工会的步骤为：①本人自愿申请，由要求入会的职工向所在单位工会提出书面（口头）申请，填写《申请书》和《登记表》，报基层工会委员会。②基层工会委员会及时召开会议研究，批准并发给会员证。研究的内容包括：一是申请人是否符合入会条件；二是是否自愿；三是是否符合入会手续，凡符合条件和入会手续的应当批准。

（二）建立工会小组，民主选举工会小组长

《中国工会章程》第三十条规定："按照生产（行政）班组建立工会小组，民主选举工会小组长"。

发展会员后，可根据单位会员人数分布情况，以行政班组或者科室为单位建立工会小组。人数较多的，在车间或者部门可以建立分会组织。

工会小组直接联系广大会员群众，是贯彻落实工会各项工作的落脚

点。工会小组长要通过民主选举产生。

（三）民主选举会员代表大会代表

《中国工会章程》第十条规定："工会各级代表大会的代表和委员会的产生，要充分体现选举人的意志。候选人名单，要反复酝酿，充分讨论。"

1. 会员代表应具备的条件

根据全国总工会《关于基层工会会员代表大会代表实行常任制的若干暂行规定》，基层工会会员代表大会代表应具备以下条件：

（1）是中国工会会员。

（2）拥护党的路线、方针、政策，在政治上、思想上、行动上同党中央保持一致。

（3）热爱和支持工会工作，热心为会员群众说话办事，能积极听取和反映广大会员群众的愿望和要求，有一定的参政议政能力。

（4）工作勤恳、为人正直、作风正派，工作成效突出，在会员群众中有一定的威信。

在具体实践中，结合本单位实际情况，经过协商，还可以提出代表应当具备的其他条件。

2. 会员代表的比例和名额

根据全国总工会《关于基层工会会员代表大会代表实行常任制的若干暂行规定》，基层工会会员代表大会的代表名额，按会员人数确定。会员在200～500人者，代表为会员的25%～20%；会员在501～1000人者，代表为会员的20%～10%；会员在1001～5000人者，代表为会员的10%～6%；会员在5001～10000人者，代表为会员的5%。会员超过万人的大型企事业单位，会员代表的人数原则上不超过500人。个别特大型企业单位，会员代表需超过500人的，须经所在省、自治区、直辖市总工会批准；以产业工会领导为主的单位，报相应的全国产业工会批准。

会员在200人以下的基层工会，一般应召开会员大会。如因特殊情况需要召开会员代表大会时，须经上级工会批准，代表人数比例不得少于会员的30%。按照2006年12月11日中华全国总工会第十四届执行委员会第四次全体会议通过的《企业工会工作条例》第八条规定："会员在一百人以下的企业工会应召开会员大会。”

3. 会员代表的组成

基层工会会员代表大会代表的组成，应有广泛的群众性和代表性，应当包括一线职工、技术人员、管理人员和其他方面的职工代表。生产单位中的工人会员代表，学校、科研单位中的教职员工和科研人员会员代表，一般应当占会员代表总数的60%以上。女职工和青年职工会员代表，根据本单位情况应当占一定的比例。

4. 选举会员代表程序

选举会员代表的程序一般有四步：一是代表分配；二是候选人提出；三是民主选举；四是审查公布。

（1）代表分配，由工会筹备组按照代表比例和会员构成情况，讨论确定各工会小组（车间、班组、科室）代表名额的数量。初步确定代表分配方案后，应当及时向同级党组织和上级工会组织汇报。

（2）候选人提出，工会筹备组下达各工会小组会员代表名额数量后，由各工会小组长组织会员，按照代表条件讨论提出候选人名单；候选人名单应当报工会筹备组进行平衡（如不同会员所占比例）。

（3）民主选举，在协商意见基本一致的情况下，以各工会小组（车间、班组、科室）为单位，由会员无记名投票差额选举出会员代表。选举的会员代表必须获得超过选举单位全体会员半数赞成票，才能成为正式代表。

（4）审查公布，各工会小组（车间、班组、科室）选举产生会员代表后，应当呈报工会筹备组，由筹备组对会员代表进行审查。审查的内容包括：会员代表酝酿提名、选举产生的程序和方法是否符合规定；会员代表是否符合规定条件。如发现不符合规定的，应当让原工会小组（车间、班组、科室）重新选举。审查合格后，各工会小组应当张榜公布会员代表名单。

5. 会员代表的产生和补选

（1）会员代表的产生

基层工会的会员代表候选人，由所在单位（分厂、车间、科室）按照确定的代表候选人名额和条件，组织会员讨论提出名单，上报基层工会平衡后，由代表所在单位的工会负责人主持，经会员直接选举为正式代表。大型企事业单位的会员代表，可以由所在单位工会代表大会选举产生。

（2）会员代表的补选

会员代表在任期内，如因调离原工作单位或退休等原因，不能继续履行会员代表职责的，会员代表资格自然免除。原选举单位出现的会员代表缺额，由原选举单位全体会员另行选举，报基层工会委员会审批。如会员代表在任期内，只是在原工作单位内部调整了工作部门（岗位），依然能够了解和掌握原选举单位工会工作情况，代表原选举单位履行会员代表职责的，可以继续担任会员代表。

6. 会员代表的罢免

会员代表对原选举单位会员负责，接受原选举单位的监督。会员和原选举单位对违法乱纪和严重失职的会员代表，有权提出罢免的要求。代表的罢免必须经过原选举单位全体会员过半数通过，并经基层工会委员会审批。

7. 会员代表的任期

会员代表的任期与基层工会代表大会届期一致，即从每次工会会员代表大会第一次会议召开时起，至下次本级工会会员代表大会召开为止，每届任期3~5年。基层工会会员大会或会员代表大会代表任期届满，应当按期换届，在特殊情况下，经工会委员会提议，报上一级工会批准，可以提前或延期举行。会员代表可以连选连任。

8. 代表资格审查

代表资格审查在新组建工会与换届改选工会工作中是同样程序进行的，对此介绍可参见本章“六”中的具体介绍。

（四）协商提出基层工会委员会委员和经费审查委员会委员候选人

基层工会委员会委员和经费审查委员会委员，是最基层的工会干部。

1. 工会委员会委员候选人条件

根据《工会法》第九条规定：“企业主要负责人的近亲属不得作为本

企业基层工会委员会成员的人选。”

作为最基层的工会干部，应当具备热心工会工作、甘于奉献，群众基础好、信赖度较高，工作服务能力较强等基本条件，并且以《中国工会章程》第三十二条对工会干部的要求严格要求自己。

提出候选人时，还应当充分考虑代表性和群众性，使一线职工、女职工和青年职工占有一定比例。

2. 经费审查委员会委员候选人条件

根据《中国工会审计条例》第十三条规定："经审会委员由政治素质高、业务能力强、具有相关专业知识的工会干部和会员担任并经民主选举产生……经审会委员中具有审计、财会专业知识的人员一般不少于三分之二。”第十四条规定：“工会主席、分管财务和资产的副主席、财务和资产管理部门的人员，不得担任同级工会经审会委员。”

3. “两委”候选人名额和比例

根据《中国工会章程》第二十五条规定：“有会员二十五人以上的，应当成立工会基层委员会；不足二十五人的，可以单独建立工会基层委员会，也可以由两个以上单位的会员联合建立工会基层委员会，也可以选举组织员或者工会主席一人，主持基层工会工作。”

基层工会委员会由主席、副主席和委员组成；设立常务委员会的，常务委员会由主席、副主席和常务委员组成。基层工会经费审查委员会由主任、副主任和委员组成。

根据中华全国总工会《工会基层组织选举工作暂行条例》第七条规定：“基层工会委员会委员名额，按会员人数确定：25 人以下者，设主席或组织员 1 人；200 人以下者，设委员 3 至 7 人；201 人至 1000 人者，设委员 7 至 15 人；1001 人到 5000 人者，设委员 15 至 21 人；5001 人至 10000 人者，设委员 21 至 29 人；10000 人以上者，委员最多不超过 37 人。”第八条规定：“大型企事业单位基层工会委员会，经上级工会批准，可以设常务委员会，常务委员会由 9 至 11 人组成”。

根据单位规模和会员人数确定工会委员会（常务委员会）委员候选人名额，一般提出的候选人中，委员会委员和常务委员会委员的差额率分别为 5% 和 10%。

4. 协商产生程序

协商产生工会委员会和经费审查委员会候选人的程序，主要有三步：一是提名推荐；二是协商沟通；三是确定提名。在协商过程中，应当坚持民主集中制原则。

（1）提名推荐

就是对拟选举产生的工会委员会和经费审查委员会的候选人，进行提名推荐。

提名推荐的主要方式有：一是由同级或者上级党组织提名推荐；二是上级工会组织提名推荐；三是从各工会小组自下而上地提名推荐。

在各地实践中，还产生了其他一些方式，比如：一定数量会员集体提名推荐；会员自我提名推荐等。在具体操作中，工会筹备组应当在采取前三种提名方式的基础上，广泛征求会员群众意见，根据单位实际情况（如单位规模、会员的数量和分布情况等），事先协商确定增加其他推荐方式。进行提名推荐时，应当同时提出提名推荐的理由。

（2）协商沟通，工会筹备组对通过各种提名推荐形式产生的候选人，进行汇总；根据推荐理由，进行梳理；及时向会员反馈提名情况；要及时向党组织汇报提名推荐情况；积极与行政方沟通。在候选人比较分散、会员意见不够集中的情况下，应当做好被提名推荐人员情况介绍，再次征求会员意见，使候选人逐步集中。在征求意见过程中，各工会小组可以采取表决或者投票的方式决定本小组的意见。

（3）确定提名，在协商沟通的基础上，由工会筹备组集中意见，确定候选人初步名单。

（五）在女职工中，酝酿女职工委员会委员候选人

工会女职工委员会，在同级工会领导下开展工作，表达和维护女职工的合法权益。

按照《中国工会章程》第十四条规定："女职工委员会由同级工会委员会提名，在充分协商的基础上组成或者选举产生，女职工委员会与工会委员会同时建立"。

在基层工会委员会没有建立前，女职工委员会尚不具备产生候选人的条件。但根据基层工会召开会员（代表）大会的时间短、代表集中比

较难的实际情况，一般在实际操作中，可以在选举会员代表大会代表、协商提出基层工会委员会委员和经费审查委员会委员候选人的阶段，在女职工中酝酿女职工委员会人选，报筹备组。

（六）将工会委员会和经费审查委员会候选人初步名单报同级党组织和上级工会审查同意

在协商沟通的基础上，工会筹备组确定工会委员会和经费审查委员会候选人初步名单后，按照党管干部的原则，应当将候选人初步名单报告同级党组织和上级工会审查同意。

对已经协商提出工会委员会主席、副主席、委员和经费审查委员会主任初步人选的，在同级党组织确定具体人选之前，由同级党组织以书面形式征求上级工会意见。

根据各地实践情况，基层单位党组织健全的，由单位党组织负责审查。基层单位未建立党组织的，可以由该单位所在地方的党组织负责审查。

对经审查的候选人名单，应当进行公示。

（七）向上级工会组织申请召开会员（代表）大会

《工会法》第十一条规定："基层工会、地方各级总工会、全国或者地方产业工会组织的建立，必须报上一级工会批准。"

完成以上各步骤工作，工会筹备组在征得同级党组织同意，并与行政方面进行沟通后，向上级工会组织书面提出召开会员（代表）大会、正式成立基层工会组织的申请。申请的内容应当包括：

（1）基本情况：单位成立时间和性质，机构设置，职工人数及构成，上级主管单位，经营（主管）范围，地址等。

（2）组建基层工会组织的依据。对规模小、职工人数少，拟建立联合基层工会的，要说明情况。

（3）筹备工作基本情况：已有会员情况，建立工会小组情况，会员代表选举情况，工会委员会和经费审查委员会候选人协商情况。

上级工会组织在接到申请后，一般应当在十个工作日内，以书面形式给予批复。

【附例6】申请建立工会组织的请示

关于申请召开××(单位名称)第一次会员(代表)大会暨建立第一届××(单位名称)工会委员会的请示

××工会（上级工会）：

本单位成立于____年____月____日，属于____性质，内设________机构（车间、班组、科室），现有职工____人（其中，正式职工____人，聘用外来务工人员____人）。我单位主要经营（主管）____，属于________系统（行业），上级主管部门是________。

自____年____月成立工会筹备组以来，我单位现有会员____人，建立工会小组____个，（已经选举会员代表____人，）推荐了工会委员会和经费审查委员会候选人，酝酿了主席、副主席和经费审查委员会主任候选人（名单附后），完成了召开会议的准备工作。

根据《中华人民共和国工会法》和《中国工会章程》，为了维护职工合法权益，我单位特申请召开××（单位名称）第一次会员（代表）大会，建立第一届××（单位名称）工会委员会和经费审查委员会，任期拟为×年。

单位地址：　　　　　　　　　　邮编：

联系人：　　　　　　　　　　　电话：

特此请示，请予批复。

附：1. 工会委员会候选人名单（略）

2. 工会经费审查委员会候选人名单（略）

3. 工会主席、副主席和经费审查委员会主任候选人名单（略）

4. 工会筹备组工作情况报告（略）

（单位名称）工会筹备组（盖章）

年　　月　　日

【附例7】上级工会对申请建立工会的批复

关于对××（单位名称）召开第一次会员（代表）大会暨建立第一届工会委员会请示的批复

（单位名称）工会筹备组：

你单位____年____月____日《关于申请召开××（单位名称）第一次会员（代表）大会暨建立第一届××（单位名称）工会委员会的请示》收悉。根据《中华人民共和国工会法》和《中国工会章程》的规定，经研究，同意你单位召开第一次会员（代表）大会，建立第一届××（单位名称）工会委员会和经费审查委员会，任期为×年。同意×××、×××等同志为工会委员会候选人，同意×××同志为工会主席候选人，同意×××同志为工会副主席候选人，同意×××等同志为工会经费审查委员会候选人。请按照有关规定，做好大会民主选举工作。

特此批复。

××工会（上级工会）（盖章）
年　　月　　日

（八）完成召开会员（代表）大会的准备工作

单位工会筹备组接到上级工会组织的批复后，一般在一个月内完成召开会员（代表）大会的会务及文件准备工作。主要包括：

第一，根据参加会议人数，准备好会议场所（包括分组讨论的会场），制作会议会标和横幅，以及会场布置。

第二，为不在召开会议地居住的会议代表，准备会议期间的住宿地。会议期间参加会议人员的餐饮准备。

第三，会议文件（包括拟提交审议的各种报告、提案、选举办法、选票等）的起草、印制、分发工作。

第四，与单位行政方协商调整参加会议代表和工作人员在会议期间的工作安排，确保会议代表和工作人员按时参加会议。

第五，印制和发放会议通知，做好参加会议人员报到的准备工作。

第六，确定会议日程安排。

第七，印制会员（大会代表）名册和候选人情况介绍。

第八，确定大会工作人员；提名选举监票人建议名单，并征求会员（代表）意见。

第九，会议的宣传报道准备工作。

第十，邀请特邀代表和列席代表。

第十一，完成筹备工作报告。其内容主要包括：

（1）成立工会筹备组申请和批复情况。

（2）发展会员和成立工会小组情况。

（3）推荐代表大会代表情况；代表资格审查情况。主要包括：代表的条件和要求；现有代表基本情况（性别、党派、岗位比例）、工作部门分布情况以及代表的代表性（比例数字）；审查情况以及结论。

（4）推荐工会委员会和经费审查委员会候选人情况；以及酝酿后拟提交工会委员会提名的女职工委员会情况。

（5）成立工会及召开会员（代表）大会申请和批复情况。

（6）应当出席会议的会员（代表）情况。

（7）召开会议其他工作准备情况。

1. 制定《选举办法（草案）》

会前，工会筹备组（换届时由工会委员会）根据《中国工会章程》和中华全国总工会有关文件规定，制定《选举办法（草案）》。上级工会组织可以给予具体指导。

《选举办法（草案）》起草后，应当在会前（或者预备会议阶段）发给会员（代表），通过各种方式向会员（代表）做好有关规定的解释说明工作，以消除会员（代表）对《选举办法（草案）》理解的歧义，准确理解条款含义。

【附例8】××单位工会第一次会员（代表）大会选举办法

××（单位名称）工会第一次会员（代表）
大会选举办法（草案）

根据《中国工会章程》和中华全国总工会有关文件制定本办法。

一、××单位工会第一届工会委员会和经费审查委员会，由××单位工会第一次会员（代表）大会选举产生。选举工作由××单位工会筹备组领导和主持。

二、本次会议选举××单位工会第一届工会委员会委员共××名，按5%的差额比例，提名候选人××名。选举采取差额选举的办法，差额人数为×名。

本次会议选举××单位工会第一届工会经费审查委员会委员×名，采取等额选举的办法，提名候选人×名。

三、选举采用无记名投票方式。

四、××单位工会第一届工会委员会委员候选人和经费审查委员会委员候选人，分列两张选票，候选人名单按照姓氏笔画为序排列。一次投票，分别计票，同时宣布选举结果。

五、选举时，参加选举的会员（代表）必须超过应到会的2/3，方可进行。选举不设流动票箱，不能委托他人投票。

六、收回的选票应等于或者少于发出的选票，选举有效；若超过发出的选票，则选举无效，应重新选举。每张选票所选人数等于或者少于应选人数，为有效票；超过应选人数，为无效票；无效票上候选人得票不计入候选人得票数。

七、代表对候选人可以表示赞成、或者不赞成、或者弃权。表示不赞成的可以另选他人。另选人姓名书写模糊不清的，不计入另选人票。表示弃权的不可以另选他人。

八、对候选人表示赞成，在该候选人名字上的方框内画“○”符号；表示不赞成的，在该候选人名字上的方框内画“×”符号；表示弃权的，在该候选人名字上的方框内画“△”符号。对同一候选人，如果既画了赞成符号又画了不赞成符号，或者又画了弃权符号，按不赞成票统计。对候选人没画任何符号的，按不赞成票统计。如另选他人，应在“另选人姓名”的长方形框内，填写另选人姓名（与选票上候选人同姓名的应注明单位）。

九、候选人获得赞成票超过应到会人数半数的，方可当选。候选人获得赞成票超过应到会人数半数的名额超过应选名额时，按照获得赞成票多少顺序，依次确定当选人员。如可当选人少于应选名额，剩余名额暂作空缺（或者就空缺名额进行选举）。如最后一个应选名额出现两人或两人以上获得赞成票相等时，以得不赞成票少的确定为当选人；不赞成票数也相等时，均不确定为当选人，待以后再行选举（或者就得票相等候选人进行投票，以得票多的当选）。

十、投票结束后，由总监票人向大会主持人书面报告收回选票情况，大会主持人宣布选举是否有效。计票结束后，由总监票人按照候选人名单顺序（另选人名单按得票多少为序排列，如果得票相等，按姓氏笔画为序排列），向主持人书面报告计票结果，并向

大会宣布；由大会主持人按照得票顺序，向大会宣布当选人员名单。

十一、本届工会委员会和工会经费审查委员会任期内，届中补选适用本办法。

十二、选举设总监票人×名、监票人×名，计票和工作人员×名。监票人由工会筹备组从到会的非委员候选人中提名，提交大会表决通过，负责选举工作全程监督。计票人由工会筹备组在非候选人中指定，在监票人监督下进行工作。工会筹备组在非候选人中指定工作人员，并领导其工作。

十三、在选举过程中，如遇本办法未尽事宜，授权工会筹备组研究决定。

十四、本办法经××单位工会第一次会员（代表）大会全体会议审议通过后生效。

需要说明的问题：

①已建工会组织换届的，应当根据情况对上述内容做出调整。

②对“如可当选人少于应选名额，剩余名额暂作空缺（或者就空缺名额进行选举）”的问题，应当在召开会议前由工会筹备组在征求会员（代表）意见后，提前确定，在《选举办法（草案）》中只能有一种规定。

③对“如最后一个应选名额出现两人或两人以上获得赞成票相等时，以得不赞成票少的确定为当选人；不赞成票数也相等时，均不确定为当选人，待以后再行选举（或者就得票相等候选人进行投票，以得票多的当选）”的问题，亦应当在召开会议前由工会筹备组在征求会员（代表）意见后，提前确定，在《选举办法（草案）》中只能有一种规定。

2. 起草大会选举工作主持词

完成选举基层工会委员会和工会经费审查委员会，是召开第一次工会会员（代表）大会的核心任务。选举工作主持词，应当与大会通过的《选举办法》有关规定相吻合。如果会前已经起草了选举工作主持词，在

大会通过《选举办法》后，特别是《选举办法》有所修改时，应当及时进行调整。

另，会员人数较少的单位，可以只设监票人和计票人。

会员人数较少的单位，或者实行直接选举主席（副主席）的，应当对《选举办法》和“主持词”的相关内容做适当的修订。

【附例 9】××(单位名称)工会第一次会员(代表)大会选举工作主持词[1]

××（单位名称）工会第一次会员（代表）大会选举工作主持词

各位会员（代表）：

现在举行××（单位名称）工会第一次会员（代表）大会第×次全体会议。(待工作人员递交《到会人数报告单》)

今天应到会的会员（代表）××人，请假的×人，根据工作人员清点，实际到会××人。根据规定，实际到会的会员（代表）超过应到会人数的2/3，会议可以举行。

这次会议有四项议程：

一、通过《××单位工会第一次会员（代表）大会选举办法（草案)》；

二、分别通过××单位工会第一届委员会委员和经费审查委员会委员候选人的建议名单；

三、通过总监票人和监票人的建议名单；

四、选举××单位工会第一届委员会委员和经费审查委员会委员。

现在进行第一项议程：通过《××（单位名称）工会第一次会员（代表）大会选举办法（草案)》

现在请工作人员宣读《选举办法（草案)》（如大会已经将《选举办法（草案)》印发参加会议人员，可以不再宣读)。

各位会员（代表）对《选举办法（草案)》还有什么意见，请发表。(稍停)

---

① 如果采取直接选举的方式选举工会委员会主席和委员的，主持词相关内容应当做适当修改。本范文中出现的几个报告单在后文有样式可供参考。

如果没有意见，现在提请大会进行表决。同意《选举办法（草案）》的请举手，（稍停）请放下；不同意《选举办法（草案）》的请举手，请工作人员清点（如果没有，工作人员讲“没有”；如果有举手的，等工作人员清点报数后，讲“请放下”）；弃权的请举手（同前）。

（根据表决情况，如果没有不同意的和弃权的，可以宣布“一致通过”；如果不同意和弃权人数相加少于1/2，可以宣布“通过”。）

现在进行第二项议程：分别通过××单位工会第一届委员会委员和经费审查委员会委员候选人建议名单

现在我宣读《××单位工会第一届委员会委员候选人建议名单》。

大家对这个候选人建议名单有什么意见，请发表（稍停。表决程序同前。）

现在我宣读《××单位工会第一届经费审查委员会委员候选人建议名单》。

大家对这个候选人建议名单有什么意见，请发表（稍停。表决程序同前。）

现在进行第三项议程：通过总监票人和监票人建议名单

根据工会筹备组提名，并征求会员（代表）意见，建议×××同志为总监票人，××、×××同志为监票人。

大家对这个建议名单有什么意见，请发表（稍停。表决同前。）

现在我宣布计票人员名单：××同志为总计票人，×××、×××同志为计票人。

现在进行第四项议程：选举××单位工会第一届委员会委员和经费审查委员会委员

请监票人员检查票箱和封箱。（稍等）

请工作人员再次清点到会的会员（会员代表）人数，报总监票人。（稍等，总监票人递交《清点人数报告单》）。

根据总监票人报告，今天应到会的会员（代表）××人，实到××人，超过应到会的2/3，可以进行选举。

现在请工作人员发放选票。（稍等）现在请大家检查一下，是否拿到了两张选票：一张是《××单位工会第一届委员会委员选票》，一张是《××单位工会经费审查委员会委员选票》。是否有漏发的、多发的？拿到的选票上是否盖有印章？（稍等）

现在请大家注意看选票上的说明，今天选举工会委员会委员×名，选举经费审查委员会委员×名，每张选票按照规定的数量进行选举，多选为废票。请按照选票下的说明进行画票。

开始画票。（等约5～10分钟）

大家都画好了吗？（巡视全场后）

现在请监票人先投票，然后履行监督投票。

现在请工作人员引导，开始投票。（待投票完毕）

现在请监票人开启票箱，监督计票人清点选票。（待总监票人递交《清点选票报告单》）。

各位会员（代表），根据总监票人报告，今天实际到会××人，发出两种选票分别为××、××张，收回《××单位工会第一届委员会委员选票》××张，收回《××单位工会第一届经费审查委员会委员选票》××张，等于（或少于）发出的选票数量，按照《选举办法》规定，本次选举有效。

现在请监票人和计票人开始计票。大家原地休息。（如果不是在现场唱票，会场可以播放音乐）

（待总监票人递交《计票结果报告单》）

现在继续开会。

请总监票人宣读计票结果。

根据《选举办法》的规定和总监票人的报告，现在我宣布《××（单位名称）工会第一届委员会委员当选人员名单》，他们是：……

现在我宣布《××单位工会第一届经费审查委员会委员当选人员名单》，他们是：……

现在让我们以热烈的掌声表示祝贺。

各位会员（代表），今天全体会议选举工作圆满结束。

现在休会。

3. 制作选票

根据工会委员会委员和经费审查委员会委员建议名单，应当在召开会议前，将选票印制完毕。在印制选票时，应当注意四点：

(1) 要在选票上留有“另选人”位置。

(2) 应当印制两套(每套有所区别),以备第一次选举中出现差错后,重新选举之用。

(3) 选票上要有一定的印记,以防止假冒选票出现,扰乱正常选举进行。

(4) 印制的选票,应当在会前密封保存;如果参加会议人数较多,需要提前进行分拣的,应当核对准确数量,防止在选举现场出现差错。

【附例10】××(单位名称)工会第一次会员(代表)大会选票①

(正面)

××(单位名称)工会第一届委员会委员

选

票

(盖章)

××××年××月××日

① 其他选票,如选举主席、副主任,经审会主任等,或者选举主席和委员的混合选票,均可依此样式设计制作。

（背面）

（按姓氏笔画为序排列）

符号								
候选人姓名	A	B	C	D	E	F	G	H
另选人								

说明：

①本选票盖章（应当明确印章名称）有效。

②本张选票上，工会委员会委员候选人有×名，应当选举×名，多选为废票。

③表示赞成的，在该候选人名字上方的方框内画“○”符号；表示不赞成的，在该候选人名字上方的方框内画“×”符号；表示弃权的，在该候选人名字上方的方框内画“△”符号。

④对同一候选人，如果既画了赞成符号又画了不赞成符号，或者又画了弃权符号，按不赞成票统计。对候选人没画任何符号的，按不赞成票统计。

⑤表示不赞成的可以另选他人。表示弃权的不可以另选他人。

⑥另选人姓名书写模糊不清的，不计入另选人票。另选人姓名与选票上候选人同姓名的应注明单位。

4. 制作选举使用的工作表格

（1）到会人数报告单

【附例 11】到会人数报告单

××（单位名称）第一次会员（代表）大会第×次全体会议
到会人数报告单

（第一次报告使用）

（××××年××月××日　　时　　分）

通过对现场人员进行清点，今天大会
应到会员（代表）：　　　名；
实到会员（代表）：　　　名；
缺席会员（代表）：　　　名。
特此报告。

选举工作人员：＿＿＿＿
××××年××月××日

（2）清点人数报告单

【附例 12】选举清点人数报告单

××（单位名称）第一次会员（代表）大会第×次全体会议
选举清点人数报告单

（第二次报告使用）

（××××年××月××日　　时　　分）

根据工作人员统计后报告，今天大会：
实到会员（代表）：　　　名。
符合《××（单位名称）第一次会员（代表）大会选举办法》的规定，可以进行选举。

总监票人：＿＿＿＿
××××年××月××日

（3）清点选票报告单

【附例 13】选举清点选票报告单

××（单位名称）第一次会员（代表）大会第×次全体会议
选举清点选票报告单
（提交大会主持人）

本次大会选举，到会会员（代表）共____人，共发出《××（单位名称）工会第一届委员会委员选票》____张，收回____张，收回的选票和发出的选票数量相等（或小于发出选票的数量）；发出《××（单位名称）工会第一届经费审查委员会委员选票》选票____张，收回____张，收回的选票和发出的选票数量相等（或小于发出选票的数量）。

总监票人：
××××年××月××日

（4）计票结果报告单（按姓氏笔画排列）

【附例 14】选举计票结果报告单

××（单位名称）第一次会员（代表）大会第×次全体会议
选举计票结果报告单
（总监票人向大会主持人报告用）

根据计票结果，本次大会选举，共收回《××（单位名称）工会第一届委员会委员选票》____张，收回选票中有效票为____张，无效票____张。收回《××（单位名称）工会第一届经费审查委员会委员选票》____张，收回选票中有效票为____张，无效票为____张。具体得票情况如下：

续表

（按照姓氏笔画排列）

候选人姓名	A	B	C	D	E	F	G	H
得票数								

（按照得票多少顺序排列）

另选人姓名	A	B	C	D
得票数				

总监票人：__________

××××年××月××日

需要说明的问题：

候选人的“得票数”，可以只报告“赞成”票数，也可以将“不赞成”“弃权”票数一起报告。

（5）当选人员名单

【附例15】当选人员名单

××（单位名称）第一次会员（代表）大会
选举工会第一届委员会委员
当选人员名单
（由大会主持人宣读）

根据××（单位名称）第一次会员（代表）大会选举投票结果，以下____位同志当选××（单位名称）工会第一届委员会委员（按照得票多少顺序排列）：

（名单略）

以上同志组成××（单位名称）工会第一届委员会。

××××年××月××日

需要说明的问题：

①如果大会选举只产生"××（单位名称）工会第一届委员会委员"，则需要召开"××（单位名称）工会第一届委员会"会议，进一步选举产生主席、副主席。

②如果大会选举前明确了按照大会选举候选人得票数多少，确定主席、副主席和委员，应当对以上"当选人员名单"的内容做适当修改。

③当选名单按照"得票多少顺序"还是按照"姓氏笔画顺序"排列，由《选举办法》事前规定。

（6）表决情况记录表

【附例16】选举表决事项记录表

××（单位名称）第一次会员（代表）大会第×次全体会议
选举表决事项记录表

应到会人数		实际到会人数			
表决事项	同意人数	不同意人数	弃权人数	同意人数占应到会人数（%）	是否通过
《选举办法》					
工会委员会委员候选人建议名单					
经费审查委员会委员候选人建议名单					
监票人建议名单					
记录人		时间	年　月　日		

需要说明的问题：

①"实际到会人数"应当使用第一次统计报告的数字。如果第一次统计报告后，有人进入、没有人出会场，并且场地组能够准确掌握会场内人数变化情况，可以使用场地组提供的最新人数。

②此表的"记录人"应当是选举工作指挥。

（7）发放选票情况记录

【附例 17】选举发放选票情况记录表

××（单位名称）第一次会员（代表）大会第×次全体会议选举发放选票情况记录表

实际到会人数		记录人	
场区人数情况		选票发放情况	
场区	人数	工会委员会委员选票	经费审查委员会委员选票
主席台			
第一区			
……			
第 N 区			
合　计			

年　　月　　日

需要说明的问题：

①此表中的“实际到会人数”必须使用第二次统计报告的数字。

②此表“选票发放情况”中的数字，必须与《××（单位名称）第一次会员（代表）大会第×次全体会议选举清点选票报告单》和《××（单位名称）第一次会员（代表）大会第×次全体会议选举计票结果报告单》中“发放选票”的数字一致。

③此表的“记录人”应当是选票组负责人。

④记录完成后，应当及时将表中数字告知（总）监票人。选举结束后交选举工作指挥。

（8）收回选票情况记录

【附例18】选举收回选票情况记录表

××（单位名称）第一次会员（代表）大会第×次全体会议
选举收回选票情况记录表

实际到会人数		记录人	
选票发放情况		选票收回情况	
工会委员会委员选票	经费审查委员会委员选票	工会委员会委员选票	经费审查委员会委员选票

年　　月　　日

需要说明的问题：

①此表中的“实际到会人数”必须使用第二次统计报告的数字。

②此表“选票发放情况”中的数字，必须与《××（单位名称）第一次会员（代表）大会第×次全体会议选举清点选票报告单》和《××（单位名称）第一次会员（代表）大会第×次全体会议选举计票结果报告单》中“发放选票”“收回选票”数字一致。

③此表的“记录人”应当是计票组负责人。

④记录完成后，应当及时交（总）监票人，制作《选举清点选票报告单》。选举结束后交选举工作指挥。

（9）计票情况记录

【附例19】选举计票情况记录表

××（单位名称）第一次会员（代表）大会第×次全体会议选举计票情况记录表

发出选票		收回选票		
选票种类	发出数量	收回数量	有效票	无效票
工会委员会委员选票				
经费审查委员会委员选票				

候选人	得票情况			得赞成票总排序	是否当选
	赞成	不赞成	弃权		
A					
B					
……					
G					
另选人					
W		——	——		
X		——	——		
……		——	——		
Z		——	——		
记录人			时间	年　　月	日

需要说明的问题：

①此表中的“发出选票”必须与《××（单位名称）第一次会员（代表）大会第×次全体会议选举发放选票情况记录表》的数字一致。

②此表中的“收回选票”必须与《××（单位名称）第一次会员（代表）大会第×次全体会议选举收回选票情况记录表》的数字一致。

③此表“得票情况”中，任一候选人得“赞成票”“不赞成票”和“弃权票”数相加，必须与“收回选票”中相对应“有效票”数量一致。

④此表中“记录人”应当是计票组负责人。

⑤记录完成后，应当及时交（总）监票人，制作《选举计票结果报告单》和《××（单位名称）第一次会员（代表）大会选举工会第一届委员会委员当选人员名单》。选举结束后，交选举工作指挥。

5. 工作人员分工及职责

做好工作人员的分工，使每个工作人员各居其位、各负其责，相互协作、密切配合，是按部就班、顺利圆满完成好选举工作任务的重要前提。

进行工作人员分工时，应当考虑会期安排、参加选举投票人数、会场环境、工作人员数量等情况，既要保证工作完成，也要讲究效率。

确定选举工作指挥和参加选举的工作人员时，如果是会员大会，应当从没有被提名作为候选人的会员中选择；如果是会员代表大会，则应当从不是会员代表的会员中选择。

如果会议选举中，计票时发现选举工作指挥和计票组工作人员，获得“另选人”票的票数接近应到会人数的1/3时，应当及时回避，更换其他人员继续履行职责。

投票人数较多时，可以设立选举工作指挥部，下设选票组、场地组、计票组等。

（1）选举工作指挥部

设选举工作指挥1名，其他工作人员若干名。主要工作事项包括：

第一，会议选举阶段之前，主要是督促、检查选举现场的灯光、音响、会场和主席台设置、播放音乐曲目等工作的落实情况；检查各种工作表格制作准备情况；督促、检查选票印制、分拣、保管工作；督促、检查选举所需器材准备情况。

第二，会议选举期间，按照主持人要求和会议进度，负责调度工作人员，对各组工作进行协调。

第三，选举开始，指挥工作人员清点到会人数，签字后，向主持人递交《到会人数报告单》。

第四，在会议通过决议事项时，如果没有表示“不同意”和“弃权”意见的，负责报告主持人“没有”；工作人员对会员（代表）中表示“不同意”和“弃权”意见的人数进行统计后，报主持人，并做好记录。

第五，按照主持人宣布的进度，指挥工作人员检查票箱、发放选票、组织投票、清点收回的选票，协调各组工作人员，督促、检查做好记录；组织计票人员进行计票。

第六，选举计票期间，根据计票组人员提供的数据，督促总监票人填写相关报告（清点选票报告和计票报告），并报告主持人。

第七，计票结束，督促工作人员及时整理制作《××（单位名称）第一次会员（代表）大会选举工会第一届委员会委员当选人员名单》。

第八，选举结束，负责督促、检查工作人员封存选票，收回各种工作表格，清理会场。

（2）选票组

主要工作事项：负责选票的设计、校对、印制、分发和保管等工作。

第一，会前，按照工会筹备组的要求，设计选票；负责印制选票，检查选票印制效果、校对选票上候选人名单是否正确；负责在选票上加盖印章。

第二，按照选举会场座位情况，负责分拣选票；分拣后，密封包装，在包装封口签字，用透明胶带压盖签名和封口；同时，还应在封装袋上注明是何种选票、正票还是备票、袋内数量。

第三，会议选举期间，将分拣分装好的选票，交场地组工作人员，及时收回未发出的选票，填写《发出选票情况记录表》。发现会员（代表）拿到的选票有印制问题的，应当及时更换。

第四，会前、会后保管好选票，不丢失、散落，不得将经手选票上的信息透露给任何人。

（3）场地组

主要工作事项：把守会场、清点人数、维持会场秩序。

第一，会议开始前和会议期间，负责把守会场门口，除会员（代表）和选举工作人员外，未经许可人员在选举期间不得进入选举会场。将进入会场的会员（代表），引导到座位。从主持人宣布开会，至投票完毕主持人宣布休息，劝阻代表不要随意离开会场。在进行第二次清点人数后，不能让未经统计的人员进入会场。

第二，负责清点核对场区会员（代表）人数，特别是召开代表大会时，要把工作人员和代表区别开来，将到会会员（代表）数量确实核对准确。

第三，负责选举期间领取和分发选票。

第四，看护本选区票箱，按照主持人要求，协助监票人检查、封好票箱。

第五，会员（代表）进行表决时，负责清点表示“不同意”和“弃权”的人数，并向选举指挥报告。

第六，投票时，负责维持会场内秩序，引导会员（代表）投票。

第七，投票结束后，在监票人监督下，协助计票组取出选票。

（4）计票组

主要工作事项：在监票人的监督下，进行有关统计和制作名单工作。

第一，负责清点收回选票数量，填写《收回选票情况记录表》。

第二，负责审核每张选票是否有效，分别统计有效票和无效票数量。

第三，负责统计每张有效选票上，每位候选人和另选人得票情况，分别计入得“赞成”“不赞成”“弃权”票数。

第四，将每位候选人和另选人得票情况汇总，计入《选举计票情况记录表》。

第五，整理制作《××（单位名称）第一次会员（代表）大会选举工会第一届委员会委员当选人员名单》。

第六，选举结束，封装回收的选票。

（5）（总）监票人

主要任务是：在大会主席团的领导下，对选票的发放、画票、投票和计票工作进行监督。

第一，在第二次清点人数时，监督工作人员进行统计，在《选举清点人数报告单》上签字，并报告主持人。

第二，在发放选票前，检查票箱，并监督工作人员封箱。

第三，到选举指挥部监督选举工作人员发放选票，做好发放数量记录，并监督选票组负责人在《发放选票情况记录表》上签字。如果选票有印制问题，进行调换印制有问题选票时，应当监督核对清楚。

第四，在投票过程中，（总）监票人在票箱旁履行监督投票任务。

第五，投票结束，监督工作人员取出选票。

第六，监督计票组清点收回的选票后，填写《收回选票情况记录表》。

第七，向主持人递交《选举清点选票报告单》。待主持人宣布选举有效后，监督计票组开始计票。

第八，计票过程中，应当对所有无效票进行核对确认。监督计票组统计得票情况，填写《选举计票情况记录表》，整理制作《××（单位名称）第一次会员（代表）大会选举工会第一届委员会委员当选人员名单》。

第九，向主持人递交《选举计票结果报告单》和《××（单位名称）第一次会员（代表）大会选举工会第一届委员会委员当选人员名单》。

第十，选举结束，监督工作人员清理、封存选票。

6. 工作人员培训

做好选举工作人员培训，是保证选举工作顺利进行、圆满完成的重要前提。

对选举工作人员培训，主要有三个方面内容：

（1）提高认识，增强责任意识

要让每个参加选举工作的人员，认识到自己的岗位和所做的工作，在整个选举工作中的地位和作用；要树立整体观念，在完成选举工作的“一盘棋”中，认真完成本职工作，积极配合其他同志，使选举工作达到协调有序地、按部就班地推进。

（2）明确程序，提前做好准备

在召开会员（代表）大会前，应当组织选举工作人员，按照主持人的主持词，反复推演，使每个工作人员明确会议前后程序，各个程序之间如何衔接，自己应当在什么时候开始准备、什么时候进行工作，自己工作时的上个程序和下个程序与谁衔接，自己应当准备哪些器材，完成工作后需要移交哪些文件等。

（3）明确内容，严格工作标准

应当组织选举工作人员对照岗位工作职责，对应该完成的每项具体工作，制定细化标准；对每项具体工作可能出现的问题，制定应对措施。

参加培训的工作人员应当包括选举指挥、选票组、计票组、场地组所有工作人员。同时，拟担任会议主持人和（总）监票人的，也应当配合进行推演。推演中，应当同步使用灯光、音响、音乐等。

7. 场地布置和器材准备

（1）会场布置中应当注意的问题

①有关会标

召开会员（代表）大会，会场前方正面中央可以悬挂工会会徽。会徽的样式和尺寸，按照1993年中华全国总工会办公厅《关于中国工会会徽制作等有关问题的通知》中的规定执行。

②有关横幅

召开会员（代表）大会，会场前方正面中央可以悬挂横幅，标明会议名称。其中：

新建工会的，横幅内容为：“××（单位名称）第一次会员（代表）大会”。

已建工会、工会委员会第一届任期已满，应当选举第二届工会委员会，进行换届大会的，横幅内容为：“××（单位名称）工会第二次会员（代表）大会”。

已建工会、工会委员会第二届任期中，进行届中第×次会员（代表）全体会议的，横幅内容为：“××（单位名称）工会第二次会员（代表）大会第×次全体会议”

特别提示：关于“届”和“次”的使用——

根据《中华全国总工会关于基层工会会员代表大会代表实行常任制的若干暂行规定》第三十四条规定：“基层工会会员代表大会的届期按《中国工会章程》和有关规定确定，届期内的会议按次计算。”

“第N次会员（代表）大会”选举产生的工会委员会，称为“第N届工会委员会”。如果不是进行换届，届中召开的会员（代表）大会（如按照《中国工会章程》第二十六条规定，每年召开的会员大会或者会员代表大会），仍然以本次会员（代表）大会召开的全体会议次数排序，应当称为“第N届会员（代表）大会第×次全体会议”。

“第N届工会委员会”届满，需要进行换届，召开的是“第N+1次会员（代表）大会”，选举产生“第N+1届工会委员会”。

“第N届工会委员会”届中召开每次工会委员会的会议称为“第N届工会委员会第×次会议”。工会委员会常务委员会会议、工会委员会主席会议也按此次序排列。

③座位、主席台

召开会员（代表）大会进行选举时，在主席台就座人员一般为主席团成员；会员人数较少的，可以只有大会主持人就座。

会场内座位摆放，尽量每排人数控制在10人以内，每几排之间尽量留有间隔，使会场形成若干个区域。这样便于会议期间清点人数；也便于通过表决事项时，统计表达“不同意”和“弃权”意见的人数；便于发放选票时统计实际发放数量。每个会员（代表）的座位之间，可以适当宽松些，便于会员（代表）按照自己的意志画选票。

④选举工作指挥的位置

选举工作指挥的位置，一般设置在主席台前侧。应当尽量靠近主席台，同时还要便于观察会场情况，便于与场内工作人员进行沟通交流，便于协调各工作组的工作。

⑤票箱位置

根据参加会议人数情况，可以在主席台前设置一个票箱，也可以在每个区域的前方设置一个票箱。

⑥计票位置

计票工作是选举工作的关键环节，应当保证计票工作人员在监票人的监督下，不受外界干扰地完成计票工作。

如果参加会议人数较多，不宜采取唱票方式计票，应当在会场适当位置设置计票工作台，或者在会场附近设置专门的计票工作室。

如果采取唱票的方式计票，应当在会场主席台前侧设置必要的黑板等即时计数器材。

有些参加会议人数较多的单位，采取电子计票方式，如读卡式计数、电子即时式计数等。对此，应当事前在会场安装好设备和显示装置。注意，安装的设备不能影响会议正常进行，不能使会场布置显得凌乱。

（2）器材准备方面应当注意的问题

①票箱

在监票人检查票箱后，票箱应当加锁，或者粘贴封条，待投票结束后启封（打开）。

票箱的投票口，应该能够使选票较自然地投入；其容量应当满足装填选票的需求。

②音响、灯光

根据参加会议人数和会场情况，除主席台安装扩音设备，选举工作指挥可以使用移动扩音设备（如手提扩音器）。

会议开始前、投票期间、计票期间和会议结束，可以适时播放音乐，其设备应当由专人负责操作。

会议期间应当确保照明达到适合参加会议人员阅读文件和书画选票。

③画票使用的笔

为了使书画选票使用的笔迹颜色基本一致，具备经济条件的，可以统一购买画票使用的笔；也可以在会前提出使用一样笔的要求。画票不能使用铅笔，笔迹不能是蓝色和黑色以外其他的颜色。

④封装选票

选举结束后，所有选票应当封装保存，保存期限应当到本届工会委员会换届。

应当准备选举结束封装时使用的信封、透明胶带、签字笔等用具。

二、工会经费审查委员会和工会女职工委员会

（一）工会经费审查委员会

工会经费审查委员会：是代表会员群众对工会经费收支和资产管理情况进行审查监督的组织。

1. 工会经费审查委员会的建立、组成原则和工作职责

为了充分发挥工会经费审查委员会的作用，切实加强对工会经费收支的审查和对工会资产的监督管理工作，《中国工会章程》《中国工会审计条例》等专门对工会经费审查委员会的建立、组成原则和工作职责作了规定。

（1）各级工会经费审查委员会由同级工会代表大会选举产生

凡是经上级工会批准，确立为一级工会组织，在组建工会或者换届选举时，与同级工会委员会人选同时考察、同时报批、同时选举产生。按照全国总工会的规定，各级工会经费审查委员会实行等额选举。

县级以上工会经费审查委员会委员人数不少于同级工会委员会委员人数的20%，最低不少于5人。基层工会经费审查委员会委员一般为3～11人，大型企业工会经费审查委员会委员人数可适当增加。

中华全国总工会经费审查委员会委员实行替补制，各级地方总工会经费审查委员会委员和独立管理经费的全国产业工会经费审查委员会委员，也可以实行替补制。

工会经审会的选择要有代表性，兼顾各方，一般应由本级、下级工会的人员组成。基层工会经审会委员应有会员代表参加。经审会委员中具有审计、财会专业知识的人员一般不少于2/3。经审会委员的年龄构成要体现老中青相结合的原则，形成合理的年龄梯次，以形成工作合力。

（2）规定中华全国总工会经费审查委员会设常务委员会，省、自治区、直辖市总工会经费审查委员会和独立管理经费的全国产业工会经费审查委员会，应当设常务委员会

工会经费审查委员会常务委员会在同级工会经费审查委员会全体会议闭会期间，负责贯彻执行同级工会经费审查委员会的决议，行使同级工会经费审查委员会的职权。基层工会经费审查委员会代表会员群众对基层工会经费收支和资产管理情况进行审查监督，向基层工会会员大会或会员代表大会负责并报告工作；在基层工会会员大会或会员代表大会闭会期间，向基层工会委员会负责并报告工作。

工会经审会常务委员会贯彻集体领导和民主集中制的原则。凡属工会经审工作的重大事项，都要由工会经审会常务委员会集体讨论，在充分听取和集中大家意见的基础上，做出决定。

基层工会建立工会经费审查委员会，由基层工会会员大会或会员代表大会采取无记名投票等额选举方式选举产生。经费审查委员会委员名额一般为3~11人，设主任1人，必要时也可以设副主任1人。主任、副主任由经费审查委员会推选产生。经费审查委员会及其主任、副主任的选举结果，与基层工会委员会选举结果同时报上级工会审批。

在实际工作中，基层工会中实行联合制、代表制的大型企业工会的经费审查委员会委员，也可以实行替补制。

2. 工会经费审查委员会办公室

经审会办公室是经审会的工作机构，同时也是工会的内设机构。工会经审会日常大量的具体工作需要由经审会办公室来完成。

工会经审会办公室的设置，要适应经审工作任务的需要。依据《中国工会审计条例》规定，全国总工会、各级地方总工会、独立管理经费的产业工会和机关工会联合会应当设置经审会办公室，列入同级工会机关机构编制序列。

工会经审会办公室的干部配备要体现精干、专职、专业的要求。各级工会经审会办公室主任、副主任应当列入同级工会机关部门正、副职级领导职位。经审会办公室应当由具有审计、财会及相关专业知识和业务能力的人员组成。

（二）工会女职工委员会

1. 工会女职工委员会

工会女职工委员会：是在同级工会委员会领导下的具有民主性、代表性的，代表和维护女职工合法权益及特殊利益的内部专门工作委员会。

《工会法》《中国工会章程》《企业工会工作条例》《工会女职工委员会工作条例》都对建立健全基层工会女职工问题做出了明确规定。《中国工会章程》第十四条对工会女职工委员会有明确规定："各级工会建立女职工委员会，表达和维护女职工的合法权益。女职工委员会由同级工会委员会提名，在充分协商的基础上组成或者选举产生，女职工委员会与工会委员会同时建立，在同级工会委员会领导下开展工作。企业工会女职工委员会是县或者县以上妇联的团体会员，通过县以上地方工会接受妇联的业务指导。"第二十五条规定："工会基层委员会有女会员十人以上的建立女职工委员会，不足十人的设女职工委员。"

2. 基层工会女职工委员会组织制度

主要包括以下内容：

（1）女职工委员会应与工会委员会同时建立。企业、事业单位、机关和其他社会组织等工会中有女会员 10 人以上的应建立女职工委员会，不足 10 人的可以设女职工委员。

（2）大型企业、事业单位、机关和其他社会组织等的工会女职工委员会，应设立办公室（女职工部），负责女职工委员会的日常工作；中、小企事业单位、机关等工会的女职工委员会，根据工作需要设专职或兼职工作人员，也可以设立办公室（女职工部）。

（3）女职工委员会委员由同级工会委员会提名，在充分协商的基础上组成，也可召开女职工大会或女职工代表大会选举产生。

（4）工会女职工委员会是县或县以上妇联的团体会员，通过县以上地方工会接受妇联的业务指导。

《工会女职工委员会工作条例》对工会女职工委员会工作制度作出规定：一是女职工委员会实行民主集中制。凡属重大问题，要广泛听取女职工意见，由委员会或常务委员会进行充分的民主讨论后作出决定。二是女职工委员会根据工作需要制定有关制度，每年召开 1 ~ 2 次常务委员会和委员会会议，也可临时召开会议。三是工会女职工委员会要定期向同级工会委员会和上级工会女职工委员会报告工作。四是县以上各级工会女职工委员会要把工作重心放在基层，增强基层女职工组织的活力，为广大女职工服务。

3. 选举或协商产生女职工委员会需要注意的问题

（1）产生时间问题

按照《中国工会章程》规定，“女职工委员会由同级工会委员会提名”，只有工会委员会产生之后，才能够提名女职工委员会候选人。因此，不能将女职工委员会与工会委员会、工会经费审查委员会同时投票进行选举。

需要指出的是，《中国工会章程》中规定的“女职工委员会与工会委员会同时建立”，是指建立了工会委员会，只要符合条件，就应该同时建立女职工委员会，或者设立女职工委员，《中国工会章程》第二十五条已经做了具体规定。

关于工会委员会对女职工委员会候选人的提名，在酝酿产生工会委员会、经费审查委员会候选人时，可以同步进行女职工委员会候选人的推荐。经过上下反复酝酿、充分讨论，推荐出的候选人，要基本能够代表女职工的意愿，作为建议名单，提交新一届工会委员会。

（2）范围问题

选举或协商产生女职工委员会，只能在女职工（代表）及其相关人员的范围进行，不能在会员大会或者会员代表大会全体会议上进行，不能与工会经费审查委员会一样，在会员大会或者会员代表大会全体会议上选举产生。

依据《工会法》和《中国工会章程》，女职工委员会与经费审查委员会的区别，主要在三个方面：①从设立看，“各级工会建立经费审查委员会”是法定的（《工会法》第四十四条）。②从职权范围看，经费审查委员会审查同级工会经费收支情况（《工会法》第四十四条）；而女职工委员会是工会委员会下设的专门委员会，以表达和维护女职工的合法权益（《中国工会章程》第十四条、三十条）。③从产生范围看，经费审查委员会是由会员大会或者会员代表大会选举产生是章程明确的（《中国工会章程》第十三条、二十六条）。

（3）方法问题

女职工委员会是选举产生还是协商产生，要看实际情况，比如代表对候选人的熟悉程度，一般基层工会委员会采取选举产生。如果采取选举的方式产生，其选举方法与基层工会委员会选举办法一致，但可以根据本单位实际情况，适当简化相关程序。同时必须严格遵守和认真执行无记名投票选举、得赞成票须超过应到会人数一半方能当选等原则。

（4）备案问题

根据《中国工会章程》规定，女职工委员会是工会委员会的专门委员会，在同级工会委员会的领导下开展工作，因此，选举或协商产生后，由同级工会委员会批准即可。同时，采取张榜公布方式，告知全体会员和职工。女职工委员会产生后，应当报上一级工会委员会（女职工委员会）备案，以便于工作开展。

（5）与妇联关系问题

根据中共中央办公厅有关文件精神，明确了“企业工会女职工委员会是县或者县以上妇联的团体会员，通过县以上地方工会接受妇联的业务指导。”这一规定的要求是：妇联组织不对企业女职工委员会工作直接进行工作联系与指导，也不能对企业工会女职工委员会下达工作任务，需要时，可以通过县以上同级地方工会对企业工会女职工委员会提出要求。因此，《中国工会章程》第十四条规定：“企业工会女职工委员会是县或者县以上妇联的团体会员，通过县以上地方工会接受妇联的业务指导。”不论是企业、事业单位，还是机关、其他社会组织，其工会女职工委员会，不论是选举或者协商产生候选人，还是产生后的报备，均不与各级妇联组织发生任何联系。各级各类工会委员会的女职工委员会，只有通过县或者县以上地方工会，才能接受妇联的业务指导。

正确处理基层工会、特别是企业女职工委员会与妇联组织的关系，有利于女职工委员会在同级工会委员会领导下开展工作，有利于加强职工队伍的团结。

三、新建基层工会委员会的组建选举

各企业、事业单位、机关和其他社会组织的情况各不相同，其职工人数、内部机构（部门）设置及地域分布等情况差别也很大，但新建工会组织在召开第一次会员（代表）大会、选举基层工会委员会时，应当履行的主要程序和需要做的主要工作是一样的。

通过会员（代表）大会按照规定的程序，民主选举产生工会委员会、完成主席（副主席）选举，是完成建立一个基层工会组织的主要标志。

新建工会组织的第一次会员（代表）大会由工会筹备组主持召开，其议程主要包括预备会和正式大会两个阶段。

1. 召开会员（代表）大会预备会

（1）清点到会人数。会议工作人员向工会筹备组负责人报告实到人数，在确认到会人数达到应到会人数的2/3以上的，可以开会。“应到会人数”，是指应当参加会员大会的会员数，或者应当参加会员代表大会的代表数。

（2）宣读上级工会《关于对××（单位名称）召开第一次会员（代表）大会暨建立第一届工会委员会请示的批复》。明确工会筹备组主持大会工作。

（3）召开主席团第一次全体会议，审议、通过代表大会主席团常务主席名单；大会副秘书长名单；听取代表资格审查委员会关于代表大会代表资格审查情况的报告；听取工会委员会工作报告起草情况的介绍；审议、通过大会日程和大会执行主席的安排。（工会筹备组负责人向预备会做大会代表资格审查结果的报告）。

（4）审议通过大会代表资格审查结果的报告。

2. 召开会员（代表）大会正式大会实施选举

基层工会会员（代表）大会选举的工作程序主要有四项，即：一是通过《选举办法（草案）》；二是通过工会委员会委员和经费审查委员会委员建议名单；三是通过总监票人和监票人名单；四是进行工会委员会和经费审查委员会的选举。具体包括如下环节：

（1）清点到会人数，宣布大会开会，唱《国歌》。

（2）介绍参加大会的成员和嘉宾。

（3）作筹备组建工会工作报告。

（4）通过大会《选举办法》。

（5）通过工会委员会任期的决议（草案）。

（6）分别通过工会第一届委员会委员和经费审查委员会委员候选人建议名单。

（7）通过总监票人和监票人建议名单。

（8）大会选举，选举工会第一届委员会委员和经费审查委员会委员。

（9）宣布选举结果。

（10）新当选的工会委员代表（或者工会主席）讲话。

（11）上级工会领导讲话。

（12）本单位党政领导讲话。

（13）大会结束，唱《国际歌》。

特别提示：会员人数不多的基层工会，通过召开会员大会完成选举工作。但是如果会员人数较多，则需要设置大会主席团，以主席团会议串起以上各个环节，完成组建工作。这部分内容在本章“六”中予以介绍。

四、基层工会委员会的换届选举工作

已建工会组织的进行换届选举，或者进行届中补选工作，包括两个阶段，即预备会阶段和正式大会阶段。

1. 预备会阶段

（1）清点到会人数。会议工作人员向工会委员会负责人报告实到人数，在确认到会人数达到应到会人数的2/3以上的，即可开会。

（2）宣读上级工会《关于对××（单位名称）工会委员会进行换届选举请示的批复》，或者是《关于对××（单位名称）工会委员会进行补选请示的批复》。表决通过大会主席团。

（3）审议通过大会代表资格审查结果的报告（进行届中补选时，不进行此项议程）。

（4）通过大会议程和日程安排。

【附例20】大会预备会议主持词（式样）

大会预备会议主持词

各位代表：

现在召开××（单位名称）工会第______次会员代表大会预备会议。

××（单位名称）工会第______次会员代表大会正式代表______名，今天实际到会______名，请假代表______名，符合法定人数，可以开会。

预备会议议程有四项：

1. 由××同志作大会筹备情况报告。
2. 通过大会主席团名单。

3. 宣布代表资格审查委员会名单。
4. 通过大会议程。
现在进行第一项，请××同志作大会筹备情况报告。（略）
现在进行第二项，由我宣读大会主席团名单（草案）
请各位代表审议，若有意见请发表。（稍候）下面进行表决。（略）
现在进行第三项，由我宣读××（单位名称）工会第______次会员代表大会代表资格审查委员会名单。
现在进行第四项，由我宣读大会议程（草案）。
请各位代表审议，若有意见请发表。（稍候）下面进行表决。（略）
各位代表，预备会议到此结束。休会。

2. 正式大会阶段

基层工会会员（代表）大会换届选举工作主要的程序有四项，即：通过《选举办法（草案）》；通过工会委员会委员和经费审查委员会委员建议名单；通过总监票人和监票人名单；进行工会委员会和经费审查委员会的选举。具体实施请参照本章前部所述。进一步细分则包括如下环节：

（1）宣布大会开会，唱《国歌》。

（2）介绍参加大会的成员和嘉宾。

（3）作工会委员会工作报告、经费审查委员会工作报告（财务工作报告）。在会议日程安排上，报告之后应该对报告内容进行讨论，提出修改意见；应该对新一届委员会候选人建议名单进行讨论，在正式选举前，听取各方面意见、充分协商，减少分歧。

（4）通过批准各项工作报告的决议；通过工会委员会任期的决议。

（5）大会选举。

（6）宣布选举结果。

（7）新当选的工会委员代表（或者工会主席）讲话。

（8）上级工会领导讲话。

（9）本单位党政领导讲话。

（10）大会结束，唱《国际歌》。

特别提示： 如果召开会议只是进行补选，一般不进行第（3）、第（4）项议程。基层工会组织结合年度会员（代表）大会进行补选时，要进行第（3）和第（4）项议程。

五、基层工会组织届中选举

届中补选： 基层工会委员会（含经费审查委员会）任期未满，其组成人员（主席、副主席、委员以及经费审查委员会主任）出现空缺，或者召开会员（代表）大会第一次全体会议选举时，基层工会委员会组成人员未能满额产生的，为保证工作正常开展，可以在届中进行补充选举。

1. 工作程序

在进行届中补选前，需要做好以下工作：

（1）向上级工会提出补选请示

基层工会组织进行补选，可以结合每年召开的会员（代表）大会进行，但一般应当在基层工会委员会（含经费审查委员会）组成人员出现空缺的三个月内进行。基层工会组织在征得同级党组织同意后，应当请示上级工会组织，征得同意、获得补选批复后，再启动准备工作。

（2）做好召开会员（代表）大会的准备工作

召开会员（代表）大会准备工作的程序和具体内容，可参照本章相关部分。特别需要注意的是，在该环节要做好候选人的酝酿，候选人的考察，候选人的提出，通过免去基层工会委员会（经费审查委员会）中变动人员职务的决议等项工作。

2. 具体工作简介

（1）补选的请示和批复，可见以下附例。

【附例21】基层工会委员会进行补选的请示

关于××（单位名称）工会委员会进行补选的请示

××（上级工会）：

我单位第一届工会委员会主席×××同志，因工作调动，已于××年×月离开我单位。根据工作需要，拟于近期召开会员（代表）

大会进行补选。同时，免去×××同志主席职务。

经充分酝酿，拟补选的候选人为××同志。

妥否，请示。

××（单位名称）工会委员会（盖章）
×× ××年××月××日

【附例22】对基层工会进行补选请示的批复

关于对××（单位名称）工会委员会进行补选请示的批复

××（单位名称）工会委员会：

你会《关于××（单位名称）工会委员会进行补选的请示》收悉。

经研究，同意你会于近期召开会员（代表）大会，进行工会主席补选；同意免去×××同志工会主席职务。

请按照有关规定，做好民主选举工作。

此复。

××（上级工会）（盖章）
××××年××月××日

（2）考察候选人。

（3）起草免去委员会变动人员职务的决议（草案）。通过免去委员会中变动人员职务的决议，是会员（代表）大会应当履行的一项议程。会前应当起草免去委员会变动人员职务决议（草案）。

【附例23】免去委员会变动人员职务决议（草案）

关于免去×××同志工会主席的决议（草案）

（××××年××月××日 ××（单位名称）工会第一次会员（代表）大会第×次全体会议通过）

××（单位名称）工会第一届工会委员会主席×××同志，已于××年×月因工作调动离开，停止履行职务。根据工作需要，经请示上级工会同意，于第一次会员（代表）大会第×次全体会议表决通过，免去×××同志主席职务。

六、组建选举和换届改造中的重要事项

（一）关于会员代表资格审查

1. 代表资格审查委员会

新建工会组织召开会员代表大会的，由工会筹备组担任代表资格审查委员会，或者由工会筹备组提名，经充分协商组成。

已建工会组织召开会员代表大会的，由工会委员会提名，经充分协商后，经工会委员会全体会议选举产生代表资格审查委员会。

2. 代表资格的审查内容

审查内容包括：一是代表本人是否符合规定的条件；二是代表产生办法和程序是否符合民主选举规定；三是代表名额和比例是否符合要求。

3. 不合格代表的处理办法

出现不合格代表，应当区分不同情况，采取不同处理办法。

不论是新建工会组织召开会员代表大会（如会员超过一百人，分布部门较多的单位），还是已建工会组织召开会员代表大会，发现选举的代表不合格的，可以建议原选举单位（如分厂、车间和科室的工会小组，或者工会委员会的分会，或者组建工会联合会的基层工会委员会），重新

选举或者罢免其代表资格。原选举单位应当按照民主程序罢免其代表资格，重新选举代表。

罢免代表资格后，所缺的代表名额，可以由原选举单位补选；若召开代表大会在即，重新选举或者补选时间来不及的，也可以暂时不选举或者补选，但必须在代表资格审查报告中予以说明。

4. 代表名额与结构新情况

随着社会经济发展，基层单位情况的千变万化，在具体实践中，有些基层工会组织提出，召开会员代表大会时，很难达到规定要求的代表数量。目前，在保持“企业单位中工人会员代表，学校、科研单位中教职员工和科研人员会员代表，一般应占会员代表总数的60%以上”，这个比例不能变的前提下，经请示上级工会批复同意，可以适当减少代表数量。

注意，代表结构主要是区分一线职工、科技人员、管理人员的比例，女职工代表应当与单位女职工数量成适当比例。

（二）关于大会主席团

根据《中华全国总工会关于地方工会和基层工会召开代表大会及组成工会委员会、经费审查委员会的若干规定》，召开工会会员代表大会，应当设立大会主席团。

1. 大会主席团的产生

（1）大会主席团由代表团或代表小组酝酿提出候选人名单，由代表大会表决产生。

（2）大会主席团设常务主席若干人、秘书长1人、副秘书长若干人。

（3）大会主席团实行集体领导原则，有关会议的重大问题经主席团全体会议讨论决定。

特别提示：会员人数不多的基层工会，召开会员大会。会员大会不设主席团，由基层工会委员会主持会议和主持选举。

2. 大会主席团的主要任务

（1）按照大会通过的议程主持大会。

（2）组织大会的报告和讨论。

（3）组织代表讨论出席上一级工会代表大会代表候选人和本届工会委员会成员候选人，主持选举。

（4）组织代表讨论大会的决议。

3. 大会常务主席

主席团设常务主席若干人，人选一般应当由组织代表大会的工会委员会主席、副主席和被提名为新一届工会委员会主席、副主席的候选人组成。

大会主席团常务主席的产生，由组织代表大会的工会委员会提名，在第一次主席团会议上举手表决通过。

常务主席的职责主要是研究处理大会有关重大问题和主持召开主席团会议。

4. 大会执行主席

大会执行主席是指当天主持大会的会议主席，一般由大会主席团常务主席轮流担任。

大会执行主席日程分组由组织代表大会的工会委员会提出，在主席团第一次全体会议上表决通过。

执行主席的主要职责，是在大会主席团的领导下，按照工会会员代表大会的日程和议程，主持各次全体会议。

5. 大会秘书长和副秘书长

会员代表大会设秘书长 1 人，副秘书长若干人。秘书长由组织会员代表大会的工会委员会提名，经代表酝酿讨论，在大会预备会议上举手表决通过产生。

大会秘书长一般由工会副主席担任。根据会议规模，可以设副秘书长若干名，协助秘书长工作。大会副秘书长的建议名单由组织代表大会的工会委员会提出，在大会主席团第一次全体会议上举手表决通过。

大会秘书长必须是本次代表大会的正式代表。大会副秘书长可以不是本次代表大会的代表。

（1）秘书长主要职责

秘书长负责大会期间的日常工作，主要职责包括：

①主持召开第一次主席团全体会议。

②在主席团的领导下，负责处理大会期间的事务性工作。

③领导大会秘书处工作，负责签发会议的各种文件。

④负责处理主席团的日常事务。

（2）副秘书长主要职责

①按照分工，主要负责大会秘书处一个或几个组的具体工作。

②协助秘书长按照大会日程安排，处理有关事宜。

6. 第一次主席团会议议程

主席团第一次全体会议是在代表大会预备会议期间进行的，主要工作是：

（1）审议、通过代表大会主席团常务主席名单。

（2）审议、通过代表大会副秘书长名单。

（3）听取代表资格审查委员会关于代表大会代表资格审查情况的报告。

（4）听取工会委员会工作报告起草情况的介绍。

（5）审议、通过大会日程和大会执行主席的安排。

7. 第二次主席团会议议程

主席团第二次全体会议是在代表大会开幕结束后进行的，主要工作是：

（1）听取关于新一届工会委员会委员、经费审查委员会委员和出席上级工会代表大会候选人产生情况的汇报。

（2）审议、通过新一届工会委员会委员、经费审查委员会委员和出席上级工会代表大会代表候选人建议名单，提交各代表团讨论。

（3）根据各代表团推荐的选举大会监票人名单，审议、通过大会总监票人、监票人建议名单，提交各代表团讨论。

（4）审议、通过大会选举办法（草案），提交各代表团讨论。

8. 第三次主席团会议议程

主席团第三次全体会议是在代表团讨论结束后进行的，主要工作是：

（1）听取关于各代表团讨论领导讲话和审议工会委员会工作报告、财务报告和经费审查委员会工作报告情况的汇报。

（2）审议、通过工会委员会工作报告、财务报告和经费审查委员会工作报告的决议（草案），提交各代表团讨论。

（3）听取各代表团讨论新一届工会委员会委员、经费审查委员会委员和出席上级工会代表大会代表候选人建议名单的情况汇报。

（4）听取各代表团讨论大会选举办法（草案）、大会总监票人、监票人建议名单的情况汇报。

（5）审议、通过新一届工会委员会委员、经费审查委员会委员和出席上级工会代表大会代表正式候选人名单，提交大会选举。

（6）审议、通过大会总监票人、监票人建议名单，提交选举大会表决。

（7）审议、通过大会选举办法（草案），提交选举大会表决。

9. 第四次主席团会议议程

主席团第四次全体会议是在大会选举结束后进行的，主要工作是：

（1）听取大会总监票人报告大会选举结果。

（2）听取各代表团讨论工会委员会工作报告、财务工作报告和经费审查委员会工作报告决议（草案）的情况汇报。

（3）审议、通过工会委员会工作报告、财务工作报告和经费审查委员会工作报告决议（草案），提交大会表决。

（4）推举新一届工会委员会第一次全体会议召集人。

（5）推举新一届经费审查委员会第一次全体会议召集人。

（6）审议确定大会闭幕议程。

（三）关于选举计票

1. 选举的有效与无效

选举是否有效，是确定新一届工会委员会是否合法的基本前提。

（1）如何判断选举是否有效

一要看会议召开是否合法，即是否符合规定的程序，是否履行了请示、批复程序。

二要看候选人的产生是否符合规定程序，是否通过民主程序产生的。

三要看召开选举会议，参加选举的会员（代表）人数是否符合有关规定。

四要看选举办法是否符合有关规定，并得到会员（代表）大会表决通过。

五要看具体的投票情况，是否符合《中华全国总工会工会基层组织选举工作暂行条例》第十九条规定："选举收回的选票，等于或少于投票人数，选举有效；多于投票人数，选举无效，应重新选举。"

符合以上各项规定的，选举方为有效；其中任一项不符合规定，选举均为无效。

需要注意的是，《中华全国总工会工会基层组织选举工作暂行条例》第十九条规定强调的是"投票人数"，既非"应到会人数"，也非"实到会人数"，主要的原因：

一是《中华全国总工会工会基层组织选举工作暂行条例》明确规定了，只有"参加选举的人数为应到会人数的 2/3 以上时，方可进行选举"。参加选举的具体表现，就是参加投票，因此"投票人数"是选举是否有效的重要依据。

二是由于工作及会员（代表）个人等原因，"实到会人数"（即实际到达会场的人数）往往少于"应到会人数"。《中华全国总工会工会基层组织选举工作暂行条例》第十八条规定："会员或会员代表在选举期间，如不能离开生产、工作岗位，可以在选举单位设立的流动票箱投票。"据此，如果《选举办法》中，明确了可以设立流动票箱的，"投票人数"多于"实到会人数"也是有可能的。

因此，要保证选举的有效性，做好发出的选票和收回的选票统计很重要。

2. 选票的有效与无效

有效票：一张选票上，所赞成的候选人数量与另选人的数量之和，等于或者少于应选人数量的，为有效票。

无效票：一张选票上，所赞成的候选人数量与另选人的数量之和，多于应选人数量的，为无效票。无效票即废票。

《选举办法》中，应当按照《中华全国总工会工会基层组织选举工作暂行条例》第十七条规定，明确对候选人"投不赞成票者可以另选他人"；对候选人表示弃权的，不能另选他人的原则。

当一张选票的应选人为"N"位，会员（代表）画票后，检验一张选票是不是有效票的方法，可以有以下几种情况（为更好地做说明，以下假定情况为：某单位工会进行选举，候选人为 18 人，应选人为 15 人，差额数为 3 人）：

（1）如果这张选票上对候选人没有表示弃权的、也没有另选人，则表示不赞成的数量等于或者大于差额数，为有效票。

比如，票上对 3 位候选人表示不赞成，没有弃权和另选人，为有效票。

（2）如果这张选票上对候选人没有表示弃权、只有表示不赞成的，又有另选人的，则表示不赞成的数量减去另选人数量，必须等于或者大于差额数，为有效票。

比如，票上对5位候选人表示不赞成，没有表示弃权的，有2位另选人（5－2＝3）；或者有1位另选人（5－1＝4）。这两种情况均为有效票。

（3）如果这张选票上只有对候选人表示弃权、没有表示不赞成，当没有另选人时，则表示弃权的数量等于或者大于差额数，为有效票；当出现另选人时，则属于无效票。

比如，票上对 3 位候选人表示弃权，没有不赞成，也没有另选人，为有效票。

（4）如果这张选票上对候选人有表示弃权、也有表示不赞成的，当没有另选人时，表示不赞成和弃权的数量之和，等于或者大于差额数，为有效票。

比如，票上对2位候选人表示不赞成、对1位候选人表示弃权，没有另选人（2＋1＝3），为有效票。

（5）如果这张选票上对候选人有表示弃权、也有表示不赞成的，当出现另选人时，要分四步判断：

第一步，表示不赞成和弃权的数量之和，是否大于差额数？如果不是，直接判为无效票。

比如，票上有1位另选人，对2位候选人表示不赞成、对1位候选人表示弃权（2＋1＝3），则为无效票。

第二步，表示不赞成和弃权的数量之和，大于差额数，要看表示不赞成的数量，是否少于另选人数量。如果是，直接判为无效票。

比如，票上有2位另选人，如果是对1位候选人表示不赞成、对3位表示弃权（1＋3＝4，但1＜2），则为无效票。

第三步，表示不赞成的数量与另选人数量相等时，表示弃权的数量是否等于或者大于差额数？如果不是，直接判为无效票。

比如，票上有2位另选人，如果是对2位候选人表示不赞成、对2位候选人表示弃权（2＜3），则为无效票；如果是对 3 位候选人表示弃权

(3 =3)，则为有效票。

第四步，表示不赞成的数量多于另选人数量时，表示不赞成的数量减去另选人数量的差额，加上表示弃权的数量之和，等于或者大于差额数，则为有效票；否则为无效票。

比如，票上有2位另选人，如果是对3位候选人表示不赞成、对1位候选人表示弃权（3 -2 +1 =2），则为无效票；如果是对2位候选人表示弃权（3 -2 +2 =3），则为有效票。

当一张选票被判为有效票时，该选票上每个候选人的得票均为有效，应当分别计入各候选人的总得票数；当一张选票被判为无效票时，该选票上每个候选人的得票均不得计入各自总得票数。

在计票后，每位候选人得票总数，有可能会出现少于收回选票数量的情况，因此，做好有效票和无效票数量统计很重要。

3. 得赞成票过半数的候选人超过应选人数

选举计票结果出现得赞成票过半数的候选人超过应选人数的情况时，按照《中华全国总工会工会基层组织选举工作暂行条例》第二十条规定："获得过半数选票的候选人名额超过应选名额时，以得票多的当选。"

计票后，将获得过半数选票的候选人按照得票多少顺序排队，从得票最多的开始，一直到事前确定的应选名额取满为止。剩下的获得过半数选票的候选人，不能视为当选，也没有所谓"候补""后备"之说。取满应选名额，选举即告结束。

4. 得赞成票过半数的候选人没有达到应选人数

选举计票结果出现得赞成票过半数的候选人没有达到应选人数的情况时，按照《中华全国总工会工会基层组织选举工作暂行条例》第二十条规定："当选人少于应选名额时，对不足的名额另行选举。如果接近应选名额，也可以由大会征得多数会员代表的同意减少名额。"

计票后，得赞成票过半数当选的人数没有达到应选人数，对不足名额另行选举时，需要注意以下几个问题：

(1)"另行选举"的范围

首先应当在得赞成票未过半数的原候选人中进行选举，因为这些候选人是经过民主推荐程序、反复协商酝酿产生的。如果进行第二次选举，仍没有达到应选人数，则由大会主席团或者主持选举的工会筹备组（指未建工会组织召开第一次会员或会员代表大会的）研究，提出方案，并征得会员（代表）同意，或者对不足名额暂时空缺，择时再行选举；或者已经接近应选名额的，同意减少选举名额。

（2）“另选人”是否纳入候选人范围

选举中出现的“另选人”，表达了部分会员（代表）的意见，但与经过民主推荐程序、反复协商酝酿产生的原候选人，也是有差别的。如果“另选人”得赞成票未过半数，则不能作为“另行选举”的候选人；如果在“另行选举”中，“另选人”得赞成票过半数，则应当与获得过半数选票的候选人一样，按照得票多少顺序排队，从得票最多的开始，一直到事前确定的应选名额取满为止。

5. 得赞成票过半数的最后一名应选名额出现候选人票数相等

当选举出现得赞成票过半数的最后几位候选人票数相等的情况时，《中华全国总工会工会基层组织选举工作暂行条例》第二十条规定：“获得过半数选票的候选人名额超过应选名额时，以得票多的当选。如遇票数相等不能确定当选人时，应就票数相等的候选人重新投票，得票多的当选。”

中华全国总工会第13～16届执行委员会和经费审查委员会的《选举办法》中，对预选阶段的规定是：预选中，如最后一名应选名额出现两人或两人以上获得同意票相等时，以不同意票少的确定为候选人；不同意票数也相等时，均不确定为候选人。

在实践中，基层工会组织可以根据本单位人员规模、会期等实际情况，在《选举办法》中，提前明确规定，如何处理得赞成票过半数的最后一名应选名额出现2名或者2名以上候选人票数相等的情况——或者重新投票，或者暂时都不当选。

特别提示：在处理得赞成票过半数的最后一名应选名额出现2名或者2名以上候选人票数相等的情况时，不按照姓氏笔画来取最后一名应选名额的，唯一的依据是得赞成（同意）票数。

“另选人”得赞成票过半数的，应当与其他候选人一样，以得赞成（同意）票、不赞成（同意）票多少确定是否当选；如果进行重新投票可以将其列入候选人名单。但得赞成票没有过半数的“另选人”，不能列入重新选举的候选人。

6. 非候选人当选

按照《中国工会章程》规定，会员享有选举权、被选举权和表决权。《中华全国总工会关于地方工会和基层工会召开代表大会及组成工会委员会、经费审查委员会的若干规定》中明确规定："选举结果如与候选人名单不一致，应以选举结果为准。"

本单位会员不是候选人，在正常选举中以"另选人"得赞成票超过半数，按得票的多少顺序排列，又在应选名额之内的，可以当选。这是体现选举人意志、切实保障会员民主权利的具体体现，充分体现了工会组织的民主性。

对非候选人当选，组织选举的单位要及时将该当选人的情况补充报送党组织和上级工会。

七、基层工会选举后的工作

不论是新建工会组织的选举，还是已建工会组织的换届选举（或者届中补选），选举过程的完成，只代表着新的工会领导班子的组成。要使工会委员会能够正常运转起来、充分发挥作用，还需要做好以下工作。

（一）召开委员会第一次会议

新建工会组织选举产生工会委员会（经费审查委员会），或者已建工会组织完成工会委员会选举后，应当立即召开新一届工会委员会（经费审查委员会）会议。

1. 继续完成选举工作

如果工会主席、副主席由工会委员会选举产生，第一次工会委员会全体会议，首先应当完成选举任务。

会员（代表）大会设主席团的，由主席团会议在新当选的工会委员会委员中，推举新一届工会委员会第一次全体会议召集人，主持主席、副主席的选举工作。会员（代表）大会不设主席团的，由同级党组织和上级工会组织在当选的工会委员会委员中，协商确定一位同志主持。

如果工会经费审查委员会主任（副主任）是由经费审查委员会选举产生，亦按上述办法操作。

2. 进行工作分工

（1）工会主席、副主席以及工会经费审查委员会主任（副主任）选举产生后，应当对各位委员的工作进行分工。委员会一般设组织、宣传、生产、生活、财务、文体、女工委员。委员人数少时，可以一个委员兼任多个工作任务。

（2）工会委员会提出女职工委员会候选人名单。具备条件的，应当设立女职工委员会。根据选举前候选人推荐阶段在女职工中酝酿女职工委员会委员候选人时，听取多数女职工的意见，由工会委员会提出女职工委员会候选人名单。

（二）请示和批复

选举结束后，应当在5个工作日内，将大会召开情况和选举结果以书面形式向上一级工会组织和本单位党组织报告。新建工会组织，由于会议前期准备工作和选举工作主要是工会筹备组负责组织落实的，因此可以由工会筹备组负责起草报告工作。

报告的名称为："关于批准××（单位名称）工会第一届委员会和经费审查委员会成立的请示"。其内容应当包括：本单位实有职工数和会员数；召开会员（代表）大会的时间、地点；会议应到会员（代表）数、实到会员（代表）数，参加选举人数；选举方式，工会委员会和经费审查委员会实际当选名单（按得票多少的顺序或者姓氏笔画排列），主席、副主席和经费审查委员会主任（副主任）名单；本届工会委员会任期。

报告后面，应当附录以下文件：会员（代表）大会议程；选举办法（选举主持词）；选票式样；计票结果报告单（复印件）；当选人员登记表。

【附例 24】《关于批准××（单位名称）工会第一届委员会和经费审查委员会成立的请示》

关于批准××（单位名称）工会第一届委员会和经费审查委员会成立的请示

××工会（指上级工会）：

根据《工会法》和《中国工会章程》的规定，××（单位名称）工会第一次会员（代表）大会于____年____月____日在北京××（单位名称或者召开地点）召开。

我单位有职工×××人，会员×××人，此次会员（代表）大会应到会×××人，实到会×××人（到会率 98.5%），参加选举×××人（占应到会 98.2%）。

经大会全体会员（代表）无记名投票差额选举，×××、×××（女）……××、×××等九名同志当选第一届工会委员会委员，××、×××（女）、×××三位同志当选第一届工会经费审查委员会委员。经第一届工会委员会无记名等额选举，×××同志当选工会主席，××、×××（女）同志当选工会副主席。经第一届工会经费审查委员会无记名投票等额选举，×××（女）同志当选经费审查委员会主任。

根据__________工会（指上级工会）《关于对××（单位名称）召开第一次会员（代表）大会暨建立第一届工会委员会请示的批复》，本届工会委员会任期为×年（即____年____月至____年____月）。

以上选举结果，请批复。

附：1. 会员（代表）大会议程。

2. 选举办法（选举主持词）。

3. 选票（样票）。

4. 计票结果报告单（复印件）。

5. 当选人员登记表。

××（单位名称）工会委员会

（当选主席签名）

年　　月　　日

【附例 25】当选人员登记表

××（单位名称）工会第一届委员会和经费审查委员会当选人员登记表

职务	姓名	性别	出生年月	民族	文化程度	政治面貌	入会时间	行政职务	工会职务
主席									
工会委员									
经审主任									
经审委员									

接到报告后，上级工会组织一般在 5 个工作日内予以批复。本单位党组织应当在上级工会组织批复后，及时明确工会主席（副主席）的相关待遇；非公企业亦应当按照《企业工会工作条例》有关规定，及时落实工会主席（副主席）的相关待遇。

【附例26】上级工会对选举结果的批复

关于对××（单位名称）工会第一次会员（代表）大会选举结果的批复

××（单位名称）工会：

《关于批准××（单位名称）工会第一届委员会和经费审查委员会成立的请示》收悉。经研究，同意×××、×××（女）……××、×××等九名同志组成工会委员会，××、×××（女）、×××三位同志组成工会经费审查委员会。同意×××同志为工会主席，××、×××（女）同志为工会副主席，×××（女）同志为经费审查委员会主任。同意第一届工会委员会任期为×年（从____年____月____日至____年____月）。

特此批复。

××（上级工会）工会委员会

（盖章）

年　月　日

（三）张榜公布

在完成选举和工会委员会委员分工，以及收到上级工会的批复后，应当及时张榜公布。工作地点比较分散的，应当采取适当方式向所有会员和职工告知选举情况和上级工会批复情况。①

【附例27】选举结果公告

××（单位名称）会员（代表）大会选举结果的公告

依照《工会法》和《中国工会章程》的规定，经上级工会批准，于____年____月____日召开××（单位名称）工会第一次会员（代表）

① “选举结果公告”和“选举结果批复公告”可以合并为一个。

大会，经无记名投票选举，产生××（单位名称）工会第一届委员会和经费审查委员会。现予公布如下：

工会主席：×××

工会副主席：××、×××（女）

工会委员：×××……××

经费审查委员会主任：×××

经费审查委员会委员：　×××、×××

特此公告。

××（单位名称）工会委员会
年　　月　　日

【附例28】选举结果批复公告

××（单位名称）会员（代表）大会选举结果批复的公告

依照《工会法》和《中国工会章程》的规定，××（上级工会）批准××（单位名称）工会____年____月____日召开的第一次会员（代表）大会选举结果，同意×××、×××（女）……××、×××等九名同志组成工会委员会，××、×××（女）、×××三位同志组成工会经费审查委员会。同意×××同志为工会主席，××、×××（女）同志为工会副主席，×××（女）同志为经费审查委员会主任。同意第一届工会委员会任期为×年（从____年____月____日至____年____月）。

××（单位名称）工会委员会
年　　月　　日

（四）基层工会法人资格登记

基层工会委员会收到上级工会对选举结果的批复后，即可着手办理《工会法人资格证书》及其副本和《工会法人法定代表人证书》。具体办理规定详见2008年中华全国总工会颁发的《基层工会法人资格登记办法》。

作为社团法人，工会依法享有法人应有的权利，如财产权、债权、知识产权、名誉权等，同时承担相应的民事义务。工会不仅可以依法进行民事活动，在诉讼中成为独立的诉讼主体，而且还可以代表职工与企业进行谈判、签订集体合同。

规定工会具备法人资格，可以使工会的合法权益进一步得到法律保护。企业工会作为社团法人与企业法人是各自独立的法人主体。当工会的合法权益受到侵害时，工会可以独立法人主体资格诉诸法律，请求保护。

八、基层工会主席直选

1. 基层工会直选工会主席

基层工会直选工会主席：是指基层工会通过召开会员大会，由会员直接投票选举产生工会主席（副主席）的选举方式。

2. 实行基层工会主席直选的意义

实行基层工会直接选举工会主席制度，是推进基层工会民主化进程的必然要求，是基层工会改革和建设的重要内容，有利于完善工会民主选举制度，推进工会干部制度改革；有利于克服工会组织存在的“官”气和行政化倾向，充分体现会员的意志和要求，密切工会组织与会员和职工群众的联系，增强职工群众对工会干部的监督，提高对工会干部的信任度；有利于把真心实意为职工群众服务、热爱工会工作、受到职工群众拥护的人选到工会领导班子中来，提高工会干部的责任感和使命感，增强工会组织的凝聚力和号召力。

3. 基层工会主席直选适用范围

基层工会直接选举工会主席一般在会员人数比较少、直接召开会员大会的基层单位进行。

4. 基层工会直接选举工会主席的程序和主要方式

基层工会主席直选首先由党委组织部门提出工会主席、副主席和委员会委员的基本条件，向本单位全体会员公布。

如果采取不提名候选人的方式选举：可以由会员大会通过无记名投票方式直接选举产生工会主席（副主席）和委员会委员。在获得超过应参加选举人数的过半数有效票的被选举人中，按得票多少直接确定工会主席（副主席）和委员会委员。也可以通过无记名投票方式，先采取差额选举的办法选举工会委员会委员，把选举产生的工会委员会委员全部作为工会主席（副主席）候选人，再由会员大会采取无记名投票方式选举产生工会主席（副主席）。

如果采取提名候选人的方式选举：应先推荐产生工会主席（副主席）和委员会委员候选人，可以由会员大会通过无记名投票方式差额选举产生工会主席（副主席）和委员会委员。也可以通过会员大会，先采取差额选举的办法进行预选，产生工会主席（副主席）和委员会委员候选人，再由会员大会等额选举产生工会主席、副主席和委员会委员。

5. 直接选举工会主席应当把握的几个环节

（1）坚持在同级党组织和上级工会的领导下，有领导、有组织地在一定范围内进行。一般在工会工作基础较好，职工队伍较稳定，会员民主意识较强，劳动关系比较和谐，上级工会组织认为条件成熟的基层单位进行。没有建立党组织的单位，在上级工会的领导下进行。实行直接选举制度要认真总结经验，逐步完善、逐步推进。要把党管干部、依法治会和发扬民主集中制统一起来。要坚持党管干部的原则，坚持公开、公平、公正、竞争、择优的原则，坚持依法合规原则，坚持尊重和体现会员意愿的原则。

（2）坚持依法选举、规范程序。①基层工会所在单位行政负责人、行政主要负责人的近亲属及不符合法律规定的人员不得提名作为工会主席、副主席候选人。②严格按照差额选举办法的规定，坚持无记名投票、公开计票、当场公布选举结果。坚持“参加选举的人数为应到会人数的三分之二，方可进行选举”，“候选人获得应参加选举人的过半数票时，始得当选”的原则。③坚持认真履行民主程序，精心组织和操作。

（3）认真做好候选人的推荐工作。要事先公布工会主席、副主席候选人的条件，采取组织推荐、会员联合推荐、会员自荐等方式，并经会员反复酝酿后确定人选，报同级党组织和上级工会审查同意后，提交会员大会选举。

（4）做好直接选举前的思想发动和组织工作，帮助会员提高对直接选举工会主席、副主席意义的认识，熟悉选举办法和程序，正确行使选举权。

特别提示：企业出现重大生产经营问题及存在职工队伍思想波动较大等情况的，不具备直接选举条件的，不要采取直接选举工会主席、副主席的方式。

九、工会主席的罢免

罢免不称职的工会领导人，是会员的民主权利，也是基层工会会员大会或会员代表大会的一项职权。

罢免不称职的工会主席、副主席必须召开会员大会或会员代表大会讨论，非经会员大会全体会员或者会员代表大会全体代表无记名投票过半数通过，不得罢免。

代表大会期间，通常对基层工会委员会委员、常务委员会委员、主席、副主席的罢免案应由会员代表或代表团（组）提出，由基层工会会员代表大会受理。按照民主程序一般应有 3 个以上代表团（组）或十分之一以上的代表，才可以向大会主席团提出对本级工会主要领导人的罢免案。当大会主席团接到罢免案后，应立即与上级工会和干部主管部门联系，经过调查了解，最后确定罢免的理由是否成立。如果罢免理由成立，应将罢免案提交代表大会全体会议以无记名投票方式进行表决，当该议案获得应到会代表半数以上的支持票时，该领导人则应该予以罢免，并报上级工会批准。如果罢免理由不成立，则应向提出罢免案的代表团（组）或代表说明情况，予以收回。

非代表大会期间，罢免案的提出与受理一般应结合年度对工会领导人的民主评议或民主测评来进行。也可以按照《中国工会章程》第二十六条“经基层工会委员会或者三分之一以上的工会会员提议，可以临时召开会员大会或者会员代表大会。工会会员在一百人以下的基层工会应当召开会员大会”规定，召开会员大会或者会员代表大会进行罢免。

十、基层工会组织的撤销程序

《工会法》第十二条规定：“任何组织和个人不得随意撤销、合并工会组织。基层工会所在的企业终止或者所在的事业单位、机关被撤销，该工会组织相应撤销，并报告上一级工会。”

只有在依法建立工会组织的企业、事业单位、机关和其他社会组织等基层单位，或者社区和行政村，被撤销（合并）的情况下，该基层工会组织才可撤销（合并）。

撤销基层工会组织，必须经会员大会或者会员代表大会通过，并报上一级工会批准。基层工会组织撤销后应按有关规定做好会员组织关系的转接工作。基层工会组织合并，其经费财产为合并后的工会所有；工会组织撤销或解散，其经费财产由上级工会处置。

第五章　基层工会委员会的任务和工作制度

一、基层工会委员会的基本任务和重点工作

1. 基层工会委员会的基本任务

在基层工会会员大会或会员代表大会闭会期间，工会委员会执行会员大会或会员代表大会的决议和上级工会的决定，主持基层工会的日常工作。

根据工作需要，中国工会十六大通过的《中国工会章程》在第二十八条“工会基层委员会的基本任务”中，增写了四项内容：一是根据《劳动合同法》第六条的规定，将第三项修改为“帮助和指导职工与企业、事业单位行政方面签订和履行劳动合同”。二是推进企业文化职工文化建设，已经成为推进企业工会工作的重要抓手，成为构建和谐企业、和谐劳动关系的重要载体。因此，第五项增写了“推进企业文化职工文化建设”的内容。三是对困难职工进行帮扶是中国工会维护职工权益、服务职工群众的重要内容，也体现了工人阶级互助济困、团结友爱的精神。因此，第六项增写了“对困难职工开展帮扶”的内容。四是全总开展建设职工之家活动30年的实践证明，“职工之家”是加强基层工会组织建设、夯实组织基础的重要抓手，始终是全会的一项基础性工作，始终是工会自身建设的关键环节。因此，第八项增写了“加强职工之家建设”的内容。

修改后的《中国工会章程》第二十八条对工会基层委员会的基本任务作了明确规定，一共有9项。

（1）执行会员大会或者会员代表大会的决议和上级工会的决定，主持基层工会的日常工作。

（2）代表和组织职工依照法律规定，通过职工代表大会、厂务公开和其他形式，参加本单位民主管理和民主监督。企业、事业单位工会委

员会是职工代表大会工作机构，负责职工代表大会的日常工作，检查、督促职工代表大会决议的执行。

(3) 参与协调劳动关系和调解劳动争议，与企业、事业单位行政方面建立协商制度，协商解决涉及职工切身利益问题。帮助和指导职工与企业、事业单位行政方面签订和履行劳动合同，代表职工与企业、事业单位行政方面签订集体合同或者其他专项协议，并监督执行。

(4) 组织职工开展劳动竞赛、合理化建议、技术革新和技术协作等活动，总结推广先进经验。做好先进生产（工作）者和劳动模范的评选、表彰、培养和管理服务工作。

(5) 对职工进行思想政治教育，鼓励支持职工学习文化科学技术和管理知识，开展健康的文化体育活动。推进企业文化职工文化建设，办好工会文化、教育、体育事业。

(6) 监督有关法律、法规的贯彻执行。协助和督促行政方面做好工资、劳动安全卫生和社会保险等方面的工作，办好职工集体福利事业，改善职工生活，对困难职工开展帮扶。依法参与劳动安全卫生事故的调查处理。

(7) 维护女职工的特殊利益，同歧视、虐待、摧残、迫害女职工的现象作斗争。

(8) 搞好工会组织建设，健全民主制度和民主生活。建立和发展工会积极分子队伍。做好会员的发展、接收、教育和会籍管理工作。加强职工之家建设。

(9) 收好、管好、用好工会经费，管理好工会资产和工会的企业、事业。

2. 基层工会的重点工作

(1) 创建“三型”工会

基层工会要按照建设学习型、服务型、创新型工会组织的要求，不断提高科学化水平，更好地维护职工合法权益，服务于党和国家工作大局、工会工作全局。

①建设学习型工会

以“创建学习型工会，争做知识型工会干部”活动为载体，努力建设学习型工会。坚持用中国特色社会主义理论体系武装头脑，学习实践中国特色社会主义工会发展道路，增强工会工作的原则性、系统性、预见性和创造性，指导和推动工会工作，提高运用理论解决实际问题的能力。建立健全促进学习、保障学习的竞争机制、激励机制、创新机制和考核机制，定期进行集中学习、理论研讨和工作务虚，引导工会干部牢固树立终身学习理念，不断提高基层工会干部工会理论、业务和政策水平。

②建设服务型工会

坚持服务科学发展，围绕基层单位中心工作，团结动员广大职工充分发挥工人阶级主力军作用，推动加快经济发展方式转变和经济又好又快发展。坚持服务职工群众，围绕劳动就业、收入分配和社会保障等涉及职工切身利益的问题，主动依法科学维权，加大协调劳动关系力度，真诚倾听群众呼声，真实反映群众愿望，真情关心群众疾苦，多为职工群众办实事、做好事、解难事，做关心服务职工的模范。

③建设创新型工会

以解放思想为先导，适应形势发展要求，积极探索开展工作的有效途径，做到有特色、有亮点。要创新工作思路，运用全局观念、辩证思维，对工作中的长远问题进行深入研究，找准服务大局的切入点、结合点。要创新工作方法，善于利用现代信息技术和手段开展工作，多些创意性，少些一般化，不断增强基层工会活力。要创新工作理论，加强调查研究，认真总结经验，摸索工作规律，以理论的创新推动实践的发展。

（2）加强自身建设，做好发展会员工作

基层工会要按照“组织起来、切实维权”的要求，依法组织职工加入工会，做好新会员的发展工作，维护职工参加工会的权利。

加强自身改革和建设，健全工作机制，完善各项制度，建立良好的工作运转秩序，逐步实现工会工作的制度化、经常化、规范化，切实做到有工会、像工会、是工会，使其建起来、转起来、活起来，夯实工会组织的基础。

（3）大力协调劳动关系，维护职工的合法权益

维护职工合法权益是工会的基本职责。基层工会要从本单位劳动关系矛盾的特点出发，加大协调劳动关系的力度，把维护职工合法权益作为工作重点。积极推进平等协商和集体合同制度，建立劳动争议调解委员会，预防和减少劳动争议的发生。探索和实行以职工代表大会为基本形式的、与单位实际相适应的、多种形式的民主管理制度，落实职工的民主权利。协助和督促行政做好劳动安全卫生工作，保障职工的健康和

安全。积极开展“送温暖”和困难职工帮扶工作，把维护职工合法权益贯穿于推动改革、促进发展、积极参与、大力帮扶的全过程。

（4）紧密围绕企事业单位的中心任务开展工作，不断提高职工队伍素质

基层工会一定要找准开展工作的切入点和结合点，立足于从本单位改革发展稳定的大局来思考和安排工作。要坚持围绕科学发展这个主题和加快转变经济发展方式这条主线，把握全面建成小康社会、坚持和发展中国特色社会主义伟大事业这一当代中国工人运动的主题，组织和引导职工开展经济技术创新活动，增强职工的创新能力和竞争能力。要大力弘扬工人阶级伟大品格和劳模精神，发挥劳动模范和先进人物的骨干、带头和示范作用。要用科学的理论武装职工，不断提高职工的思想政治素质。广泛开展“创建学习型组织，争做知识型职工”活动，不断提高职工队伍知识化程度，促进企业文化建设，培育“四有”职工队伍。

（5）开展建设“职工之家”和“双爱双评”活动，增强工会组织凝聚力

要以建设“职工之家”为带动基层工会各项工作的综合载体和有效形式，围绕工会工作的重点、企业经营的难点、职工关心的热点开展活动，推动工会重点工作的落实，不断增强工会组织的活力，提高工会工作的整体水平。在非公有制企业大力开展以“双爱双评”为主要内容的建设“职工之家”活动，促进企业劳动关系的和谐，实现劳动者与经营者的互利共赢。通过深入持久地开展建设“职工之家”活动，把更多的基层工会建设成为组织健全、维权到位、工作规范、作用明显、职工信赖的职工之家。

二、基层工会委员会的权利

（1）企业、事业单位违反职工代表大会制度和其他民主管理制度，工会有权要求纠正，保障职工依法行使民主管理的权利。

法律、法规规定应当提交职工大会或者职工代表大会审议、通过、决定的事项，企业、事业单位应当依法办理。

（2）工会帮助、指导职工与企业以及实行企业化管理的事业单位签订和履行劳动合同。

工会代表职工与企业以及实行企业化管理的事业单位进行平等协商，

签订集体合同。集体合同草案应当提交职工代表大会或者全体职工讨论通过。

工会签订集体合同，上级工会应当给予支持和帮助。

企业违反集体合同，侵犯职工劳动权益的，工会可以依法要求企业承担责任；因履行集体合同发生争议，经协商解决不成的，工会可以向劳动争议仲裁机构提请仲裁，仲裁机构不予受理或者对仲裁裁决不服的，可以向人民法院提起诉讼。

（3）企业、事业单位处分职工，工会认为不适当的，有权提出意见。

企业单方面解除职工劳动合同时，应当事先将理由通知工会。工会认为企业违反法律、法规和有关合同，要求重新研究处理的，企业应当研究工会的意见，并将处理结果书面通知工会。

职工认为企业侵犯其劳动权益而申请劳动争议仲裁或者向人民法院提出诉讼的，工会应当给予支持和帮助。

（4）企业、事业单位违反劳动法律、法规规定，有下列侵犯职工劳动权益情形的，工会应当代表职工与企业、事业单位交涉，要求企业、事业单位采取措施予以改正。对工会的要求，企业、事业单位应当予以研究处理，并向工会作出答复；企业、事业单位拒不改正，有以下情形的，工会可以请求当地人民政府依法作出处理：

①克扣职工工资的。

②不提供劳动安全卫生条件的。

③随意延长劳动时间的。

④侵犯女职工和未成年工特殊权益的。

⑤其他严重侵犯职工劳动权益的。

（5）工会依照国家规定对新建、扩建企业和技术改造工程中的劳动条件和安全卫生设施与主体工程同时设计、同时施工、同时投产使用进行监督。对工会提出的意见，企业或者主管部门应当认真处理，并将处理结果书面通知工会。

（6）工会发现企业违章指挥、强令工人冒险作业，或者生产过程中发现明显重大事故隐患和职业危险时，有权提出解决的建议，企业应当及时研究答复；在发现危及职工生命安全的情况时，工会有权向企业建议组织职工撤离危险现场，企业必须及时作出处理决定。

（7）工会有权对企业、事业单位侵犯职工合法权益的问题进行调查，有关单位应当予以协助。

（8）职工因工伤亡事故和其他严重危害职工健康问题的调查处理，必须有工会参加。工会应当向有关处理部门提出处理意见，并有权要求追究直接负责的主管人员和有关责任人员的责任。对工会提出的意见，有关处理部门应当及时研究，给予答复。

（9）企业、事业单位发生停工、怠工事件，工会应当代表职工同企业、事业单位或者有关方面协商，反映职工的意见和要求并提出解决意见。对于职工的合理要求，企业、事业单位应当予以解决。工会要协助企业、事业单位做好工作，尽快恢复生产、工作秩序。

（10）工会参加企业的劳动争议调解工作。

地方劳动争议仲裁组织应当有同级工会代表参加。县级以上各级总工会可以为所属工会和职工提供法律服务。

（11）工会协助企业、事业单位、机关办好职工集体福利事业，做好工资、劳动安全卫生和社会保险工作。

（12）工会会同企业、事业单位教育职工以国家主人翁态度对待劳动，爱护国家和企业的财产，组织职工开展群众性的合理化建议、技术革新活动，进行业余文化技术学习和职工培训，组织职工开展文娱、体育活动。

（13）根据政府委托，工会与有关部门共同做好劳动模范和先进生产（工作）者的评选、表彰、培养和管理工作。

（14）国家机关在组织起草或者修改直接涉及职工切身利益的法律、法规、规章时，应当听取工会意见。

县级以上各级人民政府制订国民经济和社会发展计划，对涉及职工利益的重大问题，应当听取同级工会的意见。

县级以上各级人民政府及其有关部门研究制定劳动就业、工资、劳动安全卫生、社会保险等涉及职工切身利益的政策、措施时，应当吸收同级工会参加研究，听取工会意见。

（15）县级以上地方各级人民政府可以召开会议或者采取适当方式，向同级工会通报政府的重要的工作部署和与工会工作有关的行政措施，研究解决工会反映的职工群众的意见和要求。

各级人民政府劳动行政部门应当会同同级工会和企业方面代表，建立劳动关系三方协商机制，共同研究解决劳动关系方面的重大问题。基层工会应当组织职工参与。

三、基层工会委员会组织制度和工作原则

（一）基层工会的组织制度

基层工会在坚持会员大会和会员代表大会制度、会员代表常任制度、民主选举制度的同时，还要注意坚持民主决策制度、分工负责制度、民主评议监督制度、会务公开制度等。这些制度既是基层工会的组织制度，又是基层工会的民主制度。

1. 民主决策制度

工会民主决策制度：是指在企事业单位和机关工会内，从工会基层委员会到下属各工会分会和工会小组，凡涉及工会工作有关重大问题，都应在民主讨论的基础上，由集体作出决定的一项重要的组织制度。

各级工会委员会在按照工会章程规定的职权决定重大问题时，均应通过领导机构集体讨论并遵循少数服从多数的原则，不得由个人或少数人专断。

为了保证基层工会民主决策制度的实行，工会基层委员会议事决策机构的组成人员，除工会主席、副主席和有关专门工作委员会负责人外，应尽可能多地吸收基层工会分会负责人参加。同样，基层工会分会委员会讨论决策问题，也应尽可能吸收下属各工会小组负责人参加。

议事决策前，应尽量将讨论议题和决策方案提前通知各与会人员，广泛听取会员意见，做好相关准备；在讨论问题时，要充分发扬民主，畅所欲言，各抒己见，特别要注意听取不同意见，基本统一认识后再作出决策。如有重大分歧要慎重决策或暂缓作出决策。委员如有不同意见可以保留或向同级党组织和上级工会反映，但要执行集体决议，不能随意改变或否定集体的决定。

2. 分工负责制度

《中国工会章程》规定："工会各级委员会，实行集体领导和分工负责相结合的制度。凡属重大问题由委员会民主讨论，作出决定，委员会成员根据集体的决定和分工，履行自己的职责。"

为了保证集体决策的正确实施，必须建立科学细密的分工负责制度，明确集体领导和个人分工的权限和责任。即，按照决策意图和工作部署

的统一要求，将具体工作加以分解，使工会委员会委员（常委）、各专门工作委员会和工会分会明确分工，完成各自工作范围内的任务。对集体作出的各项决策决议，基层工会各级组织和成员都应努力贯彻实施。基层工会委员会在坚持集体领导下的分工负责制度的同时，还应建立相应的制度和严格的考核指标，确保工作任务的落实。

3. 民主评议监督制

基层各级工会委员会代表是由会员（代表）大会民主选举产生的，理应向选举它的会员（代表）大会负责，接受广大会员的监督。会员大会和会员代表大会有权撤换或罢免其所选举的代表和工会委员会组成人员。

建立民主评议监督制度是同实行会员对工会领导机构、领导成员的监督，充分保障会员的民主权利紧密联系在一起的。加强会员的民主监督，自觉接受民主评议，是工会有效实行民主集中制的重要环节。

（1）定期报告工作制度

基层工会委员会和经费审查委员会以及基层工会组织领导人，要定期在会员（代表）大会上报告本级领导机构及领导成员贯彻工会会员（代表）大会决议的执行情况、工会重点工作任务的完成情况、会员及会员代表提出的意见及建议办理情况、维护职工合法权益及为职工办实事好事的情况等，增加工会工作的透明度，做到工作计划、重大活动、经费收支等事项公开，使广大会员和职工群众了解工会领导机构和领导成员履行职责情况，为会员群众进行民主评议监督创造条件。

（2）民主评议制度

民主评议：是指工会会员和会员代表对本单位工会工作和工会领导人进行的公开评议。基层工会的民主评议一般在会员大会或者会员代表大会期间进行，每次会员大会或者会员代表大会都应对工会工作进行民主评议，按“职工之家”标准检查是否合格，并将评议结果报上级工会。同时，对工会领导人进行民主评议和民主测评。对工会工作的评议，主要是检查工作的落实情况，发扬成绩，总结经验，克服不足。对个人的评议，主要是检查个人对待工作的态度和本职工作的完成情况，表彰先进，督促后进，共同提高。

（3）民主质询监督制度

撤换或罢免权是工会会员、会员代表对基层工会领导成员实行监督的有效形式之一。工会会员认为工会委员会委员有违法、违反章程或其他失职和违背会员意志的行为，可以要求撤换或罢免其选举的委员。无论要求撤换还是要求罢免工会委员，都要严格按照法定的民主程序和民主集中制原则进行。一方面，在会员大会或者会员代表大会上，会员或者会员代表可以向工会领导机构和领导成员就某方面工作问题提出质询；工会领导成员经民主测评，凡获得信任票不足半数者，应报请上级工会和干部主管部门共同进行考察。如确认其不能再担任现任职务时，应由会员大会或者会员代表大会作出决定，予以撤换或罢免。另一方面，会员或者会员代表在日常工作中也可以就某方面工会工作等向工会领导机构、领导成员提出质询，使工会工作始终处于会员群众监督之中。

4. 会务公开制度

会务公开：是指工会内部事务的内容、程序、结果等向广大会员群众公布。建立健全会务公开制度，定期向会员公开基层工会工作情况和工会内部事务，是实行工会民主，保证会员知情、参与、监督权利的重要内容。

会务公开的主要内容应包括：工会组织工作情况，工会财务和资产管理工作情况，工会帮扶工作情况，以及其他涉及会员群众切身利益的事项。每年的会员大会或者会员代表大会上，工会委员会要进行工作报告、经费收支情况报告，经费审查委员会进行工作报告。会员大会或者会员代表大会闭会期间，基层工会组织可通过工会主席报告会、工会工作情况（专项事务）报告会，会务公开栏、网站、刊物等形式，畅通工会信息上下互通渠道。同时，开展工会内部事务问询和会员定期评议等活动，实现工会与广大会员群众的沟通互动。

（二）基层工会委员会的工作原则

1. 集体领导和分工负责相结合的原则

基层工会委员会实行集体领导和分工负责相结合的制度。凡属重大问题都要由委员会民主讨论，作出决定。在基层工会委员会中，工会主席和工会委员的关系，不是上下级关系，而是平等的关系。

工会主席对日常工作负主要责任。工会主席对日常工作的处理和对重要问题的意见应受到工会委员的尊重，但工会主席不能搞“一言堂”和家长制，不能擅自决定重大问题。工会委员应当各尽其职，各负其责，积极做好所分管的工作，认真执行集体决议。

2. 从群众中来到群众中去的原则

基层工会委员会在工作中必须坚持群众路线，从群众中来到群众中去，注意听取车间（科室）工会和会员的意见，帮助他们解决问题，并善于把基层工会委员会的决议变成职工群众的自觉行动。

3. 说服教育和群众自我教育相结合的原则

工会是职工自愿参加的群众组织，肩负着对职工进行共产主义思想教育的任务。基层工会委员会在开展思想政治工作时，必须坚持耐心的说服教育，并让职工在形式多样的活动中得到自我教育，要制止和克服简单粗暴的压服和放任自流的做法。

4. 实事求是，一切从实际出发的原则

基层工会委员会在完成各项工作任务时，不能凭主观想象，凭一时热情，大轰大嗡，也不能搞“一刀切”，而要深入实际、深入群众，根据实际情况，有针对性地开展工作。

四、基层工会委员会日常工作制度

1. 基层工会委员会会议制度

基层工会委员会会议，讨论决定以下问题：贯彻执行会员代表大会或会员大会的决议，贯彻执行同级党组织、上级工会的有关决定、指示；向会员代表大会或会员大会的工作报告，向同级党组织、上级工会的重要请示、报告；工会工作总结和计划；有关职工权益的重大问题和向行政、职工代表大会提出的重大建议；工会经费预、决算及重大财务支出；工会机构设置、人员配备；工会会员会籍处理；必须由基层工会委员会讨论和决定的其他问题。

2. 工会例会制度

工会例会一般每周一次，出席对象为各车间（科室）工会主席、各

工作委员会（小组）负责人、工会干事等，由基层工会主席主持召开。

会议的内容一般是：学习有关文件精神，传达基层工会委员会的决议、决定，研究贯彻执行的具体意见，各部门汇报工作，布置下阶段工作等。

3. 民主生活会制度

民主生活会一般每半年召开一次，检查工作，提高思想，开展批评与自我批评，解决矛盾，增进团结。

4. 工作计划、总结制度

除了年度、季度工作计划和总结外，对中心和重点工作也应当制订专项计划，作出专题总结。

5. 文书立卷归档制度

工会工作活动中形成的文件材料，包括会议记录、工作计划、总结、简报和统计报表等，凡办理完毕，又具有保存价值的，都应随时归卷；并按照它们在形成过程的联系和规律立卷。立成的案卷，一般在次年上半年向档案部门移交。

6. 信访接待制度

基层工会委员会要认真处理职工群众的来信来访。基层工会正、副主席都应当亲自处理来信来访，听来访者反映，关心职工疾苦，密切同群众的联系，还可建立职工来访接待日制度。

7. 岗位责任制度和考核评议制度

工会主席和工会委员应普遍建立岗位责任制，根据岗位责任制的要求，制定出明确具体的考核标准。要按照德才兼备的原则，根据工会干部的特点，着重从德、能、勤、绩四个方面进行考核。要开展“职工评议工会干部、下级工会评议上级工会”活动，坚持把工会干部处于职工群众的监督之下。

第六章　乡镇（街道）及村（社区）基层工会组织建设

一、乡镇（街道）工会建设

（一）建立乡镇（街道）的必要性

1. 乡镇（街道）工会组织已成为我国工会组织中的重要环节

我国工业化、城镇化进程的加快，乡镇（街道）的企业数量不断增多，职工队伍不断壮大。截至 2011 年年底，我国乡镇企业从业人员有 15893 万人。乡镇（街道）企业已经成为经济社会发展的重要力量，乡镇（街道）企业的职工已经成为工人阶级的重要组成部分，乡镇（街道）工会组织已经成为我国工会组织领导体制中的重要环节。

日益增多的乡镇（街道）企业和不断壮大的职工队伍，客观要求建立乡镇（街道）工会，加强对企业工会的领导，推进工会组建工作，发挥工会组织的作用，维护职工的合法权益。

因此，建立健全乡镇（街道）工会组织，作为县（区）总工会与基层工会之间的中间环节，做好承上启下工作，对于贯彻落实县（区）总工会的工作部署，指导基层工会开展工作，承担起基层工会难以承担的部分维权职能，有着不可替代的作用。

2. 建立乡镇（街道）工会的必要性

（1）建立乡镇（街道）工会，有利于适应城镇化快速推进和产业结构加速调整的现实需要

“十二五”时期是我国城镇化加速发展和产业结构加速调整时期。无论是城镇化进程的顺利推进，还是产业结构调整的顺利实现，都需要调动千千万万转移到城镇的新市民自觉参与，让他们共享城镇化建设成果；需要教育和引导广大职工转变观念、提升劳动技能；需要实现企业劳动

关系规范和谐运行，以劳动关系的和谐稳定为社会和谐稳定奠定基石。所有这些既是城镇化建设和产业结构调整的重要内容，也是城镇化建设和产业结构调整须臾不可忽视的重要目标任务。把乡镇（街道）工会建设好，充分发挥其在推动科学发展、构建和谐劳动关系、服务职工群众中的作用，就会为城镇化稳步推进和产业结构的顺利调整创造良好环境。

（2）建立乡镇（街道）工会，有利于加强和创新社会管理，实现社会和谐稳定

加强和创新社会管理，根本目的是维护社会秩序、促进社会和谐、保障人民安居乐业，为党和国家事业发展营造良好社会环境。乡镇（街道）既是中小型非公有制企业的聚集地，也是劳资纠纷的多发地带，把乡镇（街道）工会建设好，充分发挥它们在组织职工、引导职工、服务职工和维护职工合法权益中的作用，就为实现“维护社会秩序、促进社会和谐、保障人民安居乐业”这一根本目的奠定了坚实基础。

（3）建立乡镇（街道）工会，有利于完善工会组织体制，落实“两个普遍”

伴随政府职能转变和城镇化、工业化的快速发展，乡镇（街道）区域企业数和职工人数都呈不断增长的趋势。从调查情况看，未建立工会的企业和未加入工会的职工多数沉淀在乡镇（街道）区域，客观上对发挥这级工会组织的作用提出了迫切要求。乡镇（街道）工会直接面对基层工会、面对职工群众，熟悉基层工会现状，了解职工群众需求，能够更直接、更有效地帮助指导基层，开展会员群众欢迎的活动，更有效地组织、引导、服务职工，更好地维护职工合法权益工作。把乡镇（街道）工会建设好，发挥它们的优势，抓基层、打基础就有了坚实的前沿阵地作支撑，全总提出的“两个普遍”要求才能真正落到实处。

3. 当前乡镇（街道）工会建设的问题

目前，乡镇（街道）工会建设面临着一些新的情况和问题。一是乡镇（街道）大多数企业工会基础薄弱，尚不能有效协调劳动关系，迫切需要上级工会加强指导和帮助。二是县（区）工会力量比较薄弱，面对众多的乡镇（街道）企业，推动组建工会工作难度大，指导基层工会开展工作力不从心。三是乡镇（街道）所辖大多数企事业单位用工不够规范，劳动关系复杂，劳动争议事件屡屡发生，迫切需要工会发挥协调劳动关系的作用。

（二）乡镇（街道）工会的组织形式

目前，各地乡镇（街道）工会一般有工会工作委员会、工会委员会、工会联合会和总工会等组织形式，《工会法》规定：“企业职工较多的乡镇、城市街道，可以建立基层工会的联合会。”中国工会十六大通过的《中国工会章程》第二十二条规定：“县和城市的区可在乡镇和街道建立乡镇工会和街道工会组织，具备条件的，建立总工会。”全国总工会《关于进一步加强基层工会工作的决定》强调，要建立健全乡镇（街道）工会委员会。全国总工会《关于开展建立乡镇（街道）总工会试点工作的意见》提出，在经济发达、职工人数较多的乡镇（街道）可以开展建立总工会试点工作。乡镇（街道）工会无论采取哪种组织形式，都应从各地实际出发，根据乡镇（街道）经济发展程度、企业和职工人数及工会工作基础，本着有利于发挥乡镇（街道）工会组织作用的原则确定。

1. 乡镇（街道）工会工作委员会

乡镇（街道）工会工作委员会：是县（区）总工会的派出机构，工作人员由县（区）总工会派出，接受县（区）总工会的领导和工作安排。其工作内容是县（区）总工会工作的组成部分，从发展看，这种组织形式存在一定的弊端，工会工作委员会要逐步向其他组织形式转变。

2. 乡镇（街道）工会委员会

乡镇（街道）工会委员会：是经辖区内会员代表大会民主选举产生的具有地方工会和基层工会双重职能的工会组织。乡镇（街道）工会委员会应适当扩大组成人员范围，广泛吸收辖区内基层工会负责人以及各方面的代表作为委员会成员，依靠社会力量做好工会工作。

3. 乡镇（街道）工会联合会

乡镇（街道）工会联合会：是乡镇（街道）工会的重要组织形式，是按照联合制、代表制的原则，由所辖基层工会负责人并适当吸收有关方面的代表组成领导机构的工会组织。

实行乡镇（街道）工会联合会的组织形式有如下长处：

（1）有利于履行乡镇（街道）工会的双重职能。一方面，乡镇（街道）工会联合会领导机构组成人员从辖区基层工会负责人中产生，基层工会是它的有机组成部分，工会联合会对基层工会的情况更了解，对其指导与服务可以更有针对性和实效性；另一方面，乡镇（街道）工会联合会不受制于企业，可以更好地履行基层工会难以履行的部分维权职能。

（2）有利于整合社会力量。工会联合会领导机构有些成员来自社会方面，可以依靠联合的力量增强维权的功效。

（3）有利于密切与职工群众的联系。工会联合会与基层工会的联系更加密切，可以避免机关化、行政化的倾向。

（4）有利于解决乡镇（街道）工会的经费问题。工会联合会是由乡镇（街道）区域内基层工会自愿联合而成的，其活动经费理应得到同级政府支持和组成联合会的各基层工会共同承担。

4. 乡镇（街道）总工会

根据全国总工会《关于开展建立乡镇（街道）总工会试点工作的意见》，部分地方在经济发达、职工人数较多的乡镇（街道）建立了总工会，在加强乡镇（街道）工会建设、维护职工合法权益、提高工会工作整体水平等方面发挥了积极的作用，收到了一定成效。

建立乡镇（街道）总工会，是建立稳定协调的劳动关系，构建社会主义和谐社会的需要。乡镇（街道）和谐是社会和谐的基础。乡镇（街道）辖区内各类企业数量多、经济成分多元、从业人员结构和劳动关系复杂，迫切需要进一步加强乡镇（街道）工会工作，充分发挥其在推进建立和谐稳定的新型劳动关系，维护职工队伍和社会稳定，构建和谐社会中的重要作用。

建立乡镇（街道）总工会，是扩大工会覆盖面、增强工会凝聚力的需要。乡镇（街道）工会直接面对基层和职工群众，由乡镇（街道）工会直接推进各种类型企业组建工会，有利于最广泛地把广大职工组织到工会中来，充分激发基层工会的活力，不断壮大工会组织的力量。

建立乡镇（街道）总工会，是提高工会工作整体水平的需要。近些年来，许多乡镇（街道）直接管辖的基层工会组织数量已经相当甚至超过了县（区）工会直接管辖的基层工会组织数量，而乡镇（街道）工会的职责定位不明确，工作力量和工作基础薄弱，影响其作用的发挥。在条件成熟的乡镇（街道）建立总工会，强化地位，明确职责，理顺关系，发挥作用，是各级工会组织和广大职工的迫切要求。

赋予乡镇（街道）总工会以一级地方工会职责，适应了经济社会发展，强化了组织领导职能作用，有利于工会地位提升和作用有效发挥，从发展看，把乡镇（街道）总工会作为一级地方工会是必然的选择，有条件的地方要逐步向总工会这种组织形式转变。

因此，中国工会十六大修改《中国工会章程》第二十二条，对乡镇街道工会的组织形式，增加了“具备条件的，可以建立总工会”。

（三）乡镇（街道）工会的组织领导体制

乡镇（街道）工会接受同级党组织和上级工会的双重领导，以同级党组织领导为主。

同级党组织的领导应该包括选拔、任用、考核工会干部，对工会工作实行政治路线、政治原则、方针政策和组织领导，为工会工作把握政治方向。

上级工会的领导包括协管工会干部、工会业务工作的指导与考核。

乡镇（街道）工会辖区内的村（社区）工会、基层工会委员会和各类工会联合会按照“条块结合、以块为主、属地管理”的原则，接受乡镇（街道）工会和同级单位党组织的双重领导。

乡镇（街道）工会应积极在所辖区域内建立和完善乡镇（街道）、村（社区）、企业“小三级”工会组织网络，积极推动建立各种区域性、行业性工会联合会。

（四）乡镇（街道）工会的干部配备

1. 乡镇（街道）工会的专职干部配备

乡镇（街道）工会主席按照党政同级副职配备，并享受相应的经济政治待遇。由乡镇（街道）党组织负责人兼任工会主席的，要配齐配强工会副主席和工会专职干部。凡有职工 200 人以上的乡镇（街道）工会都应配备专职工会干部。要积极争取将乡镇（街道）工会干部列入乡镇（街道）行政编制。

2. 建立乡镇（街道）工会社会化工会工作者队伍

在有条件的地方，可以采取向社会招聘、由上级工会选派等多种途径解决工会干部来源，积极拓宽选配乡镇（街道）工会工作人员的渠道。要加大经费投入，采取公开招聘的办法，把社会工作者安排到乡镇（街道）工会岗位。借助好社会资源，积极争取公益岗位的社会工作者岗位用于乡镇（街道）工会工作，解决好乡镇（街道）工会工作力量薄弱的问题。

（五）乡镇（街道）工会的职能

乡镇（街道）工会具有地方工会和基层工会的双重职能，起到承上启下的作用。

其职责是：①围绕推动科学发展，团结和组织职工为乡镇（街道）经济和社会发展作贡献。②负责区域内企事业单位工会组建、发展会员工作，指导基层工会组织建设。③建立与政府联席（联系）会议制度和劳动关系三方协商机制，参与涉及职工切身利益政策的研究制定。④开展区域性平等协商、集体合同和民主管理工作，指导企业建立平等协商、集体合同制度和民主管理制度。⑤建立区域性劳动争议调解组织，协调处理劳动争议。⑥监督企业落实劳动保护措施，改善职工劳动安全卫生条件。⑦培训基层工会干部，维护基层工会干部合法权益。⑧实施送温暖工程，为职工群众办实事、好事。⑨指导基层工会开展建设职工之家、“双爱双评”活动，不断增强基层工会活力。

已经建立的乡镇（街道）总工会也要按照全国总工会《关于开展建立乡镇（街道）总工会试点工作的意见》的要求，在认真履行地方工会职能的同时，代行基层工会难以履行的部分维权职能，维护基层工会干部的合法权益。

二、村（社区）工会组织建设

建立村（社区）工会，是在社会主义市场经济条件下，工会组织建设中出现的新生事物，承担和履行基层工会的职责，在乡镇（街道）工会与基层工会之间起着重要的桥梁纽带作用。

建立村（社区）工会的必要性包括以下几点：

（1）建立村（社区）工会，有利于更好地发挥工会组织的桥梁纽带作用

随着经济结构的调整和第三产业的发展，村（社区）从业人员呈不断增长趋势，形成了较为庞大而特殊的劳动者群体，这个群体的人员构成、经济活动方式较为复杂，利益主体分散而多元。建立健全村（社区）工会组织，能最广泛地把在村（社区）的务工人员组织到工会组织中来，

发挥工会组织的桥梁纽带作用。

（2）建立村（社区）工会，有利于更好地代表和维护职工合法权益

在村（社区）里的企业多属小微型，劳动关系较为复杂，劳动者的合法权益易受侵害，开展维权工作难度大。以“社会人”、非正规就业为主体的村（社区）职工，其工作和收入多不稳定，他们组织化程度低，缺失组织归属感和社会保障。在村（社区）建立工会组织，可以依靠组织的力量维护职工合法权益，发挥好“提供服务、反映诉求、规范行为”的作用。

（3）建立村（社区）工会，有利于进一步完善工会组织体系

发挥工会组织的整体功能，构建和谐村（社区），村（社区）工会肩负着重要的责任。随着村（社区）服务功能和服务领域的日益拓宽，劳动者队伍随之日益扩大，建设新型农村（社区）的步伐日益加快，村（社区）工会必须同步跟进。建立村（社区）工会，使工会组织延伸到我国社会的最基层，有利于工会组织领导体系的进一步完善，更好地发挥工会组织的作用。

（一）村（社区）工会的主要工作对象

1. 村工会的主要工作对象

村工会的主要工作对象是：在本村区域内就业的职工和本村的外出务工人员。在本村区域内就业的人员，无论其户籍是否在本村，只要是与用人单位形成了劳动关系或事实劳动关系、以工资收入为主要生活来源的，就应当作为村工会发展会员和工作的对象。外出务工人员可以在本村加入工会组织，也可以到务工地加入工会组织。

2. 社区工会的主要工作对象

社区工会的工作对象包括：社区管辖范围内的企事业单位和其他社会组织在职职工、转入社区的下岗失业人员、社会从业人员。社区工会应把社区内所有与用人单位建立了劳动关系或事实劳动关系的劳动者纳入工作范围，并以企事业单位的在职职工作为主要工作对象。

《中国工会章程》第八条规定：“会员离休、退休和失业，可保留会籍。保留会籍期间免交会费。工会组织要关心离休、退休和失业会员的生活，积极向有关方面反映他们的愿望和要求。”社区内的离退休人员、下岗失业人员也是社区工会的工作对象，社区工会负责其会籍保管。随

着企业改制进程的加快，社区内下岗失业人员会大量增加，社区工会应该及时向有关方面反映他们的愿望和要求，协助政府做好职工再就业工作，维护社区稳定。

（二）村（社区）工会的主要任务

1. 村工会的主要任务

村工会应担负起工会组建和发展会员工作、协调区域内劳动关系、维护职工合法权益、加强会员会籍管理、开展“两个文明”建设活动等任务。同时，做好外出务工人员的培训和组织工作，协同输入地工会做好本村外出务工人员的权益维护和会员会籍管理工作，对会员会籍实行动态管理。对本村发展和管理的会员，如外出务工，将其会员组织关系介绍给用工单位；成建制的劳务输出，可直接将会员组织关系转入输入地的地方工会；外出务工人员中止务工回到农村，凭会员证到村工会续接工会组织关系，保留其会籍。

2. 社区工会的主要任务

（1）做好社区内企业工会组建和吸收社区职工加入工会工作，最大限度地把社区内就业的职工组织到工会中来。

（2）指导基层工会组织的工作。加强对基层工会、工会分会、工会小组的指导和帮助，并承担他们难以承担的部分维权职能。

（3）协调社区劳动关系，指导和帮助职工与用人单位签订劳动合同并监督履行合同，建立平等协商、签订集体合同机制，督促企业严格履行集体合同，做好劳动争议调解工作。

（4）关心帮助困难职工，协助社区党组织和社区居委会做好下岗、失业人员再就业工作，督促落实各项社会保障和职工生活福利。

（5）做好会员会籍管理工作。直接吸收没有建立工会组织的单位职工、社会从业人员入会，做好本级工会会员会籍管理工作，督促检查基层工会做好会员会籍管理工作。

（三）村（社区）工会的组织形式

1. 村工会的组织形式

村工会的组织形式主要是工会委员会或联合工会委员会。

企业规模小、数量少，职工人数较少的村，应当尽量采取召开会员大会的方式直接选举村工会委员会或联合工会委员会。企业数量和规模比较大、职工人数较多的村，可以从各基层工会组织负责人中提名候选人，经会员代表大会选举村工会联合会。

2. 社区工会的组织形式

社区工会的组织形式灵活多样，目前主要有以下几种形式：一是块型。依托社区居委会，按照居民小区成立相应的社区工会，由社区居委会党支部书记兼任工会主席。二是条型。根据各行业的不同特点，按行业成立社区工会。三是条块结合型。即联合所辖各基层工会成立工会联合会。

无论采用何种组织形式，社区工会都要充分发扬民主，召开社区会员（代表）大会，选举产生社区工会委员会。社区工会联合会的组成，要尽量包括社区内经会员代表选举产生的基层工会负责人以及有关方面的代表。

（四）村（社区）工会的主要活动方式

村（社区）工会的活动方式，要适应其工作对象和工作任务的特点，以完成其重点工作任务为目标，选择适当的活动方式。

1. 村工会的主要活动方式

村工会的主要工作对象：是在村办企业中就业的职工和本村外出务工人员，活动方式要小型、多样、灵活、务实。对在村办企业中就业的职工要组织他们加入工会，指导和帮助职工与企业签订劳动合同，推行集体合同制度，监督两个合同的履行，切实维护职工的合法权益；对本村外出务工人员要积极向他们宣传工会知识，提高他们的工会意识，组织他们加入工会。加强与务工地工会的相互协作，共同维护好外出务工人员的合法权益。

2. 社区工会的主要活动方式

社区工会的工作对象具有人员分散、就业不稳定、流动性强等特点。因此，组织开展活动要尊重会员意愿、灵活多样，要多开展会员喜闻乐见，愿意参与，能得到帮助，解决实际问题的活动。由于以往工会在社区劳动者中没有工作基础，许多人对工会还比较陌生，因而在他们中加强宣传组织工作，显得更为重要。要以维权和服务职工为重点，搞好法律咨询服务、再就业指导、劳动争议调解，参与社区文化建设，把社区工会建设成为职工之家。要善于借助社会力量，整合更多的社会资源为职工群众办好事、实事。要积极建立社区工会志愿者队伍，发现和培养工会积极分子，真正依靠会员群众开展工会工作，引导社区职工实行自我管理、自我教育、自我服务。

第七章　工会会员管理

工会会员是工会组织赖以生存的基础，是工会组织发挥作用的主体。坚持走中国特色社会主义工会发展道路，贯彻落实“组织起来、切实维权”的工会工作方针，维护中国工人阶级队伍的团结和工会组织的统一，都迫切需要最广泛地把职工组织到工会中来，不断加强会员队伍建设。

一、工会会员的条件

工会作为工人阶级的群众组织，其成员必须具备一定的条件才可加入。《中国工会章程》明确规定：“凡在中国境内的企业、事业单位、机关和其他社会组织中，以工资收入为主要生活来源或者与用人单位建立劳动关系的体力劳动者和脑力劳动者，不分民族、种族、性别、职业、宗教信仰、教育程度，承认工会章程，都可以加入工会为会员。”根据这一规定，劳动者加入工会成为会员，必须具备两个条件：一是以工资收入为主要生活来源或与用人单位建立劳动关系；二是承认《中国工会章程》。

1. 以工资收入为主要生活来源或与用人单位建立劳动关系是职工加入工会的必要条件

以工资收入为主要生活来源：是指生活费用支出的大部分依赖于个人的工资、津贴、奖金或者其他工资性收入。以工资收入为主要生活来源是职工的基本特征。

改革开放以来，我国职工获取劳动报酬的方式和用人单位的分配方式发生了深刻变化，除传统的计时、计件两种基本工资形式外，还有奖金、津贴和浮动工资等新的劳动报酬形式，这些仍属于职工工资性收入。

随着劳动就业形式的多样化，职工收入形式也有很大的变化，不同行业、不同企业根据本行业本单位生产经营的特点也采取相应的分配形式。如通过租赁、承包等方式获取的收入，靠提成收入的出租车司机、保险公司业务员，靠包工收入的建筑业农民工等，他们与用人单位建立了劳动关系，从事的劳动属于非农业生产性质，所取报酬虽然不是以“标准”的工资形式支付的，但这些报酬却是他们主要的生活来源，或者说是基本的生活来源。他们属于职工范畴，都有加入工会组织的权利。

工会是工人阶级的群众组织，加入工会必须是工人阶级的成员。因此，以工资收入为主要生活来源或与用人单位建立劳动关系，就成为在企业、事业单位、机关及其他社会组织中，从事体力劳动或脑力劳动的人员加入工会的必要条件。

2. 承认《中国工会章程》是职工加入工会的前提条件

职工加入工会，必须承认《中国工会章程》。《中国工会章程》是工会会员的行动准则和行为规范。工会是工人阶级最广泛的群众组织，把众多的职工组织在一起，必须有一个共同遵守的章程。《中国工会章程》对我国工会的性质、地位、作用、任务、领导原则、组织制度，以及会员的权利、义务等作了全面的规定，是工会会员必须认真遵守和执行的内部法规。申请加入工会的职工，必须首先承认工会章程，这样才能使全体会员为着共同的目标、共同的利益，努力形成共同的意志，采取一致的行动，成为充满生机和活力的工人阶级群众组织。会员承认工会章程，在现阶段就是要努力为实现全面建成小康社会的宏伟目标建功立业，服从工会组织的领导，执行工会决议，参加工会组织生活，行使会员权利，履行会员义务，并按时交纳会费等。

工会作为工人阶级的群众组织，它的成员几乎包括了工人阶级的全体。在社会成员构成上非常广泛，不仅包括传统产业工人，也包括新兴产业工人；不仅包括企业、事业单位、机关和其他社会组织中的生产工作者，也包括知识分子、科技人员和干部，还包括一部分经营管理者；不仅包括城镇企业的职工，也包括乡镇（街道）、村企业的职工。他们都是发展会员的对象。同时，职工加入工会组织的范围是随着工人阶级队伍的发展而变化的。随着我国工业化、城镇化进程的加快和产业结构的调整，大量的农民工、劳务派遣工和城镇每年新增加就业的职工，都是我国职工队伍的新鲜血液和重要组成部分，应该最广泛地把他们组织到工会中来。

二、发展工会会员

职工加入工会组织应履行一定的民主程序，不仅是工会组织性质的要求，而且有利于会员增强组织意识、会员意识，有利于工会组织加强对会员的管理，有利于工会组织规范、有序、健康地发展。因此，必须坚持职工加入工会的程序，正确把握职工加入工会的注意事项。

1. 职工加入工会的程序

《中国工会章程》规定："职工加入工会，由本人自愿申请，经工会基层委员会批准并发给会员证。"按照这一规定，凡是符合条件的职工，只要自愿申请，都可以吸收其为工会会员。职工加入工会的具体程序是：

（1）本人自愿申请

由要求入会的职工向所在单位工会提出书面（口头）申请，填写《中华全国总工会入会申请书》和《工会会员登记表》，报基层工会委员会。

（2）基层工会委员会批准并发给会员证

基层工会委员会接到职工入会申请书后，应当及时召开会议，研究审查接纳职工入会事项。主要内容有：①申请人是否符合入会条件；②是否自愿；③是否符合入会手续。

凡符合条件和入会手续的应当批准。批准后发给其工会会员证，并通知申请人从何时起交纳会费。

特别提示：职工加入工会不受工龄限制，不需要介绍人介绍，不需要进行考验。

2. 职工入会方式的创新

各地工会组织适应新的工会组织形式和不同职工群体特点，除企业工会发展会员外，积极创新发展职工入会方式，最广泛、最大限度地把职工组织到工会中来。主要有：

（1）设立职工申请建会入会"直通车"。鼓励和支持职工通过网络、邮件等多种途径，向上级工会表达自己的建会、入会愿望，提供相关信息。

（2）"源头入会"方式。即在农民工外出务工前发展其为会员，外出务工时，以出示会员证的方式将工会组织关系接转到用工单位工会。

（3）“劳动力市场入会”方式。即由劳动力市场工会组织农民工加入工会并管理会员组织关系，就业时凭工会会员证转接会员组织关系。

（4）乡镇（街道）、村（社区）工会可直接吸收所属地区小企业职工为工会会员。

3. 职工加入工会应注意的具体问题

（1）关于复员转业军人加入工会问题

应征入伍前没有加入工会组织的复员、转业军人，复员、转业到有工会组织的单位，申请入会的，要按照工会章程的规定，履行入会手续，使其成为工会会员。应征入伍前已经加入工会组织的复员、转业军人，复员、转业到用人单位后，可以凭会员证接转组织关系，不必再履行入会手续。

（2）关于外籍职工加入工会问题

中华全国总工会于1979年1月23日下发的《关于外籍职工参加工会的意见》规定：“凡在我国厂矿企业、事业单位和学校从事体力或脑力劳动的外籍职工，自愿申请参加中国工会，符合会员条件的，可按照工会章程的规定同意其加入工会，但不公开宣传动员。外籍职工工作期满回国时，收回其会员证，不转会员组织关系，可由省、区、市总工会发给其参加过中国工会的证明信。”

2007年，全国总工会基层组织建设部《关于外籍员工是否担任基层工会主席问题的答复》规定：“为维护外籍员工在华工作期间的合法权益，可以允许其加入工会组织，但外籍员工不宜担任企业工会主席。”

（3）关于农民工加入工会问题

农民工是工人阶级的新鲜血液和重要组成部分，只要与用人单位建立劳动关系或事实劳动关系的，均应吸收他们加入工会，任何单位不得以户籍或工作时间长短为由限制其加入工会。

（4）关于劳务派遣工加入工会问题

劳务派遣人员：一般是指通过派遣单位（劳务中介组织）雇用并签订劳动合同后，派往用人单位劳动，工资由用人单位转交派遣单位支付的劳动者。

对于劳务派遣工加入工会问题，要积极探索其组织形式。劳务中介公司已建立工会组织的，应由劳务中介公司的工会组织及时吸收劳务派遣工加入工会；劳务中介公司尚未建立工会组织的，可由用人单位的工会依据事实劳动关系，吸收劳务派遣工加入工会组织。

（5）关于私营企业主不能加入工会问题

私营企业主作为企业资产的所有者，代表的是资方利益，工会代表的是企业劳动者的利益。私营企业主雇用劳动力进行生产，收入主要依靠企业利润，不是工资收入，加入工会不符合《工会法》中关于工会会员资格的规定。

（6）其他应注意的问题

合同工、临时工都是以工资收入为主要生活来源的，参加工会组织是他们的法定权利，上述工人因合同期满解除合同，其会员会籍保留在居住地工会，如果该会员到其他有工会组织的单位工作，可把会员关系转移到新的工作单位。

三、工会会员的权利和义务

工会会员的权利和义务是相辅相成的。依据《中国工会章程》的规定，工会会员享有法定的权利，同时应当履行相应的义务。

（一）工会会员的权利

1. 选举权、被选举权和表决权

这是工会会员最基本、最重要的权利。选举权，就是工会会员有选举出席工会代表大会代表和工会组织领导人的权利。被选举权，就是工会会员有当选为职工代表、会员代表和各级工会组织领导人的权利。表决权，就是会员有权对工会委员、工会领导人候选人，工会会议的决议、决定，表示赞成、反对或弃权的权利。

2. 对工会工作进行监督，提出意见和建议，要求撤换或罢免不称职的工会工作人员

监督权是对选举权的补充与保障。工会代表大会代表、工会委员会委员、工会主席、副主席是由会员选举出来作为自己的代表者为大家说话办事的，会员有权对其进行监督。对少数违法乱纪或有严重失职行为，已经失去会员信任和拥护的不称职的工会干部，每个会员都可以依据事实，提出撤换或罢免其职务的建议，要求其选举单位依据事实，按照有

关程序作出决定。始终把工会工作置于广大会员的监督之下，对于工会干部履行职责、全心全意为会员服务具有重要作用。

3. 对国家和社会生活问题及本单位工作提出批评与建议，要求工会组织向有关方面如实反映

工会会员既是工会的主人，也是国家的主人。我国《宪法》规定："人民依照法律规定，通过各种途径和形式，管理国家事务，管理经济和文化事业，管理社会事务。"工会是重要的社会政治团体，有参与管理国家事务和社会事务的权利；工会又是职工群众自己的组织，是党联系职工群众的桥梁纽带。会员通过工会组织反映自己对国家和社会生活方面的意见，是参与管理国家事务、社会事务的途径和形式。会员对国家政治、经济、文化和社会生活的某些问题提出的意见、建议，通过工会向有关部门如实反映，也是工会组织必须履行的义务。工会组织是会员和职工利益的代表，会员通过工会组织对本单位工作提出批评和建议，进行民主参与、民主监督，以维护自身的合法权益，是当然的权利。

4. 在合法权益受到侵犯时，要求工会给予保护

职工加入工会的首要目的，是要求工会能够代表和维护自身的合法权益，特别是在他们的合法权益受到侵犯时，能够得到工会组织的有效保护，工会应当认真履行其职责。

5. 享受工会提供的文化、教育、体育、旅游、疗休养事业、生活救助、法律服务、就业服务等优惠待遇；享受工会给予的各种奖励

会员除参加工会组织的民主生活等活动外，还有参加工会组织的如读书学习、文化体育、各种竞赛、职业技能培训、旅游、疗休养等丰富多彩的活动，接受工会举办的生活救助、法律服务和就业服务，并享受参加这些活动所规定的优惠待遇的权利。同时，对于会员参加工会组织活动所做出的优异成绩，可享受工会给予的各种奖励。会员可以享受工会为会员提供的卫生医疗、法律援助、购物、生活服务、子女入托入学等优惠待遇。如果会员的这方面权利得以充分保障，会大大增强工会组织的吸引力和凝聚力。

6. 在工会会议和工会媒体上，参加关于工会工作和职工关心问题的讨论

所谓工会会议是指工会组织的各种会议，包括工会小组会、会员（代表）大会等。会员有权在工会会议上对工会组织的决议、决定进行讨论和表决，表达自己赞成或者反对的意见，任何人不得干涉。所谓工会媒体是指工会组织主办的报纸、刊物、网站等。会员有权在工会媒体上参加关于工会工作的讨论，发表自己对工会工作的意见和建议。这也是依靠会员办工会的重要途径。

工会各级组织要切实保障会员各项权利的落实，维护会员的合法权益，取得广大会员的信任和支持，推动工运事业的发展。

（二）工会会员的义务

1. 学习政治、经济、文化、法律、科学、技术和工会基本知识

工人阶级不仅是我国社会主义现代化建设的主力军，而且是社会主义政治文明、精神文明、生态文明、和谐社会建设的主体，是先进生产力和生产关系的代表，对国家和民族的振兴肩负着重大的历史责任。提高职工队伍整体素质，是保持和发扬工人阶级先进性的关键。职工素质的高低，不仅与企业的兴衰、职工自身利益的实现息息相关，而且与推动经济的发展、社会的进步紧密相连。随着时代的不断进步和科学技术的迅猛发展，对广大会员思想道德素质和科学文化技术素质的要求越来越高。

新世纪和新阶段，广大会员都要认真学习邓小平理论和“三个代表”重要思想，牢固树立和落实科学发展观，学习习近平总书记系列讲话精神，用科学理论武装头脑、指导实践、推动工作。要树立爱国主义、社会主义、集体主义思想，树立正确的人生观、世界观和价值观，坚定中国特色社会主义理想和信念，自觉为实践全面建成小康社会宏伟目标而奋斗。要大力弘扬工人阶级伟大品格和劳模精神，积极参加“创建学习型组织，争做知识型职工”活动，参加“当好主力军、建功‘十二五’”主题劳动竞赛，投身群众性经济技术创新活动，为提高企业自主创新能力和走新型工业化道路作出贡献。要大力弘扬社会主义道德新风尚，做

有理想、有道德、有文化、有纪律的职工。要学习工会基本知识，不断增强工会意识和会员意识，正确行使工会会员的各项权利，履行会员义务，做一名合格的工会会员。在建设社会主义法治国家的过程中，每个会员要成为遵纪守法的公民，就要认真学习、模范遵守和执行国家的各项法律和法规，这也是工会组织和每位会员更好地维护自身权益的需要。

2. 积极参加民主管理，努力完成生产和工作任务

工会会员依法参加所在单位民主管理，努力完成生产和工作任务，既是作为劳动者最基本的职责，也是工会会员应尽的义务。

在深化改革、发展社会主义市场经济的过程中，广大会员应增强责任感，积极参与企业事业单位的民主管理，推进企事业的改革和发展，这既符合国家和工人阶级总体利益，也符合企事业单位和职工与会员的具体利益。

实现全面建成小康社会宏伟目标，推进社会主义现代化建设，是当代中国工人运动的主题，也是中国工人阶级肩负的神圣历史使命。社会主义市场经济体制的建立和完善，把企业推向市场，使企业真正成为自主经营、自负盈亏、自我发展、自我约束的法人实体和市场竞争的主体。企业的兴衰与职工的利益息息相关，不断加强和完善民主管理制度，动员和组织职工积极参加民主管理活动，是企业发展的需要，也是维护职工合法权益的需要。广大会员既要在民主管理企业、事业中充分发挥作用，又要胸怀祖国、放眼世界，立足本职、勤勉敬业，发扬国家主人翁精神和改革创新精神，努力完成生产和工作任务，为实现小康社会宏伟目标作贡献。

3. 遵守宪法和法律，践行社会主义核心价值观，维护社会公德和职业道德，遵守劳动纪律

公民有遵纪守法的义务。工人阶级是国家的领导阶级，其成员更应该成为遵纪守法的模范。广大会员应认真学习和遵守宪法和法律，践行社会主义核心价值观，遵守社会公德和职业道德，以良好的思想道德素养影响、带动全社会。

社会主义核心价值观是社会主义核心价值体系的内核，体现社会主义核心价值体系的根本性质和基本特征。社会主义核心价值观内容是：富强、民主、文明、和谐，自由、平等、公正、法治，爱国、敬业、诚

信、友善。其中，富强、民主、文明、和谐是国家层面的价值目标，自由、平等、公正、法治是社会层面的价值取向，爱国、敬业、诚信、友善是公民个人层面的价值准则。党的十八大以来，中央高度重视培育和践行社会主义核心价值观。习近平总书记多次作出重要论述、提出明确要求。

社会公德：简称“公德”，是指在人类长期社会实践中逐渐形成的、要求每个社会公民在履行社会义务或涉及社会公众利益的活动中应当遵循的道德准则。社会公德的内容是对公共生活中的方方面面提出的基本规范和要求。在我国现代社会中，社会公德的主要内容为：文明礼貌、助人为乐、爱护公物、保护环境、遵纪守法。

职业道德：是指一种被普遍认为是从事一种职业的人士应该遵守的道德规范。在职业上不能用不正当的手法去谋取利益，不接受不应接受的利益，不能泄漏工作上的隐私，在面对雇主或上司不合理要求时，必须本着良知拒绝。职业道德的涵义包括以下八个方面：①职业道德是一种职业规范，受社会普遍的认可。②职业道德是长期以来自然形成的。③职业道德没有确定形式，通常体现为观念、习惯、信念等。④职业道德依靠文化、内心信念和习惯，通过员工的自律实现。⑤职业道德大多没有实质的约束力和强制力。⑥职业道德的主要内容是对员工义务的要求。⑦职业道德标准多元化，代表了不同企业可能具有不同的价值观。⑧职业道德承载着企业文化和凝聚力，影响深远。

广大会员应遵守劳动纪律，保证生产工作的正常进行。要自觉地以法律法规约束自己的言行，以理性合法的形式表达自己的利益诉求，维护企业稳定，为构建社会主义和谐社会作出贡献。

4. 正确处理国家、集体、个人三者利益关系，同危害国家、社会利益的行为作斗争

在我国，国家利益、集体利益和个人利益从根本上来说是一致的，但在各自的具体利益上又有差别和矛盾。每一个会员都应识大体、顾大局，把国家和集体利益放在首位，自觉而勇敢地同一切危害国家、社会利益的行为作斗争，在实现国家、集体利益的过程中，更好地实现个人的利益。

当前，工会会员要支持改革、参与改革、投身改革，努力做到局部利益服从全局利益、个人利益服从集体利益、眼前利益服从长远利益，

与所在单位同舟共济，推进所在单位的改革与发展。

5. 维护中国工人阶级和工会组织的团结统一，发扬阶级友爱精神，搞好互助互济

工人阶级队伍的团结和工会组织的统一，是工人阶级和工会组织的优良传统和力量所在，也是工会组织发挥作用、职工权益得到有效维护的保障。工人阶级内部的利益是一致的，其力量来源于团结和统一。作为中国工会会员，都有义务维护工人阶级队伍的团结和工会组织的统一，自觉接受党对工人运动的领导，坚定正确的政治方向，时刻警惕和抵制国内外敌对势力企图在工人阶级内部制造分裂、破坏工人阶级队伍团结和工会组织统一的任何图谋，维护党执政的阶级基础，巩固人民民主专政的国家政权。每个会员都有义务在生产和工作上携手并肩、互相协作、共同进步，在生活上团结友爱、互助互济，同甘苦、共患难。

6. 遵守工会章程，执行工会决议，参加工会活动，按月交纳会费

这是每一个工会会员都应该恪守的基本要求。遵守工会章程，是对合格会员最基本的要求；执行工会决议，是会员必须遵守的组织原则；按时交纳会费，是会员应尽的义务和对工会组织经济上的支持，更是增强会员组织观念、密切与工会组织联系的一种体现；参加工会活动，是会员行使权利、履行义务、发挥作用、接受组织约束的基本途径。

所有会员都要增强工会意识和会员责任感，自觉遵守工会章程，严格执行工会决议，积极参加工会活动，用自己的行为影响和带动周围的职工群众，增强工会组织的凝聚力和战斗力。

工会会员既要充分享受自己的权利，又要认真履行自己的义务。只有这样才能称得上是一名合格的工会会员。各级工会组织要加强对会员的权利与义务教育，使每个会员在充分享有自己权利的同时，时刻牢记自己的义务，按照工会章程规定的义务来规范和约束自己的行为。

四、工会会员的会籍管理

加强对工会会员的会籍管理，是工会组织的一项重要工作。只有进一步加强和改进会员会籍管理工作，才能适应新形势新特点，进一步巩

固和壮大会员队伍。

工会会员的会籍管理，包括工会组织办理职工入会手续、管理会员档案、转接会员关系、办理会员保留会籍和开除会员会籍等工作。会员的会籍，是对职工参加工会的会员身份和组织关系的确认。加强对工会会员的会籍管理是工会组织建设的一项经常性工作。会员的会籍应按照《中国工会章程》和全国总工会有关规定进行管理。其主要内容包括：

（一）会员档案管理

职工经批准加入工会的入会申请书和会员登记表作为会员档案材料，由会员所在基层工会组织负责保存管理。基层工会对所管理的会员情况进行统计、登记、建立名册，并按照上级工会的要求，及时掌握会员的流动情况，按时将会员情况统计上报。

（二）会员组织关系接转

坚持职工劳动（工作）关系在哪里、会员组织关系就在哪里、会员组织关系随劳动（工作）关系流动的原则。会员劳动（工作）关系发生变化后，由调出单位工会在《工会会员证》“组织关系接转”栏目中填写有关内容，并加盖公章。会员的《工会会员登记表》随个人档案一并移交。会员关系由凭“介绍信”接转改为凭“会员证”接转，不仅简化了会员组织关系接转手续，更有利于保持工会与会员的联系，加强会员会籍管理，有效防止会员流失。

接转工会会员组织关系，一般可由基层工会组织直接办理。职工人数比较少的小型企事业单位组成的联合基层工会，其发展会员、会员组织关系接转等工作，由联合基层工会负责。会员所在企业破产后，会员已经安置就业的，其会员组织关系转入新的用人单位工会组织；尚未安置就业或其就业单位尚未建立工会组织的，其会员组织关系移交到其居住地工会组织管理。

劳务派遣工在劳务公司参加工会组织的，由劳务公司工会管理其会员关系，并将其会员关系转到用人单位工会代管，参加用人单位工会活动，当劳务派遣工离开用人单位时，用人单位工会将劳务派遣工的会员关系转回劳务公司工会；劳务公司没有建立工会的，用人单位工会可吸收劳务派遣工入会，其会员关系由用人单位管理。

（三）保留会员会籍

1. 保留会员会籍的情况

保留会员会籍一般有以下几种情况：

（1）会员已办理退休手续。

（2）会员失业，尚未安置就业或实现再就业。

（3）离开工作岗位，长期不能参加工会组织生活，如参军、离职上学、长期病休、出国等。

（4）调离原单位，而调入单位暂没有建立工会组织。

（5）加入工会组织的轮换工、季节工因季节性离开工作单位，以及临时工、合同工等因劳动合同期满解除合同尚未就业的。

2. 如何保留会员会籍

办理保留会员会籍，由会员所在基层工会委员会核准，由基层工会在其《工会会员登记表》和《工会会员证》备注栏内注明该会员办理保留会籍的时间，并通知其本人从何时起停止交纳会费。

会员办理保留会籍手续后，退休职工的会员证可由本人保存，免交会费；其他保留会籍职工的会员证由个人保管，待其再就业时再办理工会会员组织关系接转手续。保留会籍的会员，不再享有工会会员的选举权、被选举权和表决权。

（四）恢复会员会籍

1. 什么情况可以恢复会员会籍

当会员保留会籍的情况发生变化需要恢复会籍时，工会组织应当根据会员的不同情况，采取不同形式，及时办理会员恢复会籍手续。

2. 如何恢复会员会籍

对于仍回原单位工作的会员职工，由基层工会在该职工的《工会会员登记表》和《工会会员证》上注明恢复会籍日期，通知其从何时起继续参加活动并交纳会费；对在原单位保留会籍而后到外单位工作的会员，持《工会会员证》证明其工会会员身份，新的用人单位工会组织应当予以登记接纳，承认其会员资格，并通知其恢复会籍，开始交纳会费。

（五）开除会员会籍

1. 什么情况下开除会员会籍

凡是被依法判刑，或依法剥夺政治权利，或依法被判处管制、被宣告缓刑同时被剥夺政治权利的犯罪分子，根据《中国工会章程》规定，是工会会员的应开除其会籍。

2. 如何开除会员会籍

开除会员会籍，须经会员所在基层工会批准，宣布开除会籍，并报上级工会备案，同时通知本人并收回其《工会会员证》。

（六）会员会籍管理应注意的几个具体问题

1. 离退休职工的会籍管理

《中国工会章程》规定，会员离退休后保留会籍。职工办理离退休手续后，经组织批准继续留在原单位帮助工作，可以暂不办理保留会籍手续。已经办理离退休并办理了保留会籍手续的职工，被返聘回原工作单位帮助工作，如果本人有要求，经基层工会委员会同意，在帮助工作期间可以恢复会籍；被外单位聘用继续工作的，如果本人有要求，征得聘用单位工会组织同意，也可以由原单位工会组织将该会员的工会组织关系，转移到新工作单位。

按企业内部规定提前退休、未办退休手续的及经单位批准长期放假的职工，他们仍属原单位在编正式职工，是工会会员的，其会籍不作变动。在休息待业期间，如果企业不发工资，只发基本生活费和疾病救济费的，可不交纳会费。

2. 下岗失业职工的会籍管理

会员如在本单位下岗待岗，其会员组织关系不作变动。已经与用人单位解除劳动关系并已实现再就业的会员，其会员组织关系应转入新的用人单位工会组织；如其再就业的单位尚未建立工会组织，其会员组织关系原则上应暂时保留在会员居住地工会组织，待其再就业的单位建立工会组织后，再办理会员组织关系接转手续。

会员失业后，由原用人单位办理会员保留会籍手续；其重新就业后，由本人及时与新用人单位接转会员组织关系。

3. 长期借调到外单位工作的职工的会籍管理

长期借调到外单位工作的职工，因其组织关系仍在原工作单位，其会籍一般不作变动。如借调单位已建立了工会组织，本人有要求的，并经所借调单位同意，可从原工作单位办理临时工作组织关系，转到借调单位。该会员回原单位工作，及时办理会员组织关系转移回原单位工会。

4. 被辞退或被除名的职工的会籍管理

凡被企业辞退或除名的职工，是工会会员的，可在居住地工会组织办理保留会籍手续。待该职工到有工会组织的单位重新工作后，应及时办理转移会员关系手续。

5. 返乡农民工的会员会籍管理

对返乡的农民工会员，应将返乡农民工会员会籍接转至本人所在村（社区）、乡镇（街道）工会管理。有关村（社区）、乡镇（街道）工会要对返乡农民工逐一了解情况，主动做好返乡农民工会员的接转工作，组织其参加工会活动，并对重新就业的农民工会员会籍转接到新的用人单位工会。农民工会员的统计工作由会籍所在单位负责。

（七）办理会员退会手续

《中国工会章程》第六条规定："会员有退会自由。"会员退会应由本人提出申请。对于要求退会的会员，工会组织应找本人做耐心细致的思想工作，对经过工作仍坚持要求退会的，由该会员所在的基层工会讨论后，宣布予以除名，并报上级工会备案，同时通知本人并收回其《工会会员证》。

第八章　基层工会领导干部的选拔与配备

一、基层工会领导干部应具备的条件

工会领导干部应当具备下列基本条件：

（1）具有履行职责所需要的马克思列宁主义、毛泽东思想、邓小平理论的水平，践行“三个代表”重要思想，深入贯彻落实科学发展观，努力用马克思主义的立场、观点、方法分析和解决实际问题，坚持讲学习、讲政治、讲正气，经得起各种风浪的考验.

（2）具有共产主义远大理想和中国特色社会主义坚定信念，坚决执行党的基本路线和各项方针、政策，立志改革开放，献身现代化事业，坚持走中国特色社会主义工会发展道路。

（3）坚持解放思想，实事求是，与时俱进，开拓创新，认真调查研究，能够把党和工会的方针、政策同本地区、本部门、本单位的实际相结合，卓有成效地开展工作，讲实话、办实事、求实效，反对形式主义。

（4）有强烈的革命事业心和政治责任感，有实践经验，有胜任领导工作的组织能力、文化水平和专业知识。

（5）能正确行使人民赋予的权力，依法办事，清正廉洁，勤政为民，以身作则，艰苦朴素，密切联系职工群众，坚持党的群众路线，自觉接受党和群众的批评和监督，做到自重、自省、自警、自励，反对官僚主义，反对任何滥用职权、谋求私利的不正之风。

（6）坚持和维护党的民主集中制，有民主作风，有全局观念，善于集中正确意见，善于团结同志，包括团结同自己有不同意见的同志一道工作。

二、基层工会领导干部配备任用原则

1. 坚持党管干部的原则

中国工会是中国共产党领导的职工自愿结合的工人阶级群众组织。工会工作是党的群众工作的重要组成部分，工会干部工作同样是党的干部工作的重要组成部分。选拔任用工会领导干部，必须坚持党管干部的原则，这是做好工会干部工作的重要保证。

党管干部的实质，就是要保证处于执政地位的中国共产党及其各级组织，对干部人事工作的领导权和对重要干部的管理权。它要求坚决贯彻党的干部路线、方针和政策，按照党的干部工作的原则选拔任用领导干部，并对各级各类干部进行有效管理和监督。应把握以下几点基本要求：

（1）干部工作的路线、方针、政策必须由党制定。

（2）干部的管理、决定任免或推荐、提名，必须由各级党委（党组）按照干部管理权限负责。

（3）选拔任用干部必须经党委（党组）集体讨论，按照民主集中制的原则作出决定。

（4）正确处理党委推荐干部与工会组织依法选举和决定任免干部的关系。

（5）坚持党管干部的原则，改进干部管理方法。努力推进干部工作的科学化、民主化、制度化，落实群众对干部选拔任用的知情权、参与权、选择权和监督权，完善干部考核制度和方法，坚决防止和纠正用人上的不正之风。

2. 坚持任人唯贤、德才兼备的原则

党的十七届四中全会通过的《中共中央关于加强和改进新形势下党的建设若干重大问题的决定》强调："坚持德才兼备、以德为先用人标准。"德才兼备、以德为先原则，是党的干部路线的集中体现和核心内容，是党选拔任用干部的总标准、总依据。

所谓德，是指干部的政治标准，包括政治理论和思想、政治立场和政治方向、道德修养和思想品质、工作态度和工作作风、自律意识和纪律观念，等等。

所谓才，是指干部的能力和水平，包括知识素养、业务水平、宏观决策能力、组织协调能力、综合分析和解决实际问题的能力，等等。

坚持德才兼备、以德为先用人标准，把干部的德放在首要位置，是保持马克思主义执政党先进性、纯洁性的根本要求和重要保证。选拔任用干部既要看才，更要看德，把政治上靠得住、工作上有本事、作风上过得硬、人民群众信得过的干部选拔上来。从政治品质和道德品行等方面完善干部德的评价标准，重点看是否忠于党、忠于国家、忠于人民，是否确立正确的世界观、权力观、事业观，是否真抓实干、敢于负责、锐意进取，是否作风正派、清正廉洁、情趣健康。注重从履行岗位职责、完成急难险重任务、关键时刻表现、对待个人名利等方面考察干部的德。坚持正确用人导向，使选拔出来的干部组织放心、群众满意，让能干事者有机会、干成事者有舞台，不让老实人吃亏，不让投机钻营者得利。

3. 坚持群众公认、注重实绩的原则

群众公认，就是为大多数群众所认可和拥护。坚持群众公认原则要做到以下几点：

（1）选拔任用干部要经过民主推荐，凡是多数群众不拥护不赞成的，不能选拔任用。

（2）考察干部要充分走群众路线，广泛听取各方面的意见。

（3）拟提拔的干部要在一定范围内进行公示，进一步听取群众意见。

（4）对群众举报、申诉的，以及干部选拔任用工作中的违纪违规行为，要认真核实处理。

注重实绩，就是注重干部在履行岗位职责和执行党的基本路线的实践中所取得的实际成效。要在全面考察干部的德、能、勤、绩、廉的基础上，重点考察干部的工作实绩。对德才兼备、实绩突出、群众公认的，要委以重任。

4. 坚持公开、平等、竞争、择优的原则

公开是指选拔干部的范围、职位、条件、程序、规则、结果等都要在一定范围乃至向全社会公开。

平等是指所有具备选拔资格条件的干部，都有平等的机会、平等的环境、平等的条件，能够平等地享有参与选择和被选择的权利。公开和平等，就是要为干部的选拔任用创造一个良好的工作条件和社会环境。

竞争是指通过规范的形式，使用统一的规则和标准，使参与者充分展示自身的才能和优势，实现高低优劣的比较鉴别，变“伯乐相马”为“赛场竞马”。

择优是指对竞争结果进行综合比较，权衡优劣，实现好中选好、优中选优的目标。竞争和择优，就是要扩大视野，广开渠道，把最优秀的人才选拔出来。同时，促进实现干部能上能下，建立起干部队伍新陈代谢的正常机制。

5. 坚持民主集中制的原则

民主集中制原则，是我们党和国家的根本组织制度和领导制度。要健全干部选拔任用工作的会议制度、集体领导制度和决策程序，不允许个人或少数人说了算。要把扩大干部选拔任用工作中的民主，体现在干部人选的推荐、考察、酝酿、讨论决定、任职、依法提名和履行民主程序等环节上，使干部选拔任用工作进一步规范、科学和合理。

三、基层工会领导干部任免和调整的程序

工会领导干部的任免和调整要按照有关规定和程序进行。

（1）上级工会收到主管方关于工会领导班子成员任免、调整的书面征求意见函（包括征求意见函、干部任免审批表，属于提任职务的须附考察材料）后，由协管方组织人事部门研究提出初步意见，提交协管方党组会议研究。

此时，必须按照有关规定进行民主推荐、考察和配备。

对拟进工会领导班子的人选，上级工会组织人事部门要与主管方组织人事部门进行联合考察。在收到主管方邀请考察的通知后，要积极配合主管方搞好考察前的民主推荐、民主测评、考察对象的确定，并与主管方进行联合考察，共同写出考察材料，分别向主管方和协管方党委（党组）汇报考察情况。

工会领导班子换届时，主管方须提前两个月向协管方发函通报考察意向，邀请协管方参加考察。协管方组织人事部门要与主管方组织人事部门对相关工会领导班子共同进行全额定向民主推荐、确定考察对象、联合进行考察，共同提出新一届工会领导班子组成人选的意见，分别向主管方和协管方党委（党组）汇报。

（2）经上级工会党组会议研究同意上述干部任免、调整事项后，以上级工会组织人事部门的名义向主管方组织人事部门复函；由主管方提出任职人选和拟免职人员决定。

（3）相关工会根据主管党委（党组）对领导班子成员的调整意见，按照《中国工会章程》的有关规定，在六个月内对拟任免的领导干部履行民主程序，并在履行民主程序后一周内将其选举（或表决）结果书面报上级工会批复。上级工会批复后，同时抄送主管方党委（党组）组织人事部门。

四、工会换届中的干部人事工作程序

各级工会组织应严格按照《中国工会章程》规定的任期，按期召开工会代表大会、产业工会全委会或会员代表大会换届。工作程序如下：

（1）联系

上级工会组织人事部门在下级工会任期届满当年年初，致函下级工会主管党委（党组）组织人事部门，就下级工会换届时间、领导班子换届考察和新一届领导班子人选推荐工作等事宜进行沟通。同时指导下级工会做好换届有关工作。

（2）请示

各级工会召开换届会议进行换届前，要征得主管党委（党组）的同意并向上级工会上报关于召开换届会议的请示。内容包括：主管党委（党组）关于换届工作的意见；召开换届会议的时间、地点；会议的主要任务、议程；会议代表名额、代表条件、组成比例和选举产生办法；工会委员会的组成意见及委员分配方案，常务委员会的组成及主席、副主席的配备数额；工会经费审查委员会组成意见及委员分配方案、常务委员会的组成及主任、副主任的配备数额等。

（3）审核

上级工会收到下级工会召开换届会议的请示后，上级工会组织人事部门根据《中华全国总工会关于地方工会和基层工会召开代表大会及组成工会委员会、经费审查委员会的若干规定》进行审核。

审核内容包括：会议代表的组成；工会委员会的组成；工会常务委员会的组成以及工会经费审查委员会的组成；工会换届会议代表，工会委员会委员，常务委员会委员，主席、副主席，以及工会经费审查委员会委员，常务委员会委员，主任、副主任的产生办法等。

（4）批复

上级工会组织人事部门负责对下级工会召开换届会议的请示进行审核并提出意见，报党组研究同意后予以批复。

（5）考察

上级工会组织人事部门在收到下级工会主管党委（党组）组织人事部门考察通知后，配合主管党委（党组）组织人事部门共同进行新一届领导班子人选的推荐和考察工作。考察完成后，主管党委（党组）就新一届领导班子人选，书面征求上级工会党组意见，经上级工会党组会议研究同意后，上级工会组织人事部门以上级工会党组名义复函。

（6）结果批复

下级工会召开换届会议履行选举程序后，要在一周内将选举结果报告上级工会。上级工会收到选举结果的报告后，由工会组织人事部门对照此前关于召开换届会议批复的内容进行审核，以上级工会名义对选举结果进行批复，同时抄送下级工会主管党委（党组）组织人事部门。

（7）提前和延期

各级工会如果提前或延期换届，应提前三个月向上级工会书面请示并说明理由（包括提前和延期的时间），由上级工会组织人事部门报党组同意后，予以批复。

五、基层工会主席的配备和待遇

国有企业工会主席，应按照中共中央 1981 年下发的 24 号文件即《中共中央、国务院关于转发〈国营工业企业职工代表大会暂行条例〉的通知》中关于："要选调相当于企业党委副书记、副厂长一级的干部担任基层工会的主席"的规定，选配同级企业副职级干部担任工会主席。非公有制企业和其他类型的企业以及事业单位和其他社会组织的工会主席，应参照中央规定按同级党政副职级配备，工会主席是共产党员的应进入同级党组织领导班子，公司制企业工会主席应依法进入董事会。职工二百人以上的企业依法配备专职工会主席。企业应依法保障兼职工会主席的工作时间及相应待遇。由同级党组织负责人担任工会主席的，应配备专职工会副主席。专职副主席按不低于企业中层正职级配备。企业工会主席由同级党组织与上级工会双重领导，以同级党组织领导为主。尚未建立党组织的单位，工会主席接受上一级工会领导。

2006 年 12 月 11 日中华全国总工会第十四届执行委员会第四次全体会议通过的《企业工会工作条例》“第四章工会主席”中对企业工会主席的配备和待遇做了明确规定：

“职工二百人以上的企业工会依法配备专职工会主席。由同级党组织负责人担任工会主席的，应配备专职工会副主席。”

“国有、集体及其控股企业工会主席候选人，应由同级党组织和上级工会在充分听取会员意见的基础上协商提名。工会主席按企业党政同级副职级条件配备，是共产党员的应进入同级党组织领导班子。专职工会副主席按不低于企业中层正职配备。私营企业、外商投资企业、港澳台商投资企业工会主席候选人，由会员民主推荐，报上一级工会同意提名；也可以由上级工会推荐产生。工会主席享受企业行政副职待遇。企业行政负责人、合伙人及其近亲属不得作为本企业工会委员成员的人选。”

“工会专职主席、副主席或者委员自任职之日起，其劳动合同期限自动延长，延长期限相当于其任职期间；非专职主席、副主席或者委员自任职之日起，其尚未履行的劳动合同期限短于任期的，劳动合同期限自动延长至任期期满。任职期间个人严重过失或者达到法定退休年龄的除外。”

第九章　工会干部、工会会员的教育、培养和保护

加强对工会干部和会员的教育，是工会组织的一项重要工作，是工会干部和会员不断增强使命感、责任感，充分行使自己权利、履行义务的重要前提。只有进一步加强和改进工会干部和会员教育工作，才能适应新形势新特点的要求，使工会组织得到进一步巩固和壮大。

一、基层工会干部的培养教育

1. 基层工会干部的基本要求

《中国工会章程》第三十一条规定："各级工会组织按照革命化、年轻化、知识化、专业化的要求，努力建设一支坚持党的基本路线，熟悉本职业务，热爱工会工作，受到职工信赖的干部队伍。"工会干部包括工会领导班子成员、专职工作人员和兼职人员，《中国工会章程》主要是指工会领导班子成员和专职工作人员。

"革命化、年轻化、知识化、专业化的要求"：一是工会干部必须牢固树立共产主义理想，坚持党的基本路线，坚决贯彻执行党的路线方针政策，在政治上与党中央保持高度一致。二是工会领导班子结构要合理，主席一般按同级副职配备。三是工会干部一般具有大专以上学历，具备履行职责和从事工会工作岗位相关的经济、法律、保障、工资、劳动保护等方面的专业知识。四是熟悉工会业务，具有一定的组织协调能力和工作水平。五是忠于职守、勤奋工作，密切联系群众，热心为职工群众服务。

《中国工会章程》第三十二条明确要求各级工会干部要努力做到：一是认真学习马克思列宁主义、毛泽东思想、邓小平理论、"三个代表"重要思想和科学发展观，学习经济、法律和工会业务知识。二是执行党的基本路线和各项方针政策，遵守国家法律、法规，在改革开放和社会主义现代化建设中勇于开拓创新。三是忠于职守，勤奋工作，廉洁奉公，

顾全大局，维护团结。四是坚持实事求是，认真调查研究，如实反映职工的意见、愿望和要求。五是坚持原则，不谋私利，热心为职工说话办事，依法维护职工的合法权益。六是作风民主，联系群众，自觉接受职工群众的批评和监督。

此外，在能力建设上要努力成为具有较高判断形势能力、适应市场经济能力、应对复杂局面能力、服务大局能力、依法办事能力的政治家、社会活动家和协调劳动关系专家。

2. 工会组织要成为培养干部的重要基地

《中国工会章程》第三十三条规定："各级工会组织根据有关规定管理工会干部，重视培养和选拔青年干部、妇女干部、少数民族干部，成为培养干部的重要基地。"

工会组织成为培养干部的重要基地，是新修订后的《中国工会章程》所增加的一项重要内容，是《中共中央关于加强和改善党对工会、共青团、妇联工作领导的通知》中同时赋予工青妇的一项政治责任和权利。《通知》中明确指出，"工会、共青团、妇联应当成为培养和输送干部的重要基地，特别要注意输送优秀的年轻干部和女干部。"共青团、妇联都一致将中央赋予的这项政治责任和权利写进了各自的《章程》，并在此基础上充分发挥各自优势，积极为干部队伍建设争取有利条件。因此，工会组织从培养和造就一支高素质的工会干部队伍出发，充分利用和行使党中央赋予工会组织的政治责任和权利，必将大大激发广大工会干部的工作热情与主动精神。

3. 工会干部教育培训工作的重要意义

《中国工会章程》第三十四条规定："各级工会组织建立与健全干部培训制度。办好工会干部院校和各种培训班。"

党中央历来高度重视干部教育培训工作。继2006年颁布《干部教育培训工作条例（试行）》之后，又下发了《2010—2020年干部教育培训改革纲要》（以下简称《改革纲要》），标志着干部教育培训改革进入重点突破、全面深化的新阶段。党的十八大对加强干部培训工作提出了新要求，充分体现了干部教育培训工作在全面推进经济社会发展中的先导性、基础性、战略性作用。工会干部是党的干部的组成部分，工会干部教育培训是全国干部教育培训工作的重要组成部分。加强工会干部教育培训工作，具有十分重要的意义。

（1）加强工会干部教育培训工作，是贯彻落实党中央教育培训工作指示精神的重要举措。推动建设学习型工会组织，培养高素质工会干部队伍，为坚持走中国特色社会主义工会发展道路提供组织保证、人才保证和智力支持，是工会组织工作的一项重要政治任务。

（2）加强工会干部教育培训工作，是适应新形势新任务新发展的客观要求。“十二五”时期，工会在协调劳动关系、维护职工合法权益、构建和谐社会、维护职工队伍和工会组织团结统一的任务更为艰巨。必须大力加强工会干部教育培训工作，在加快转变经济发展方式、推动经济社会又好又快发展中充分发挥工会组织的重要作用。

（3）加强工会干部教育培训工作，是提高工会干部队伍素质的现实需要。目前工会干部队伍中存在的思想观念、工作方式、工作作风、能力水平等方面的薄弱环节，迫切需要各级工会切实提高工会干部理论政策水平，特别是参与加强和创新社会管理、做好新形势下职工群众工作的能力和水平。

4. 基层工会干部教育培训的指导思想

基层工会干部教育培训的指导思想：高举中国特色社会主义伟大旗帜，坚持以邓小平理论、“三个代表”重要思想、科学发展观为指导，学习贯彻习近平总书记系列重要讲话精神，围绕推进学习型创新型工会组织建设，以改革创新为动力，以健全培训体系、提升培训实效为目标，以提高工会干部服务科学发展、服务职工群众的能力为重点，以提高工会干部教育培训质量为主线，不断增强工会干部教育培训的生机活力，全面落实党中央“大规模培训干部、大幅度提高干部素质”的战略任务，努力培养造就一支“政治坚定、业务扎实、作风过硬、廉洁自律”的高素质工会干部队伍，为坚持走中国特色社会主义工会发展道路提供组织保证、人才保证和智力支持。

5. 基层工会干部教育培训的基本原则

（1）坚持服务大局、以人为本

为适应经济社会发展和工会工作需要，围绕党和国家大局积极稳妥推进干部教育培训改革，突出工会干部在学习培训中的主体地位，强化培训需求导向，坚持干什么学什么、缺什么补什么，切实增强培训的针对性和实效性。

（2）坚持全员培训、注重实效

培训对象覆盖专兼职工会干部。遵循分级、分类原则，大规模、多形式、多渠道开展工会干部教育培训，注重提升工会干部综合素质和工作水平，实现培训规模和培训实效相统一。

（3）坚持联系实际、学用结合

倡导理论联系实际的良好学风，提升广大工会干部解决实际工作难题的能力。

6. 基层工会干部教育培训的培训重点

在基层，非公有制企业工会主席、工会干部院校教师、乡镇（街道）以及社会化工会工作者是重点培训对象。

基层工会干部教育培训，以提升工会干部组织动员、沟通协调、协商谈判和化解矛盾的能力为重点确定培训内容。

7. 基层工会干部培训的方法和要求

（1）以工会干部需求为导向，不断提高工会干部教育培训的统筹性、针对性和实效性

工会干部教育培训要适应“以问题为导向、以能力为核心”的干部学习特点，注重个人参与，综合运用组织调训与自主选学、脱产培训与在职自学、境内培训与境外考察相结合的方式，切实注重培训的质量和效益。要改进教育培训方式，积极推行讲授式、研究式、案例式、模拟式、体验式等教学方法。积极创造条件，把课堂教学与现场教学、工作考察结合起来，提高培训效果。

对广大基层工会干部，要积极采取就近、就地、短期、专题培训、送教上门等多种形式开展培训工作，要更多地提供“菜单式”“学分制”“咨询式”等培训服务，增强培训的吸引力。有条件的地方，可试行组织讲师团，到基层工会开展流动培训，或组织工会干部参加所在地高等院校相关专业课程的选学。大力推广网络培训、远程教育、电化教学，不断增强工会干部教育培训工作的统筹性、针对性和实效性。

（2）优化结构，强化训练，依靠高素质的工会干部教育培训师资队伍

教师是提高工会干部教育培训质量的关键。当前全国工会按照“素

质优良、规模适当、结构合理、专兼结合”的原则，切实加强工会干部教育培训师资队伍建设。基层工会干部培训，应依靠当地工会院校专职教师队伍的同时，积极选聘实际工作经验丰富、理论水平较高的党政领导、工会干部及相关专家学者开展多课程培训，实现资源共享。同时，要有计划地对负责工会干部教育培训管理人员进行培训，不断提高其素质和组织管理能力，为工会干部培训工作提供优质高效的服务。

（3）立足工会，突出特色，选择科学的工会干部教育培训教材体系

在全国总工会的统筹下，工会干部培训教材建设坚持少而精的原则，着眼于提高工会干部的综合素质和胜任工会工作的能力，逐步建立起适应全国不同层次工会干部培训要求、体现工会工作时代特点的科学适用的教材体系。全国总工会负责组织编写了“十二五”全国工会干部教育培训教材，并对“十一五”全国工会干部培训系列教材进行全面修订，作为“十二五”期间对全国各级各类工会干部进行教育培训的基础教材，由中国工人出版社出版。中国劳动关系学院和具备条件的省级工会及其干部院校，组织编写突出本地区、本产业工会工作特色的培训教材、讲义和教学大纲。积极适应信息化社会干部教育培训的特点，制作出版具有较高水平的工会干部教育培训专题教学录像带和光盘等音像教材，为基层工会组织培训和工会干部自学创造条件。全国总工会将适时对各类工会干部培训教材进行抽检和评选，逐步形成全国工会系统不同教学层次的教材体系，不断统一规范全国工会干部教育培训工作。在开展基层工会干部教育中，要认真地根据本地实际、干部培训需要，选择科学适用的教材。

（4）积极利用全国工会干部教育培训网络平台建设，不断提升培训工作信息化科学化水平

适应科技发展需要，大力推广网络培训。现在，全国总工会在建立完善全国工会干部教育培训网站（px. workercn. cn）的基础上，进一步创建完善功能完备、高效快捷的全国工会干部网络在线学习平台，不断满足广大工会干部特别是基层和边远地区工会干部，通过远程网络教育获得相关知识和接受培训的迫切需求。按全国总工会要求，各级工会教育培训主管部门和工会干部院校，有专人负责工会干部远程教育培训工作，及时报送培训信息，推荐优秀教师进入全国工会干部教育培训师资库，为工会干部网上培训、交流答疑、考核发证提供服务。这些都是基层工会干部培训可借用的手段。

（5）切实保证工会干部教育培训所需经费

工会干部教育培训不以营利为目的，举办工会干部培训班有关费用由主管工会拨款，逐步实行根据实际承担的培训任务划拨培训经费的办法，所需经费需按一定比例列入各级工会年度经费预算，并做到逐年有所增加。加强对工会干部教育经费的管理，完善经费“跟着培训项目走”的管理办法，严格实行专款专用，提高培训经费的使用效益。

（6）积极争取党委和政府对工会干部教育培训工作的重视和支持

工会组织应主动向同级党委干部教育培训主管部门汇报工作，积极争取把工会干部教育培训纳入党政干部培训范畴。有条件的地方，逐步将工会工作重要课程引入国家级干部学院及各级党校培训内容，把工会领导干部培训班列入党委统筹规划的干部培训主体班次。主动与党委和政府有关部门协调配合，研究解决工会干部教育培训工作中的有关问题，争取给予工会干部教育培训工作更多的资源，使工会干部教育培训工作获得更快的发展。

8. 工会干部教育培训工作管理体制和运行机制

全国工会干部教育培训工作，实行在全国总工会书记处领导下，全国总工会和各级地方工会、各全国产业工会分级管理的体制。各级工会建立由主管领导任组长，干部教育培训主管部门和相关部门负责人为成员的工会干部教育培训工作领导小组。要根据培训工作需要，加强培训主管部门力量，保证有专人负责培训工作。全国总工会组织部作为工会干部教育培训主管部门，负责重点抓好全国工会干部教育培训工作的整体规划、宏观指导、协调服务、督促检查、完善制度、教材编写审定、师资队伍建设以及干部教育培训机构的工作指导。省级以下各级工会组织部门负责本地区、本产业工会干部教育培训的规划、部署和落实。

工会干部教育培训工作运行机制：

（1）坚持和完善体现培训需求的计划生成机制。各级工会组织部门应针对不同工会干部需求拟定培训工作的具体实施意见。各级工会干部院校要组织专门力量调研，准确把握干部需求，科学设计培训项目。工会干部所在单位要根据工作需要和干部成长需要，主动提出培训需求。

（2）坚持和完善以组织调训为主，网络学习、自主选学为辅的参训机制。各级工会组织部门、工会干部院校和干部所在单位负责学员的选送、调训和培训过程中的监管工作，形成重要班次重点调训、主要领导点名调训、自主选学灵活调训的参训机制。

（3）坚持工会干部培训班实行归口管理的审批机制。县级以上工会职能部门、产业工会举办工会干部培训班，必须按有关程序向同级工会干部教育培训主管部门申报，经主管部门审核并报工会领导班子审批后，在工会干部院校或经批准后委托其他培训机构举办，严禁乱办班、乱收费、乱发证。

（4）坚持和完善工会干部学习培训考核机制。根据中央《干部教育培训工作条例（试行）》规定的培训时间要求，提拔担任县处级以上工会领导干部，确因特殊情况在提任前未达到要求的，须在提任后1年内完成培训。

（5）坚持和完善工会干部教育培训工作评估制度。各级工会要建立健全培训工作考评制度，把完成任务情况作为对各级工会组织工作考核的重要指标。要组织学员对培训机构、培训项目、课程设置、师资水平、教学管理、后勤服务等进行测评，及时调整和改进培训工作，不断提高教学质量和服务水平。

（6）坚持和完善工会干部教育培训工作总结通报制度。全国总工会定期组织工会干部教育培训主管部门和培训机构负责人集中培训，每五年召开一次全国工会干部教育培训工作会议，总结培训成果，交流培训经验，通报培训工作。各级工会要定期开展相应工作。

二、以“三家”要求建设高素质工会干部队伍

以“三家”要求建设高素质的工会干部队伍，是新时期工会干部队伍建设的一项重要任务。

1. 什么是“三家”

“三家”：即政治立场坚定、善于协调各方、具有较高驾驭全局和处理复杂局面能力的政治家、社会活动家和协调劳动关系专家。

（1）政治家

政治家一般指有一定的政治主张、代表一定的政治团体利益、主要从事政治活动的人物。

工会组织的政治家应有明确的政治意识、政治观念，坚定的政治立场，讲政治、讲大局，善于从政治上观察问题，具有处理政治问题的能

力与本领。

工会工作说到底是做人的工作，是政治工作，是党的群众工作的重要组成部分，需要在宏观层次上处理好政治关系。工会工作与坚持党的领导、巩固国家政权、发挥工人阶级作用密切相关，在国家的社会政治生活中处于重要地位。

以政治家的标准建设工会干部队伍，要求工会干部树立强烈的政治意识、责任意识和忧患意识，保持正确的政治立场，坚定正确的政治方向，保持清醒的政治头脑，不断增强政治敏锐性和政治鉴别力，在思想上、政治上、行动上与党中央保持高度一致，自觉接受党对工会工作的领导，处理好工会与政府的关系。善于从政治上、大局上认识和把握问题，不断提高驾驭工会工作全局和处理复杂局面的本领，自觉维护工会组织和工人阶级队伍的团结统一，自觉维护安定团结的政治局面，充分发挥工会在党和国家工作大局中的重要作用。

（2）社会活动家

广义的社会活动家一般是指代表特定社会群体利益、从事社会组织宣传、在社会上有一定影响力的人物。

工会组织的社会活动家应树立社会意识、参与社会事务管理、运用一定的社会活动方式开展工作。工会作为工人阶级群众组织，履行职能和发挥作用，需要党委的领导和政府的支持，需要社会各方面的配合。这就要求工会干部特别是领导干部必须不断提高社会活动能力，善于把工会工作纳入社会的整个运行体系中去运作，把活动空间向社会领域拓展，充分利用社会资源，推进工会工作的社会化；要求工会干部不仅要有单位意识、企业意识，还要有社会意识，强化社会责任，既要维护职工的经济利益、民主政治权利和精神文化权益，还要维护职工的社会权利；要求工会干部具有较强的沟通、协调、组织能力，形成融洽的人际关系，树立良好的社会形象。

（3）协调劳动关系专家

所谓专家一般指对某项专业、学问有专门研究或擅长某项技能的人物。工会组织的协调劳动关系专家，还应当具有其知识、能力、情感等方面的要求。

工会作为社会经济关系矛盾特别是劳动关系矛盾的产物，维护职工合法权益是工会组织的基本职责，这就要求工会干部必须具备协调劳动关系的专业知识和业务能力，善于发现、分析、研究劳动关系的热点、难点问题，运用相关法律法规政策和制度机制，帮助职工解决在劳动就业、收入分配、社会保障、劳动安全卫生等方面遇到的困难和问题；熟悉和掌握职工群众的生产生活与思想状况，尊重和理解职工的意愿要求，对职工群众充满感情，善于开展思想政治工作，理顺情绪、化解矛盾，维护职工队伍和社会政治稳定。

2. “三家”的相互关系

“三家”的要求是相互包容的。政治家、社会活动家和协调劳动关系专家，体现了对工会干部的政治性要求、社会活动能力要求和专业化要求，三者既有联系又有区别，是一个统一的整体。把工会干部培养成为政治家，是关系工会工作方向、原则的重大问题，也是培养社会活动家、协调劳动关系专家的首要条件；把工会干部特别是领导干部培养成为社会活动家和协调劳动关系专家，是工会全面履行各项社会职能、突出维护职能的有力保障，也是培养政治家的基础。

工会工作是一门科学，政策性、业务性很强，要做好这一工作，就要求工会干部必须遵循工会工作的特点和规律，努力成为政治家、社会活动家和协调劳动关系专家。

特别提示：“三家”的要求产生于工会工作实践，又必须主动适应工会工作发展的新形势新变化，不断丰富其新内容新要求。

3. 基层工会干部做“三家”的具体要求

基层工会干部特别是负责人讲政治，要认真学习掌握工会基本理论和专业知识，善于运用法律法规和政策解决涉及职工群众利益的突出问题，努力成为组织动员职工的能手、协调劳动关系的行家、关心服务职工的模范。

从类型上讲，基层工会干部应重点培养社会协调能力和处理劳动关系矛盾的能力，主要培养其业务能力和执行能力，成为本专业本领域协调劳动关系的行家里手。

4. 以“三家”要求建设高素质工会干部队伍的途径和方法

（1）加强领导，制定规划

以“三家”要求建设高素质的工会干部队伍，是一个综合性、整体性的系统工程，是一个不断发展和提高的过程。各级工会应高度重视，加强领导，把它提到重要的议事日程抓紧抓好。要结合不同层次、不同地方工会工作实际和工会干部现状，研究制定近期和中长期发展规划，明确发展阶段与目标，建立一套完整的培养体系，有计划地分期分批加以实施。上级工会要加强对下级工会干部队伍建设的领导，搞好分类指导，提供政策服务。

（2）拓宽渠道，改善结构

积极争取各级党委重视和支持，努力配强配好各级工会领导班子特别是主要负责人。同时要拓宽视野，广揽人才，聘请专家学者作为智囊和“外脑”，改善工会干部队伍的结构，形成工会的外援力量。要适应形势的要求，探索建立基层工会干部职业化、社会化的途径，逐步建立起切实可行的规范管理制度，使之积极稳妥、健康发展。

（3）建立载体，强化培训

要以建立学习型工会组织为重要载体，通过加强工会干部教育培训，进一步增强工会干部教育培训的层次性、针对性和实效性，大力提倡学习之风，使工会干部在不断提高自身政治素质的同时，熟悉社会主义市场经济、劳动就业、工资分配、社会保障、劳动保护、劳动争议处理等方面的法律法规政策及必要的企业管理知识，掌握与企业协商谈判的策略和技巧，不断提高协调劳动关系的实效。

围绕“三家”要求，对不同层次和类别的工会干部，要有不同的培训内容、形式和方法。对于基层工会干部，要以提高履行岗位职责能力为核心，努力提高政治素质、业务水平和实际工作能力；对于工会专门人才，要以提高专业技能为核心，强化新知识、新技能的学习和实际能力的培养锻炼。

（4）加强锻炼，增长才干

要创造条件，在实践中锻炼和增长工会干部的才干。要积极争取党委、政府和社会有关方面的支持，在不断推进工会干部在系统内外调任、转任的同时，进一步拓宽渠道，有计划地安排干部，特别是优秀中青年干部，到党政领导机关、大型企业担任一定领导职务或到基层挂职锻炼，在实践中丰富知识、积累经验、提高组织协调和分析解决实际问题等方面的能力。

（5）健全制度，夯实基础

要以加强“三家”队伍建设为契机，按照“三家”的要求，不断拓宽选人用人渠道，努力建设一支政治立场坚定、业务能力过硬、群众观念牢固、工作作风严谨的高素质工会干部队伍。

要进一步完善工会干部业绩考核和激励约束机制，引导形成促使广大工会干部愿为职工干事、会为职工干事、能为职工干成事的环境氛围和用人导向。探索建立工会干部履行职责的奖惩机制，设立基层工会干部履行职责的保障基金，对在履行职责中有重大贡献的工会干部，给予表彰；对因依法履行职责受到打击报复和不公正待遇的工会干部，提供法律援助与生活救助；对不履行职责的工会干部，进行通报批评，责令改正，从而进一步提高工会干部履行职责的责任与能力。

三、选好配强社会化工会干部

1. 社会化工会干部的来源渠道

县（含县）以上总工会从社会公开招聘（或使用社会公益岗位）、工资由工会承担发放，定向选派到县级行业工会联合会、乡镇（街道）总工会、乡镇（街道）工会委员会、县以下区域性、行业性基层工会联合会专职从事工会工作的人员称之为社会化工会工作者。为乡镇（街道）工会和县以下区域性行业性基层工会联合招聘配备专职工会工作者，是目前解决这一层级无人干事问题的有效措施。

区域性行业性基层工会联合会专职工作人员通过一定程序，可以从企业优秀工会干部中聘用，可以从大学毕业生中聘用，也可以聘用曾经从事过党群工作的人员，或利用社会公益性岗位聘用等多种途径和方式。

2. 配备原则

区域性行业性基层工会联合会专职工作人员的聘用，既要统筹规划、大力推进，又要坚持从实际需要出发，按需聘用，避免盲目追求数量。从各地情况看，企业相对集中、会员人数较多的东部沿海发达地区，可以千名左右会员聘用 1 名专职工会工作人员；企业比较分散、会员人数较少的中西部地区，可以每 500 名左右会员聘用 1 名专职工会工作人员。

聘用的专职工会工作人员定向到区域性行业性基层工会联合会担任主席、副主席职务，应经民主程序，也可以专职从事工会工作。

3. 管理与保障

要加强对聘用区域性行业性基层工会联合会专职工作人员的管理工作，签订劳动合同或聘用合同，建立健全相关规章制度，研究新情况解决新问题，保障其应当享有的各项法定权利，保持其队伍的稳定性。

聘用的专职工会工作人员的工资由地方工会（主要为省、市级工会即使用单位）分级负担。2010 年，全国总工会出台了《关于开展区域性、行业性基层工会联合会聘用专职工作人员工资分级负担试点工作的通知》，决定投入 1000 万元，对 5 省（市）总工会、5 个城市（区）总工会进行社会化工会工作者工资分级负担（社会化工会工作者工资全总负担 200 元）试点，2011 年，全总将实现社会化工会工作者工资分级负担全覆盖。利用社会公益岗位政策选聘的社会化工会工作者工资，由工会组织协调人力资源和社会保障部门，落实国家规定的相应补贴和社会保障。

四、工会干部的权益维护

加强规划干部队伍建设必须建立对工会干部依法保护制度。完善有效的管理、保护制度是保证工会干部队伍健康发展和发挥作用的根本保障。

《工会法》《企业工会工作条例》和 2007 年中华全国总工会制定的《企业工会主席合法权益保护暂行办法》都对工会干部合法权益的保护提出明确规定。工会主席、副主席任期未满，任何组织和单位不得随意调动其工作。因工作需要调动时，应当征得本级工会委员会和上一级工会同意，依法履行民主程序。工会专职主席、副主席自任职之日起，其劳动合同期限自动延长，延长期限相当于其任职期；非专职主席、副主席或者工会委员会委员自任职之日起，其尚未履行的劳动合同期限短于任期的，劳动合同期限自动延长至任期期满。任职期间因个人严重过失或者达到法定退休年龄的除外。工会主席因工作不善只需要罢免、撤换时，须经会员大会或者会员代表大会无记名投票过半数通过，其工资待遇、社会保险费用等，可以由企业支付，也可以由上级工会或者工会与其他方面合理承担。

1.《工会法》对工会干部的管理与保护的规定

必须保证有一定数量的工会骨干分子，使他们有充分的时间和精力从事工会工作。《工会法》第十三条规定：“职工二百人以上的企业、事业单位的工会，可以设专职工会主席。工会专职工作人员的人数由工会与企业、事业单位协商确定。”

必须保持工会组织的健全完善，使其能够独立自主地开展工作。《工会法》第十二条规定：“任何组织和个人不得随意撤销、合并工会组织。”

必须严格调整工会主席工作岗位的权限，保证工会主席任期内的稳定性。《工会法》第十五条规定：“基层工会委员会每届任期三年或者五年。各级地方总工会委员会或产业工会委员会每届任期五年。”第十七条规定：“工会主席、副主席任期未满时，不得随意调动其工作。因工作需要调动时，应当征得本级工会委员会和上一级工会的同意。”

必须规范罢免工会主席的合法程序，杜绝随意罢免工会主席问题的发生。《工会法》第十七条规定：“罢免工会主席、副主席，必须召开会员大会或者会员代表大会讨论，非经会员大会全体会员或者会员代表大会全体代表半数通过，不得罢免。”

必须坚决制止随意解除、终止工会干部劳动合同现象的蔓延，保证其能更好地履行依法维护职工合法权益的职责。《工会法》第十八条规定：“基层工会专职主席、副主席或者委员自任职之日起，其劳动合同期限自动延长，延长期限相当于其任职期间；非专职主席、副主席或者委员自任职之日起，其尚未履行的劳动合同期限短于任期的，劳动合同期限自动延长至任期期满。”

必须明确兼职工会干部占用工作时间从事工会工作的合法待遇。《工会法》第四十条规定：“基层工会的非专职委员占用生产或者工作时间参加会议或者从事工会工作，每月不超过三个工作日，其工资照发，其他待遇不受影响。”

必须追究侵犯工会组织和工会干部合法权益所应承担的法律责任，明确对侵权主体的处罚措施。针对侵犯工会组织合法权益的问题，《工会法》第五十三条规定；对“非法撤销、合并工会组织的”“由县级以上人民政府责令改正”。针对侵犯工会干部合法权益的问题，第五十一条规定：“对依法履行职责的工会工作人员无正当理由调动工作岗位，进行打击报复的，由劳动行政机部门责令改正、恢复原工作；造成损失的，给予赔偿。对依法履行职责的工会工作人员进行侮辱、诽谤或者进行人身伤害，构成犯罪的，依法追究刑事责任；尚未构成犯罪的，由公安机关依照治安管理处罚条例的规定处罚。”第五十二条规定：“工会工作人员因履行本法规定的职责而被解除劳动合同的”，“由劳动行政部门责令恢复其工作，并补发被解除劳动合同期间应得的报酬，或者责令给予本人年收入二倍的赔偿”。

《工会法》的上述规定，构成了从工会组织到工会干部、从专职干部到兼职干部、从程序到权限、从合法权益到法律责任等方面对工会干部的全方位保护。

2.《企业工会主席产生办法（试行）》对企业工会主席的管理和待遇的规定

《企业工会主席产生办法（试行）》第十九条：“企业工会主席选举产生后应及时办理工会法人资格登记或工会法人代表变更登记。企业工会主席一般应按企业副职级管理人员条件选配并享受相应待遇。公司制企业工会主席应依法进入董事会。”

《企业工会主席产生办法（试行）》第二十条规定：“企业工会主席由同级党组织与上级工会双重领导，以同级党组织领导为主。尚未建立党组织的企业，其工会主席接受上一级工会领导。”

《企业工会主席产生办法（试行）》第二十一条规定：“职工二百人以上的企业依法配备专职工会主席。由同级党组织负责人担任工会主席的，应配备专职工会副主席。企业应依法保障兼职工会主席的工作时间及相应待遇。”

《企业工会主席产生办法（试行）》第二十二条规定：“企业工会主席任期未满，企业不得随意调动其工作，不得随意解除其劳动合同。因工作需要调动时，应当征得本级工会委员会和上一级工会同意，依法履行民主程序。工会专职主席自任职之日起，其劳动合同期限自动延长，延长期限相当于其任职期间；非专职主席自任职之日起，其尚未履行的劳动合同期限短于任期的，劳动合同期限自动延长至任期期满。任职期间因个人严重过失或者达到法定退休年龄的除外。罢免、撤换企业工会主席须经会员大会全体会员或者会员代表大会全体代表无记名投票过半数通过。”

《企业工会主席产生办法（试行）》第二十三条规定：“由上级工会

推荐并经民主选举产生的企业工会主席，其工资待遇、社会保险费用等，可以由企业支付，也可以由上级工会或上级工会与其他方面合理承担。”

3.《企业工会主席合法权益保护暂行办法》等对企业工会主席合法权益保护的规定

《企业工会主席合法权益保护暂行办法》第四条规定：“企业工会主席因依法履行职责，被企业降职降级、停职停薪降薪、扣发工资以及其他福利待遇的，或因被诬陷受到错误处理、调动工作岗位的，或遭受打击报复不能恢复原工作、享受原职级待遇的，或未安排合适工作岗位的，上级工会要会同该企业党组织督促企业撤销处理决定，恢复该工会主席原岗位工作，并补足其所受经济损失。在企业拒不纠正的情况下，上级工会要向企业的上级党组织报告，通过组织渠道促使问题的解决；或会同企业、行业主管部门、或提请劳动行政部门责令该企业改正。”

《企业工会主席合法权益保护暂行办法》第五条规定：“企业工会主席因依法履行职责，被企业无正当理由解除或终止劳动合同的，上级工会要督促企业依法继续履行其劳动合同，恢复原岗位工作，补发被解除劳动合同期间应得的报酬，或给予本人年收入二倍的赔偿，并给予解除或终止劳动合同时的经济补偿金。在企业拒不改正的情况下，上级工会要提请劳动行政部门责令该企业改正，直至支持权益受到侵害的工会主席向人民法院提起诉讼。对于发生劳动争议，工会主席本人申请仲裁或者提起诉讼的，应当为其提供法律援助，支付全部仲裁、诉讼费用。”

《企业工会主席合法权益保护暂行办法》第六条规定：“企业工会主席因依法履行职责，被故意伤害导致人身伤残、死亡的，上级工会要支持该工会主席或者其亲属、代理人依法追究伤害人的刑事责任和民事责任。对于被故意伤害导致人身伤残的工会主席，上级工会要视其伤残程度给予一次性补助；对于被故意伤害导致死亡的工会主席，要协助其直系亲属做好善后处理事宜，并给予一次性慰问金。

《企业工会主席合法权益保护暂行办法》第七条规定：“企业工会主席因依法履行职责，遭受企业解除或终止劳动合同，本人不愿意继续在该企业工作、导致失业的，上级工会要为其提供就业帮助；需要就业培训的，要为其免费提供职业技能培训。在该工会主席失业期间，上级工会要按照本人原岗位工资收入给予补助，享受期限最多不超过六个月。”

《企业工会主席合法权益保护暂行办法》第八条规定：“企业非专职

工会主席因参加工会会议、学习培训、从事工会工作，被企业扣发或减少工资和其它经济收入的，上级工会要督促企业依法予以足额补发。”

《企业工会主席合法权益保护暂行办法》第九条规定：“各级工会领导机关要建立保护企业工会主席责任制，逐级承担保护企业工会主席合法权益的职责。企业工会的上一级工会要切实负起责任，保护所属企业工会主席的合法权益。”

《企业工会主席合法权益保护暂行办法》第十条规定：“县（区）级以上工会领导机关要设立工会干部权益保障金，省级工会50万元、地（市）级工会30万元、县（区）级工会10万元，年末结余滚存下一年度使用。当年使用不足时可以动用滚存结余，仍不足时可追加。本级工会经费有困难时，可向上级工会提出补助申请。要切实加强工会干部权益保障金的管理，专款专用。各级工会经费审查委员会要加强审查和监督工作。”这笔保障金的设立，为保护工会干部合法权益提供了物质基础。

《企业工会主席合法权益保护暂行办法》第十一条规定：“县（区）级以上工会领导机关要建立由组织部门牵头、相关部门参加的工作协调机构，受理下级工会或企业工会主席的维权申请、核实、报批和资料存档等相关事宜。当工会主席合法权益受到侵害后，工会主席本人或者其所在企业工会组织向上一级工会提出书面保护申请及相关证明材料；上一级工会要及时做好调查核实工作，采取相应保护措施。需要支付保障金的，要按照隶属关系向县（区）级地方工会提出申请。县（区）级以上地方工会应依据实际情况，及时向合法权益受到侵害的工会主席支付权益保障金。”

《中国工会章程》第三十五条规定：“各级工会组织关心工会干部的思想、学习和生活，督促落实相应的待遇，支持他们的工作，坚决同打击报复工会干部的行为作斗争。县和县以上工会设立工会干部权益保障金，保障工会干部依法履行职责。”

五、工会会员教育

工会是工人学习的大学校。加强会员教育是提高会员素质的根本途径。随着改革开放的不断深入，社会利益关系更趋复杂，劳动者就业结构和方式不断变化，各种思想文化相互激荡，职工思想活动的独立性、选择性、多变性、差异性明显增强，企业工会的组织形式、工作任务、工作机制和活动方式也随之发生了深刻的变化，迫切需要加强工会会员的组织意识、会员意识、参与意识和责任意识的教育与培养。

1. 总体要求

会员教育不同于正规院校的教育，也不同于工会组织的职工素质教育，有其自身特殊的教育内容。各级工会应采取多种形式，广泛开展会员群众喜闻乐见、丰富多彩、寓教于乐、寓教于学的活动，对会员群众进行政治理论、经济知识、科学文化、业务技术、法律常识、道德修养等全面教育。

2. 工会意识教育

各级工会特别是基层工会要组织广大职工和会员学习《工会法》和《中国工会章程》，学习中国工人运动的光荣历史，学习宣传实践中国特色社会主义工会发展道路，进行工会基本知识的教育，使他们了解工会的性质、作用和任务，充分认识工会是广大职工利益的代表者和维护者，只有参加工会，依靠组织，才能有效地维护自身的合法权益；只有参加工会，接受教育，才能成为一名合格的工人阶级成员；只有参加工会，融入组织，才能维护工人阶级队伍的团结和工会组织的统一。通过教育，启迪和引导职工提高加入工会的自觉性和主动性，增强参加工会组织的光荣感和自豪感，增强维护工会组织团结统一、维护工会组织形象的意识。

3. 会员意识教育

工会会员是工会组织发挥作用的主体。工会组织要有凝聚力，首要的是增强会员群众的会员意识。只有广大会员群众知道为什么参加工会、怎样做一名合格的工会会员，才能在工会组织这个集体中发挥自己的作用。因此，工会要加强对会员权利和义务的宣传教育，使会员自觉遵守工会章程，正确行使权利，切实履行义务。要让会员充分享受工会各项优惠待遇和奖励，增强工会组织的吸引力和凝聚力。

4. 参与意识教育

工会工作的开展，是通过工会会员积极参加工会活动、参与工会内部事务管理、参与工会重大决策、充分行使自己的民主权利来实现的。

组织会员开展工会活动是工会履行职能、实现目标的手段和载体，活动的效果既取决于工会干部的动员、组织和精心筹划，更取决于会员群众的主动参与和大力支持。

工会要保持生机和活力，必须依靠会员群众开展工作，必须依靠会员群众民主决策工会重要事项，必须实行开门办会，必须把工会工作始终置于会员群众的监督之下，与会员群众保持密切的联系。因此，工会组织开展活动必须以尊重会员、为了会员、依靠会员为出发点，以会员的意愿和主动参与为前提，充分依靠会员来开展工会工作。要教育和引导广大会员增强参与意识，积极参与工会重要事项的决策，参与工会的各项活动，在参与工会活动中体现自己的意愿，在参与活动中实现自己的意愿。

5. 责任意识教育

会员的权利和义务是统一的，是相互依存、相辅相成、不可分割的。工会在保障会员群众享有权利的同时，要教育会员遵守工会章程、执行工会决议、履行会员义务、关心工会工作、参加工会活动、按时交纳会费，培养会员的主人翁责任感。还要教育会员加强自我教育和自我管理，不断提高思想政治素质和职业道德水平，遵守工作纪律、团结友爱、互帮互助，维护工会组织内部团结、和谐、统一。要教育会员团结和引导身边更多的职工群众加入工会组织，不断壮大工会组织。

六、工会积极分子培养

建立工会积极分子队伍，依靠积极分子开展工作是由工会的性质决定的。在发展社会主义市场经济的过程中，工会专职干部大量减少，协调劳动关系的任务日益繁重，工会工作力量与工作任务的矛盾十分突出，迫切需要努力培养和建设一支宏大的工会积极分子队伍，善于和充分依靠积极分子开展活动。

1. 工会积极分子的内涵

(1) 什么是工会积极分子

工会积极分子，是指不脱离生产（工作）岗位，兼职从事工会工作的人员。

（2）工会积极分子主要包括哪些人员

一部分是指不脱离生产（工作）岗位的基层工会委员会、经费审查委员会、车间（科室）工会委员会和各专门工作委员会的正副主席、正副主任、委员、干事；工会正副小组长、小组干事；职代会各专门工作委员会（小组）成员、车间（科室）职工代表团（组）长、主持班组民主管理工作的职工代表。

另一部分是指利用业余时间，在各项工会工作和活动中，由工会聘请经常担负某项具体工作（活动），热情为职工群众服务的会员，如俱乐部工作人员、图书馆管理人员、广播员、电影录像放映员、劳动保护监督检查员、技协会员、各种业余文化体育活动队的领队和教练员；由工会聘请的法律顾问或律师、参与平等协商谈判的职工代表、企业劳动争议调解委员会委员等。

2. 工会积极分子的特点

工会积极分子具有以下特点：

（1）业余性。业余性即不脱离生产（工作）岗位，不占用生产（工作）时间或主要靠业余时间做工会工作。业余性也体现了义务性，尽管一些单位给积极分子一定数量的津贴，但这些津贴与他们付出的劳动相比，是微不足道的。

（2）自愿性。自愿性即在其主观自愿的前提下从事工会工作和活动。

（3）受群众拥护。受群众拥护指工会积极分子是受职工群众拥护、被职工群众信赖的会员。

工会组织的活力源泉来自会员群众，工会组织的各项工作，只有通过广大会员群众和积极分子的支持、参与，才能落到实处。因此，依靠会员群众办工会，建立一支密切联系群众的工会积极分子队伍，既壮大了工会工作的力量，又体现了工会组织群众化的特点。

3. 工会积极分子的选拔

（1）工会积极分子选拔的原则

工会积极分子的选拔即工会积极分子的产生方式。选拔工会积极分子必须坚持发扬民主、注重质量、本人自愿的原则。

（2）工会积极分子的选拔方式

一般可通过群众推荐、会员自荐、组织聘请或邀请等方式，选拔适宜人员。工会积极分子的选拔是一项经常性的工作，要根据工作需要及时调整和充实。一方面，通过经常性的选拔，使更多的职工群众能够承担工会某个方面的工作，形成“会员办会”的良好氛围；另一方面，使更多的会员通过担任积极分子工作，亲身体验工会工作的重要，增强会员的责任感，在工作中更好地发挥作用。

（3）工会积极分子应具备的条件

①热爱工会工作。

②密切联系群众，热心为群众办事，在群众中有一定威信。

③甘于奉献，有某方面的特长和爱好。

④具有一定的组织能力、社交能力和活动能力。

4. 工会积极分子的培养

工会积极分子的培养是指采用脱产、不脱产、举办讲座等多种形式，对工会积极分子进行工会知识、工会理论业务培训和辅导，提高其素质，发挥其作用。通过培养，使工会积极分子熟悉工会工作基本知识、政策法规和业务技能，拓宽联系职工群众的渠道，学习掌握工作方法，不断提高利用各种方式开展灵活多样、富有成效的工会工作的能力。

5. 工会积极分子的管理

工会积极分子的管理是对工会积极分子选拔、培养、使用、待遇、考核、奖励等项工作的统称。这是基层工会组织的一项重要工作，基层工会应有专人负责和分管这项工作，并不断建立健全各项制度和措施，以更好地发挥积极分子的作用。

6. 工会积极分子队伍建设

工会组织历来十分重视工会积极分子队伍建设，早在 1957 年全国总工会就专门召开过全国工会积极分子代表会议，对在工作中作出成绩的优秀工会积极分子进行了表彰。中国工会九大以后，历届全国工会代表大会，都对工会积极分子给予了表彰。目前，全国拥有工会积极分子上千万人，他们扎根于会员群众之中，对活跃基层工会工作起到了重要作用。在发展社会主义市场经济的新的历史时期，各级工会组织应当更加重视工会积极分子队伍建设，关心、爱护、支持、帮助工会积极分子，充分发挥他们在活跃基层、推进工会工作发展中的重要作用。全国总工会《关于进一步加强基层工会工作的决定》中明确提出，要建立一支宏大的工会积极分子队伍，形成“专兼群”相结合的基层工会工作者队伍。《企业工会工作条例》也强调要建立工会积极分子队伍，发挥工会积极分子作用，以适应形势发展和基层工会工作需要。加强工会积极分子队伍建设应着重抓好以下几项工作：

（1）政治上帮助提高

要教育工会积极分子认真学习马列主义、毛泽东思想、邓小平理论和“三个代表”重要思想，全面贯彻科学发展观，用党的基本理论、基本路线、基本方针武装头脑，牢固树立正确的世界观、人生观、价值观，树立远大的理想和无私奉献的精神，努力做好各项工作。

（2）业务上加强培训

要通过多种渠道、多种形式，对工会积极分子进行培训。根据工会积极分子所承担的不同任务，区别不同情况，采取脱产轮训、业余培训、结合工作一事一训、以会代训等灵活多样的方式，组织他们学习和交流，不断提高他们的业务素质和工作能力。

（3）工作上重视支持

工会组织要重视和帮助他们妥善处理本职工作与工会工作的矛盾。在安排积极分子工作时，可本着“一人一事，一事多人”的原则，不要使他们兼职过多、负担过重。特别是当积极分子兼做工会工作与本职工作发生矛盾时，工会组织要出面与行政领导协商解决。当工会积极分子遇到不公正待遇或遭到打击报复时，工会组织要及时给予保护。

（4）生活上关心爱护

工会组织要经常了解工会积极分子在工作、生活方面的困难和问题，从本单位实际出发，积极与党政协调，帮助他们解决实际困难，为工会积极分子开展工作创造良好的外部环境，使他们能够充分展示自己的才能，更好地发挥作用。同时，要按照全国总工会《关于进一步加强基层工会工作的决定》《企业工会工作条例》的规定，对基层工会积极分子，给予适当的经济补贴。

第十章　做好基层工会工作的载体 增强基层工会组织活力

一、建设职工之家和职工小家

基层工会组织要有效地发挥作用，提高工作水平，增强工会组织的凝聚力，必须依托一定的载体作为开展工作和活动的平台。目前，综合考核、评价基层工会工作的主要载体是建设职工之家活动，要把它作为基层工会工作的目标和方向，力争把更多的基层工会建设成为职工信赖的职工之家。

“建家”工作是一项系统工程，必须正确把握其工作的指导思想、原则、目标、基本要求，建立一套科学的管理办法和规范有序的运行机制，使之健康地向前发展，不断提高“建家”水平。

（一）建设职工之家

1. 建设职工之家的由来

1983 年 3 月 14 日，中央书记处研究工会“十大”有关问题时指出：工会的性质和任务应当是在党的领导下，代表工人阶级利益、为工人阶级办事的组织。今后工会工作一定要从自己是党领导下的群众组织这个特点出发，切切实实地为职工办事，办些具体的好事，把职工的积极性调动起来；一定要维护职工的具体利益，勇敢地扶植正气、压制邪气，在社会和国家生活中起积极作用；一定要面向工厂、面向工人，密切联系群众，反映职工的呼声和要求，真正成为“职工之家”“工人之友”。

1984 年，为贯彻党中央的指示精神，全总书记处在讨论工作任务时，明确提出要把工会自身建设，特别是基层工会组织的建设提到一个突出的位置，通过整顿把工会基层组织建成“职工之家”。全国总工会于 1984 年 5 月 1 日正式作出了《关于整顿工会基层组织，开展建设“职工之家”活动的决定》，拉开了在全国基层工会组织普遍开展建设职工之家活动的序幕。

“建家”以全国总工会在不同阶段发出关于“建家”的《决定》《意见》为标志，活动大致分为五个阶段。

（1）第一阶段是“组织整顿”阶段

时间是1984～1988年。按照中央的指示精神，根据全总“整顿建家”的要求，各地用三年左右的时间，有计划、有步骤地对全国40多万个基层工会普遍进行一次整顿，把工会组织逐步建设成为名副其实的职工之家。

这个阶段的主要工作是整顿工会基层组织，解决“有相当数量的基层工会组织不够健全、工作不够活跃、联系群众不够密切”的问题，企业工会主席按照同级副职配备，建立各项工作制度，兴建一批职工文化体育活动阵地，建立工会积极分子队伍。同时，在解决职工生活方面做了许多好事实事。经过4年的努力，按照“整顿建家”的六条标准验收，全国有37.8万个基层工会成为合格的职工之家，并涌现出一批先进职工之家和模范职工之家。

（2）第二阶段是“深入推进”阶段

时间是1990～1996年。为巩固“整顿建家”成果，增强基层工会活力，更好地服务于改革、发展、稳定的大局，全国总工会于1990年5月作出了《关于继续深入开展建设职工之家活动的决定》，明确提出了六条基本要求。

这一阶段的“建家”活动，坚持以经济建设为中心，紧紧抓住全心全意依靠工人阶级根本指导方针的贯彻落实，明确工会基层工作要在企业改革发展稳定中发挥作用，形成了以履行“维护、建设、参与、教育”职能为构架的新的工作格局。特别是普遍开展了建设职工小家活动，切实把职工群众动员起来，使工会工作深入到车间、班组，使其更具活力。

（3）第三阶段是“提高水平”阶段

时间是1997～2003年。为适应我国改革开放新形势对工会基层工作的要求，1997年全国总工会下发了《关于贯彻落实工会工作总体思路，把建设职工之家活动提高到一个新水平的意见》，确立了在深化改革过程中，基层工会工作的任务是适应建立社会主义市场经济体制带来的经济关系和劳动关系的变化，全面履行各项职能，突出维护职能；明确工会在协调劳动关系中的地位，并建立与之相适应的工作机制和组织机制；明确维护职工合法权益是工会的基本职责，是新时期开展建设职工之家活动的重要指导原则。

这一时期，还在外商投资企业、私营企业和乡镇企业工会组织中开展了以“双爱双评”为主要内容的建设职工之家活动，工会基层工作水平有了新的提高。

（4）第四阶段是“创新发展”阶段

时间是 2003～2009 年。进入新世纪新阶段，为适应加快推进社会主义现代化的要求，全国总工会于 2003 年 7 月下发了《关于在新形势下深入开展建设“职工之家”活动的意见》，提出了深入开展建设职工之家活动的指导思想和原则、目标和基本要求，建设职工之家活动进入一个新的发展阶段。

这一阶段主要是围绕坚持走中国特色社会主义工会发展道路，贯彻“组织起来、切实维权”工作方针，把维护贯穿于推动改革、促进发展、积极参与、大力帮扶的全过程，发挥基层工会组织作用。

（5）第五阶段是“全面深化”阶段

时间从 2009 年开始。2008 年 12 月 22 日，中央书记处再次提出“把各级工会组织进一步建成名副其实的职工之家”，对建设职工之家活动提出了新的要求。2009 年 6 月，全总下发了《关于开展会员评议职工之家活动的意见》，提出了会员评家的基本内容、方式方法和激励约束机制；2010 年 5 月，全总下发了《关于进一步加强建设职工之家工作、充分发挥基层工会作用的意见》，适应形势任务要求，进一步明确了建设职工之家的基本要求，加大了建设职工之家活动的激励约束力度，并把非公有制企业作为建设职工之家工作的重点。

这一阶段“建家”主要是围绕党和国家工作大局、工会工作全局，按照促进企事业发展、维护职工权益的原则，向所有基层工会全面展开，不断加强基层工会群众化、民主化，激发基层工会活力，充分发挥基层工会作用。

总结全总开展建设职工之家活动 30 年的经验，加强基层工会组织建设，始终是全会的一项基础性工作，始终是工会自身建设的关键环节，建设职工之家工作是加强基层、夯实基础的重要抓手。顺应时代要求、适应社会变化，需要我们切实把“建家”作为一项经常性、长期性工作来抓，在实践中不断探索把握“建家”工作规律，运用好“建家”这一行之有效的载体，进一步巩固建会成果，大力提高建会质量，有效激发工会活力，充分发挥基层工会应有的作用。因此，中国工会十六大通过的《中国工会章程（修正案)》第二十八条“工会基层委员会的基本任务”第八项中，增写了“加强职工之家建设”的内容。

2. 职工之家建设的特点

（1）综合性

“建家”活动包含了基层工会工作的各个方面，是带动基层工作上水平的综合载体。对职工之家的考核是基层工作的综合评定，而不是工会的单项工作、单项活动、单项考核。它具有丰富的工作内容和完整的体系，是对工会工作的整体推进。

（2）广泛性

“建家”活动是全体职工群众参与的活动，得到了党组织和行政的支持，形成了“党政工同唱一台戏，共建一个家”的局面。

（3）基础性

“建家”活动在工会工作全局中具有基础性的地位和作用，目的是夯实工会的组织基础、工作基础，激发基层工会组织的活力，进而促进整个工会组织提高工作水平。

（4）长期性

“建家”活动是工会组织的一项战略性任务，而不是阶段性的工作。它要随着我国政治、经济、社会发展的需要和基层单位的实际情况，不断调整和完善活动内容和方式，与时俱进，常抓不懈。

3. 建设职工之家的意义

近三十年来的“建家”实践表明，这项活动之所以具有较强的生命力，关键在于它生动地体现了中国工会的性质、宗旨和特点，密切了工会组织与职工群众的联系，表达了职工群众对工会组织的期望、信赖和要求。它是加强基层工会工作的有效途径，是充分发挥工会组织作用的重要抓手，是调动和保护职工群众积极性、创造性的有效方法，是加强工会自身建设、增强基层工会活力、提高基层工会工作整体水平的综合性载体，是对坚持走中国特色社会主义工会发展道路的有益实践。在新世纪新阶段，深入开展“建家”活动，是引导广大职工为实现全面建设小康社会宏伟目标作贡献的需要，是密切党和工会与职工群众联系的需要，是推动建立劳动关系和谐企业的需要，是提高工会工作整体水平的需要。面对新的形势和任务，实践中国特色社会主义工会发展道路，落实“组织起来、切实维权”的工作方针，就要充分认识深入开展“建家”工作的重要性，增强“建家”的责任感，提高“建家”的自觉性，进一步加强领导，把“建家”工作摆上重要议事日程，建立完善“建家”工作机制，努力形成抓“建家”工作的合力，不断提高基层工会“建家”工作水平。

4. 开展“建家”活动的指导思想

新形势下深入开展“建家”活动的指导思想是：以邓小平理论、“三个代表”重要思想、科学发展观为指导，学习贯彻习近平总书记系列重要讲话精神，坚持走中国特色社会主义工会发展道路，认真落实“组织起来、切实维权”工会工作方针，紧密围绕企业、事业单位、机关的中心任务，推动党的全心全意依靠工人阶级根本指导方针的贯彻落实，依法规范工会基层组织建设，切实履行工会维护职工合法权益的基本职责，努力把工会的重点工作落实到基层，不断增强工会基层组织的凝聚力和吸引力，提高基层工会组织的整体水平，促进企业、事业等基层单位的改革、发展、稳定，为构建社会主义和谐社会，实现全面建成小康社会的宏伟目标作贡献。

5. 开展“建家”活动的原则

（1）服务大局的原则

围绕中心，服务大局，促进发展，正确把握开展“建家”活动与推进企事业单位、机关和其他在全组织建设发展的关系，把广大职工的智慧和力量凝聚到搞好企事业单位、机关建设和其他在全组织上来。

（2）突出维护的原则

围绕工会履行维护职工合法权益的基本职责，把推进工会重点工作的落实，作为“建家”活动的重要内容。

（3）依靠群众的原则

突出职工群众在“建家”活动中的主体地位，充分依靠职工群众开展“建家”活动，把职工和会员群众是否满意作为衡量“建家”活动成效的主要标准。

（4）创新发展的原则

“建家”活动要体现时代性、把握规律性、富于创造性，尊重基层的实践，不断赋予“建家”新内容，拓展新领域，注入新活力。

（5）齐抓共建的原则

努力形成党组织统一领导、行政积极支持、工会具体实施、职工热情参与的合力“建家”工作格局。

6. 开展“建家”活动的目标

目标是：适应工会依法履行维护职工合法权益基本职责的要求，着力加强调整劳动关系机制建设，突出抓好为职工群众办实事，大力推进基层工会的群众化、民主化、法制化，努力把基层工会建设成为组织健全、维权到位、工作规范、作用明显、职工信赖的职工之家。

7. 开展“建家”活动的基本要求

（1）健全组织体系

基层工会委员会、经费审查委员会、女职工委员会组织健全，按时换届选举，单独设置工会工作机构，依法独立自主开展工作；依法进行工会法人资格或工会法人代表变更登记；工会主席（副主席）的产生、配备符合有关规定，职工200人以上的单位依法配备专职工会主席；按不低于职工人数3‰的比例配备专职工会干部；加强工会积极分子队伍建设；加强会员会籍管理，职工（含农民工、劳务派遣工）入会率达到85%以上。

（2）促进科学发展

围绕加快经济发展方式转变，深入开展多种形式的争先创优建功立业活动，持续形成劳动竞赛热潮；深入开展以增强自主创新能力为重点、以合理化建议和“五小”活动为内容的职工技术创新活动和“我为节能减排作贡献”活动，推动经济又好又快发展；加强劳动模范（先进工作者）的培养、评选、表彰、宣传和管理，激励职工立足岗位、勇创佳绩。

（3）履行维权职责

建立和完善以职工（教工）代表大会为基本形式的民主管理制度，推行厂务（院务、校务）公开，公司制企业依照有关规定选举职工代表进入董事会和监事会，参与企业管理；深化“共同约定”行动，建立平等协商和签订集体合同制度，协商解决涉及职工切身利益的重大问题；指导和帮助职工签订和履行劳动合同，依法妥善处理劳动争议纠纷，提供法律援助，构建和谐劳动关系；协助和督促企业落实国家各项涉及职工权益的法律法规，遵守劳动安全卫生等规定，做到安全生产无事故；

维护女职工的特殊权益。

（4）提高职工素质

落实《全国职工素质建设工程五年规划》，发挥工会“大学校”作用，深入开展“共筑理想信念、共促科学发展”主题教育活动，弘扬中国工人阶级伟大品格，用社会主义核心价值体系引领职工群众；开展“创建学习型组织，争做知识型职工”活动，培育“四有”职工队伍；开展群众性精神文明创建和文化体育活动，满足职工群众精神文化需求，推动职工文化和企业文化建设。

（5）服务职工群众

以职工最关心、最直接、最现实的利益为重点，认真倾听职工呼声，积极反映职工意愿，提出政策建议和主张；关心职工生产生活问题，指导帮助职工就业，进一步叫响做实“职工有困难找工会”，努力为职工办实事、做好事、解难事；开展“送温暖”“金秋助学”等活动，履行帮扶困难职工“第一知情人”“第一报告人”“第一协调人”“第一监督人”的职责。

（6）加强自身建设

坚持民主集中制，密切联系群众，廉洁自律；健全各项组织制度、民主制度、工作制度，基础资料齐全；坚持会员（代表）大会制度，完善会员代表常任制，实行会务公开，接受会员群众民主评议和监督，保障会员民主权利；开展“创建学习型工会、争做知识型工会干部”活动，加强思想、作风、能力建设，提高工会自身建设科学化水平，建设学习型、服务型、创新型工会；建立单独工会财务账号，独立使用工会经费，收好管好用好工会经费，保护好工会资产；工会工作有创新、有特色。

8. 非公有制企业等开展“建家”活动的要求

（1）非公有制企业开展“建家”活动要从自身特点出发，把“双爱双评”活动与“建家”活动统一起来，逐步提高“建家”水平。在落实“建家”基本要求的内容和标准上，可以与公有制企业有所区别。小型非公有制企业要把依法规范工会组织建设，监督企业改善劳动安全卫生条件，执行国家有关工作时间、休息休假等规定，按时足额发放职工工资，为职工缴纳养老、医疗、失业等社会保险金，依法拨缴工会经费等，作为“建家”的重要内容，切实为职工办实事。

（2）科研、教育、文化、卫生、体育等事业单位和机关工会开展

“建家”活动，要结合本行业、本系统的特点，着力推进基层民主政治建设，组织职工参与本单位的民主管理和民主监督，实行院务、所务、校务和机关内部事务公开，积极反映职工的愿望和要求，协助有关方面提高职工思想道德和业务素质，调动职工的积极性和创造性。

（3）乡镇、街道及社区工会要认真组织所属基层工会开展“建家”活动，并从实际出发，积极探索适应乡镇、街道及社区工会开展“建家”活动的内容和形式，不断拓宽“建家”的领域。

基本要求是：抓好所辖企业工会组建工作和自身组织建设，配备必要的专职工会干部；积极协调所辖区域的劳动关系，做好劳动争议处理工作；直接承担基层工会难以承担的维权工作，努力为职工群众办实事；加强对基层工会干部的培训和保护工作等。

9. 建设职工之家的主要方法和途径

（1）建立完整、规范的工作体系

建立开展“建家”活动的工作体系，是指“建家”要有一套工作标准和工作要求，有一套考核办法，根据活动的内容、条件、标准，制定考核办法并进行评定和比较，定期对“建家”活动进行考核、检查、评比。

基层工会要根据新的形势和新的要求，制订“建家”工作计划，调整工作部署，不断创新“建家”工作格局和运行机制。“建家”规划在兼顾全面工作的同时要突出重点，考核内容和标准不求全、不求高，每年或每个阶段都要有新的重点、亮点，使之与时俱进，富有新鲜感。

（2）形成党政工齐抓共建格局

基层工会要主动取得党组织的领导，把“建家”活动纳入党组织的重要议事日程；积极争取行政支持，为开展“建家”创造条件；工会内部要建立由领导负责、有关部门参加的“建家”工作领导机构，充实“建家”工作力量，努力形成党政工齐抓共建的格局。

围绕发展这个第一要务，牢固树立“建家”就是建企业、就是促进劳动关系和谐发展、就是提高工会工作整体水平的思想，自觉围绕本单位中心工作开展“建家”活动，把基层的难点、热点作为“建家”活动的重点，使“建家”成为党政工工作的一个结合点，形成合力抓“建家”的工作氛围。

（3）坚持与时俱进、不断创新

要依据形势任务的发展变化，不断创新“建家”内容、形式和方法。当前的重点是围绕实践中国特色社会主义工会发展道路，提高工会自身建设科学化水平，落实加强企业工会工作决定和“建家”意见，推动实现“两个普遍”，开展“面对面、心贴心、实打实服务职工在基层活动”等，以促进建设职工之家，推动重点工作的落实。

在创新“建家”形式上，应在依托单位“建家”的同时，探索建立区域性联合职工之家、行业性联合职工之家、流动会员之家、社区职工之家，扩大“建家”对基层工会和职工群众的覆盖。

（4）建立健全激励和约束机制

要完善表彰激励机制，充分调动基层工会开展“建家”活动的积极性。评选先进、模范职工之家是表彰基层工会组织的综合性荣誉称号，应与表彰评选五一劳动奖状、奖章，文明单位和优秀工会工作者等结合起来，通过“建家”活动推动工会重点工作的落实，通过重点工作的推进为“建家”注入活力。

要实行精神奖励和物质奖励相结合，对获得先进、模范职工之家称号的工会组织和工会主席，上级工会和本单位可以给予适当物质奖励。

要强化考核约束机制，定期对获得荣誉称号的基层工会进行复查。对会员不满意的，应提出限期整改要求；逾期未改或经整改仍达不到要求的，撤销其荣誉称号。

（5）实行分类、分层次指导

分类指导应突出针对性，适应不同所有制、不同规模企业和不同类型基层工会的特点与实际，提出不同的“建家”标准，不搞一个模式。

国有、集体企业工会，机关和事业单位工会要认真对照标准，查找差距，把工作重点放在提高“建家”水平和增强工会活力上。

改制企业工会要着力抓好工会组织的整顿和重建工作，发挥职代会作用，切实维护职工合法权益。

非公有制企业工会要适应企业特点，打好基础、规范起步，切实提高规范建设水平。

推动开展“示范乡镇（街道）工会”“示范村（社区）工会”活动，并与建设职工之家活动有机结合，把不同类型基层工会的活力激发出来。

（6）加强“建家”管理工作

职工之家分别设有“合格职工之家”“先进职工之家”和“模范职工

之家”三种荣誉称号。各层次职工之家的考核条件都应尽量细化、量化，使之便于操作和考核。评选表彰各级模范、先进职工之家，创建合格职工之家，要坚持“建家”标准，不搞终身制，严格进行复查验收。同时，改进复查方式，可以实行分片交叉复查的方式，推动其严格约束自己。可以在不同层级的模范、先进职工之家中开展联谊活动，加强横向交流，强化其先进意识，不断攀登新的台阶。

（二）建设联合职工之家

建设联合职工之家，是突破单一基层工会“建家”的传统模式，以区域性行业性工会联合会为主体，联合其所属基层工会组织和会员共同开展“建家”活动的一种“建家”新形式。

联合职工之家的建立，拓宽了“建家”领域，扩大了“建家”范围，实现了“建家”活动更广泛地向小型非公有制企业工会覆盖的转变，有利于实现建设职工之家与区域性行业性基层工会联合会建设、发挥作用的“双促进”“双覆盖”，不断提高基层工会联合会和小型非公有制企业工会工作水平。

建设联合职工之家的主要做法有如下几种：

（1）以整合资源为重点抓联合“建家”

主要坚持“四个联合”：①联合建立组织。由工会联合会与同级党组织、行政、共青团、妇联等共同成立“建家”工作领导小组。②联合使用资源。充分发挥乡镇（街道）、村（社区）活动阵地的优势，以工会联合会为平台，整合各方面资源为职工之家所用。③联合建立制度。包括组织制度、工作制度、民主制度、活动制度等。④联合开展活动。做到工会统一活动与职工个人活动相结合、工会组织活动与有关单位参与活动相结合、工会联合会开展活动与基层工会自主活动相结合。

（2）以创新方法为手段抓具体运转

主要做到“三个坚持”：①坚持“以上领下”、分层“建家”。工会联合会发挥对所属工会的龙头和引领作用，共同“建家”；各所属工会从各自特点出发，开展建“小家”活动。②坚持“以上代下”、层层维权。工会联合会承担基层工会难以完成的具有共同特点的维权工作；所属基层工会履行好各自的维权职责。③坚持“以上带下”、服务职工。运用联合职工之家的阵地带动基层工会共同开展职工文体活动，运用困难职工帮扶站带动基层工会共同为职工群众排忧解难。

（三）建设“职工小家”

广泛开展建设“职工小家”活动，是“建家”活动的延伸和发展。在车间（科室）、班组开展建设“职工小家”活动，是加强工会分会和工会小组建设的有效形式和方法，是对基层工会基础性工作的加强。基层工会要积极开展建设“职工小家”活动。

1. 建设“职工小家”的基本要求

车间（科室）、班组开展建设“职工小家”活动的基本要求是：

（1）加强工会分会、工会小组建设，由会员直接选举工会分会负责人和工会小组长，建立一支热心为职工群众服务的积极分子队伍。

（2）建立健全班组民主管理、民主参与、民主监督制度，定期召开民主管理会议，坚持各项公开制度，积极反映职工群众的意愿和要求。

（3）发扬团结友爱和集体主义精神，搞好互助互济，帮助职工解决实际困难。

（4）组织职工进行政治业务学习，不断提高思想觉悟和职业技能，开展群众性经济技术创新活动，努力完成生产工作任务。

（5）严格监督执行各项安全生产、劳动保护制度，不断改善职工生产工作环境，做好女职工特殊权益保护工作。

（6）加强“职工小家”阵地建设，因地制宜，开展形式多样、丰富多彩的文体活动，满足职工的精神文化需求。

2. 建设“职工小家”的基本内容

（1）建立民主管理制度

建设“职工小家”，就是要调动职工群众的生产积极性，培养职工群众的主人翁责任感。为此，要建立健全以工会小组长和民主管理员进行考核的班组民主管理机构和民主管理等制度，坚持各项制度公开，使奖金分配权、民主评议权、重大问题审议权等落实到车间（科室）和班组。通过建设“职工小家”，使职工直接参与民主管理，培养职工热爱企业、关心企业的良好氛围。

（2）加强思想工作和生活互助

建设“职工小家”要体现群众性的特点，充分发挥工会小组中的党员、团员和党小组长、班组长、工会小组长的作用，促进职工群众间的相互影响、相互启发和相互学习。要通过小组生活会、班组民主会、讲评会等各种群众自我教育的民主管理形式，沟通思想，化解矛盾，建设团结、和谐、友爱的集体。

（3）建设优美的生产生活环境

“职工小家”是职工群众的“第二家庭”，是职工工作、学习、活动的场所。建设“职工小家”，要在企业、事业和机关单位现有条件下，通过会员自己动手，自力更生，改善环境，修整休息室，建设活动室、活动角，改善生产、工作和休息条件，营造舒适、整洁、温暖、优美的环境，增强“职工小家”的吸引力。

3. 建设“职工小家”的关键环节

（1）搞好宣传教育

建设“职工小家”是一项涉及面广、难度大的工作。要通过学习典型、借鉴经验和沟通讨论，提高工会干部对建设“职工小家”的认识，克服不理解和畏难情绪。要宣传好建设“职工小家”活动对车间（科室）、班组建设等方面的积极作用，争取党政领导的支持。要通过形式多样、深入浅出的教育，提高广大职工参与“建家”的积极性。

（2）抓好组织建设

要把工会小组建设好，重要的是调整选配好班组长、工会小组长及班组的组织员、宣传员、民管员、安全员等“几大员”，形成“建家”领导核心，从组织上保证建设“职工小家”活动的顺利开展。

（3）严格考核验收

要健全考核细则和激励机制，坚持考核验收制度，使建设“职工小家”活动有章可循，不断创新发展。要采取车间（科室）工会分会、班组工会小组自检和集中检查等方式，定期对“职工小家”建设进行考核、检查、验收，经验收合格的“职工小家”要予以颁发荣誉证书。

（四）建设职工之家需要正确把握的关系

1. 正确把握建设职工之家与推进企事业发展的关系

基层工会工作是企事业整体工作的一部分。搞活基层工会与发展企事业在目标上是一致的。企事业有了活力，工会才有活力；工会有了活力，又能促进企事业增强活力。从这个意义上说，“建家”也就是建企事业。

2. 正确把握建设职工之家与基层工会建设的关系

两者之间内容和形式是统一的、核心和方向是一致的、出发点和落脚点是一致的。加强基层工会建设是深化“建家”的重要内容，深化“建家”是加强基层工会建设的重要形式，其实质是建设基层工会组织，增强自身活力。建会就是“建家”，基层工会应充分运用“建家”这一有效形式，自觉把自身建设的内容渗透、包括、融合进去，发挥“建家”的龙头作用，提升自身建设水平。

3. 正确把握组织考核与会员评家的关系

会员评家是深化“建家”的中心环节。组织考核与会员评家是两个不同主体对“建家”的评判。上级工会考核和基层工会自查都是组织行为，两者应有机结合、相辅相成。会员评家是对工会工作和工会领导人的监督和评价，职工之家必须以会员群众是否满意作为根本标准。

4. 正确把握工会主抓与各方参与的关系

要以职工群众作为“建家”活动的主体，广泛吸引职工参与“建家”工作，充分依靠工会积极分子开展活动。同时，党政工形成合力，齐抓共建，取得党政在人、财、物等方面的支持，保证“建家”活动顺利进行。

二、开展会员评家活动

1. 开展会员评家活动的意义

会员评家：是指由会员评议基层工会开展工作、建设职工之家情况，评议工会主席（副主席）履行职责情况。

会员评家是加强基层工会民主建设的重要内容，是密切工会与会员群众联系的客观需要，是推进建设职工之家深入发展的有效机制。

广泛开展会员评家活动，有利于充分调动会员群众参与工会活动的热情，使基层工会工作更加富有生机和活力。

2009 年，全总出台了《关于开展会员评议职工之家活动的意见》（以下简称《意见》），是指导会员评家工作的遵循和依据。

2. 会员评家活动的基本内容

依据建设职工之家的基本要求，会员评家的基本内容包括6个方面：①健全组织体系，②促进科学发展，③履行维权职责，④实施素质工程，⑤服务职工群众，⑥加强自身建设。

基层工会可依据《意见》规定，做好细化工作，确保评家工作在细中求落实，在细中求发展。

3. 会员评家活动的方式方法

在具体实施评议职工之家过程中，基层工会应从以下5个方面做好工作：

（1）在同级党组织领导和上级工会指导下，会员评家通过召开会员（代表）大会进行，每年至少评议一次。

（2）会员评家主要评议基层工会开展工作、建设职工之家情况，评议工会主席（副主席）履行职责情况。

（3）会员评家前应将评议内容、评议标准告知会员，做好组织发动和准备工作，并向上级工会报告。

（4）工会主席（副主席）在会员（代表）大会上报告工会工作及建设职工之家情况，并就个人履行职责情况进行述职。会员（代表）对工会工作、建设职工之家情况和工会主席（副主席）在进行民主评议的基础上，以无记名投票方式进行测评。测评可分为满意、基本满意和不满意三个等次，当场公开民主测评结果。

（5）会员评家的结果应报同级党组织和上一级工会，并作为考核基层工会工作和工会主席（副主席）的重要依据。对会员群众民主评议、民主测评反映的突出问题，该基层工会应向会员（代表）群众反馈整改措施。

4. 会员评家的激励和约束

（1）把会员民主测评满意等次作为评价基层工会工作和评选先进的依据。对获得满意等次的基层工会和工会主席（副主席），可作为推荐申报本级或上级各类先进集体、先进个人的依据；对连续三年以上获得满意等次的模范职工之家的基层工会和工会主席（副主席），可作为推荐申报本地或上级五一劳动奖状、五一劳动奖章的依据；对获得满意等次的基层工会和工会主席（副主席），上级工会和本单位可以给予适当奖励。

（2）对会员民主测评不满意的基层工会，限其一年内进行整改；整改后会员仍不满意的，对已获得合格、先进、模范职工之家称号的，上级工会可撤销其称号。对会员测评不满意的工会主席（副主席），所在单位党组织和上级工会应在核实情况的基础上对其进行诫勉谈话；连续两年会员仍不满意的，应按照工会章程和有关规定程序对工会主席（副主席）进行调整。

（3）基层单位及其党政负责人拟推荐申报工会系统评选表彰的各类先进，会员评家必须达到满意等次。

三、“双爱双评”活动

1. “双爱双评”活动

1995 年，中华全国总工会和中国外商投资企业协会决定，联合在全国外商投资企业开展以“双爱双评”为主要内容的建设职工之家活动，即“职工爱企业、经营者爱职工，评选热爱企业的优秀员工、评选热爱员工的优秀经营者”。

2003 年，全国总工会在《关于在新形势下深入开展建设职工之家活动的意见》中明确提出，非公有制企业要开展以“双爱双评”为主要内容的建设职工之家活动。2004 年全国总工会下发的《关于进一步加强基层工会工作的决定》，进一步提出在非公有制企业要大力开展以“双爱双评”为主要内容的“建家”活动。全国总工会与全国工商联于 2004 年下发了《关于开展“关爱员工、实现双赢”活动的通知》，自此每年联合召开一次全国民营企业“关爱员工，实现双赢”经验交流会，评选表彰关爱员工的优秀经营者、热爱企业的优秀员工和“双爱双评”先进企业。

2. 开展“双爱双评”活动的基本内容

（1）企业职工依法建立工会组织，工会组织健全，领导班子得力，建立了各项工作制度和民主制度，工会工作富有成效并得到职工群众的拥护。

（2）《劳动法》《工会法》赋予职工的各项权利得到有效的落实，建立以职代会为基本形式与企业实际相适应的职工民主管理、厂务公开制度，企业实行了劳动合同制度，并建立了稳定协调的劳动关系。

（3）依据《劳动法》《工会法》的规定，工会主席依法参加或列席董事会，企业建立了平等协商、集体合同制度，建立了劳动争议调解委员会并发挥其作用。企业依法拨缴工会经费，支持工会工作的开展。

（4）职工关心企业生产经营，认真做好本职工作，积极参加劳动竞赛、合理化建议和技术革新等经济技术创新活动。

（5）企业关心职工生活，注意安全生产。随着企业的发展，职工生活条件、劳动条件、作业环境不断得到改善。

3. 关爱员工优秀经营管理者、热爱企业优秀员工的条件

（1）关爱员工优秀经营管理者条件

条件为：①尊重职工的政治地位和民主权利，建立以职代会为基本形式与本企业实际相适应的职工民主管理、厂务公开制度，建立职工董事职工监事制度，工会参与研究决定涉及职工切身利益的问题，保障职工依法行使知情、参与、监督等民主权利。②依法与职工签订劳动合同，建立平等协商、集体合同制度和劳动争议调解组织，建立正常合理的工资增长机制，无压低、克扣职工工资、强迫职工加班加点等侵犯职工合法权益的问题。③关心职工身体健康和生命安全，严格执行国家劳动安全卫生法律法规，改善职工劳动、生活条件和作业环境，保护女职工特殊权益，无安全生产事故和职业病危害。④依法经营，照章纳税，保护环境，积极履行社会责任，依法为职工缴纳养老、工伤、医疗、失业、生育等社会保险。⑤建立健全企业党组织和工会组织，为其提供办公场所和活动条件，依法拨缴工会经费，不干涉工会内部事务。

（2）热爱企业优秀员工条件

条件为：①关心企业生产经营，爱岗敬业，努力完成生产、科研和经营任务。②支持企业依法经营管理，恪守职业道德，遵守劳动纪律，认真执行劳动安全卫生规章制度。③为企业发展建言献策，积极参加技术革新、劳动竞赛和合理化建议等经济技术创新活动。④勤奋学习，刻苦钻研，努力提高业务技能，参与企业文化建设，争当知识型职工。

4. 开展“双爱双评”活动的发展及成效

为适应非公有制企业协调劳动关系的需要，全国各级工会组织积极探索非公有制企业开展工会工作的有效载体和活动方式，普遍开展了以“双爱双评”为主要内容的建设职工之家活动，并以此作为开展工作的平

台和有力抓手，结合实际开展活动，增强了企业工会的活力和凝聚力，得到了企业经营者的欢迎，也受到了职工群众的拥护，收到了良好的社会效果。

“双爱双评”活动的深入开展，对于贯彻落实“组织起来、切实维权”的工作方针，促进非公有制企业健康发展，建立经营者和劳动者新型的社会主义和谐稳定的劳动关系，维护职工队伍和社会稳定，起到了明显的积极作用。

5. 开展“双爱双评”与建设职工之家活动的关系

在非公有制企业深入开展以“双爱双评”为主要内容的建设职工之家活动，是全国建设职工之家活动的重要组成部分，总体上应该以建设职工之家的基本要求为条件，但在落实“建家”基本要求的内容和标准上，可以与公有制企业有所区别，逐步提高“建家”水平，达到“建家”标准。

全国总工会非常重视在非公有制企业开展“双爱双评”活动，每年都评选表彰一批热爱企业的优秀员工和热爱员工的优秀经营者，评选一批开展“双爱双评”活动的先进企业，并把这项活动纳入全国评选表彰全国模范职工之家范围之中，被省级工会评为“双爱双评”先进单位的非公有制企业工会，达到全国模范职工之家标准的，可以申报“全国模范职工之家”，以此激励更多的非公有制企业提高“建家”水平和工作水平。

四、实施“双亮”

1. 实施“双亮”的意义

2012 年全总制定下发了《关于在企业工会实施“工会组织亮牌子、工会主席亮身份”的意见》（以下简称“双亮”），从最基础、最现实、最易行的环节抓起，遵循先易后难、循序渐进的原则，进一步加强企业工会规范化建设，推动企业工会特别是非公有制企业工会发挥作用。

在企业工会特别是非公有制企业工会实施“双亮”，对于提升其规范化建设水平，充分发挥其作用，促进工会工作固本强基具有重要意义。实施“双亮”有利于职工群众进一步认识和了解工会，增强工会干部的责任感和使命感，密切工会与职工群众的联系，叫响做实“职工有困难找工会”，推动企业工会特别是非公有制企业工会逐步提升规范化建设水平，循序渐进开展活动，逐步提升工作水平，让职工群众实实在在地感受到工会组织的温暖。

2. 实施“双亮”的基本要求

（1）工会组织亮牌子

企业工会要在企业门面或工会办公地点悬挂与企业名称相对应的工会组织牌匾。牌匾一般由企业工会自行制作，也可由上级工会统一配发。工会办公地点应在企业宣传橱窗、厂务公开栏、会务公开栏、企业网站、职工食堂等一处或多处明显位置公布。

（2）工会主席亮身份

企业工会主席、副主席要以佩戴胸卡、戴牌上岗、印发联系卡、设置办公桌牌等一种或多种形式亮出身份。在企业宣传橱窗、厂务公开栏、会务公开栏、企业网站、职工食堂等一处或多处显眼位置公布工会主席、副主席办公电话、手机号码等联系方式。工会换届选举后或工会主席、副主席人员变动时，要及时更新其信息。

（3）逐步深化“双亮”内容

企业工会要在亮牌子、亮身份的基础上，不断丰富工作内容，创新工作载体，进一步示职责、许承诺、办实事等，并按照开展建设职工之家、“双爱双评”活动的基本要求，建立各项工作制度和民主制度，健全维权机制，逐步提升工作水平。

（4）积极拓宽“双亮”范围

乡镇（街道）工会、村（社区）工会、区域性行业性基层工会联合会、联合基层工会纳入“双亮”范围。工会主席、副主席需在所在单位亮出身份，并将联系卡发至涵盖企业会员和职工。企业工会所属工会分会、工会小组以及其他工会专兼职工作人员可采取适当方式进行“双亮”。

基层工会工作除上述载体外，还有“当好主力军、建功‘十二五’”劳动竞赛活动，创建“工人先锋号”班组竞赛活动，“创建学习型组织，争做知识型职工”活动，和谐劳动关系创建活动，送温暖活动，“安康杯”竞赛活动，等等。

第十一章　基层工会组织委员工作

一、基层工会组织委员的基本工作内容

1. 工会组织委员在工会工作中的重要作用

工会组织工作是工会工作的重要组成部分，是工会顺利开展工作的重要保证。工会组织工作通过建立健全工会组织，发展壮大会员队伍，制定组织原则和组织制度，加强工会领导班子和干部队伍建设，为工会提供组织保证。把职工群众最大限度地组织到工会组织中来，是工会组织委员的首要任务。

（1）组织建设是工会的基础性工作

从根本上讲，工会组织工作就是把工人阶级最大限度地组织到工会中来，并保证其有效地开展工作，它是工会的一项最基础、最经常、最根本的工作。工会组织委员开展工作，首先就要抓好组织建设，发展会员，建立工会组织，最大限度地把广大职工吸收到工会组织中来，因为这是工会组织存在的基本条件，是工会开展各项工作的基础。

（2）为工会发挥作用提供组织保证

①通过抓工会组建工作，建立健全各级工会组织，大力发展会员，加强对会员和工会干部的管理，为工会发挥作用奠定组织基础。

②通过建立健全会员大会或会员代表大会、会员代表大会常任制和民主选举工会领导机构等制度，加强工会的民主决策和监督。

③通过建立健全以民主集中制为核心的组织制度，确立工会组织体系，规范决策程序，理顺组织领导关系，保证工会组织的团结统一和组织领导的顺畅。

④通过培养、选拔、任用工会干部，配备工会领导班子，保证党对工会工作的领导和工会组织的正确政治方向。

⑤通过建立工会积极分子队伍，依靠会员和工会积极分子开展工作，不断增强工会组织的吸引力和凝聚力。

（3）为工会提供人才保障

工会组织委员通过——建立坚持主动维权、科学维权、依法维权的工会班子；建设善于协调劳动关系和处理复杂问题、维护职工合法权益的懂经济、懂管理、懂法律的专业人才干部队伍；培养一批热爱工会工作、热心为会员职工服务、具有特长的工会积极分子队伍——为工会全面履行各项社会职能，履行维护职工合法权益的基本职责，提供强有力的智力支持和人才保障。

2. 工会组织委员的任务和工作内容

（1）抓好工会的组织建设

①按照《工会法》的规定和“哪里有职工，哪里就要建立工会组织”的原则，通过多种形式建立基层工会组织。

②适应经济结构和产业结构、企业组织形式和用工制度的变化，加强新经济组织、新社会组织，特别是改制企业、非公有制经济单位和外商投资企业工会的组建工作，努力扩大工会组织的覆盖面。

③积极探索与社会主义市场经济体制相适应，与不断加快的工业化、城镇化进程相协调的工会组织体系，加强乡镇（街道）工会、社区工会、村工会和工业区、高新技术园区工会的组建力度，加强对所辖区域内企业、事业单位、机关和其他社会组织等工会组织的领导，提高工会的组建率和职工的入会率。

④在县（区）以下规模较小、人数较少的企事业单位中，针对不同行业、不同区域，组织不同形式行业工会联合会，建立全面覆盖的工会组织网络。

（2）发展会员，做好会员管理工作

①按照《工会法》的规定，凡是与用人单位建立劳动关系包括事实劳动关系的职工，都要吸收其加入本单位工会组织。

②适应职工队伍结构的变化，从提高农民工、劳务派遣工加入工会的意识入手，通过行之有效的措施，把符合条件的农民工、劳务派遣工、临时工等，尽快吸收到工会组织中来。

③加强流动人员中工会会员和改制企业工会会员的会籍管理，及时接转工会组织关系，防止会员流失。

④经常向工会会员进行会员权利和义务的教育；深入调查研究，抓好工会的组织建设和思想建设，及时总结交流工会组织工作经验。

⑤管理会员会籍，随时掌握会员的变化情况，负责工会干部和会员的档案管理。

⑥接转会员组织关系，签发会员证，并负责各项组织统计工作。

（3）建立组织机构，配强班子

按照《工会法》的规定和工会组建的编制要求，建立精干高效、机构健全、结构合理、权责明确的组织体系。

在建立、健全工会工作机构的同时，合理划分工作职责，按照与工会工作任务和工会经费的承受能力相适应，贯彻精简、统一、效能的原则确定成员组成。

同时，按照“革命化、年轻化、知识化、专业化”的标准和“梯次配备、结构合理、知识互补、团结坚强”的要求，按规定的权限和任免程序配备和建设好工会领导班子。

（4）健全组织制度

①认真研究制定工会组织制度，比如工会干部选拔任用制度、工会干部保护激励机制等，通过健全的制度保证工会工作的正常进行。

②认真贯彻执行已经形成的制度，如工会代表大会制度、工会会员代表大会代表常任制、民主选举制度、联合制、代表制等，并对执行制度的情况进行监督检查，及时解决在贯彻执行制度过程中遇到的问题。

③适应新形势的要求，及时总结基层工会经验，探索新形势下的工会组织工作的规律和途径，制定新的组织制度。

（5）根据工会干部实行双重管理的制度，积极接受本级党委的主管和上级工会的协助管理。

（6）开展教育培训，提高干部素质

①根据形势发展，研究制定工会干部教育培训规划，提出工会干部教育培训工作的目标和任务，采取灵活多样、有效管用的方式，定期组织培训工会干部和积极分子，积极参加相关的工会干部教育培训。

②认真学习，以提高工会干部服从、服务于党和国家工作大局的能力，提高组织职工、动员职工、依靠职工、服务职工的能力，提高表达和维护职工合法权益的能力，提高构建稳定和谐的社会主义新型劳动关系的能力，提高自身创新发展能力为重点，把握工会干部教育培训工作的正确方向。

（7）做好本级工会干部工作

①按照公开公平、竞争择优的原则，做好工会干部的选任、转任、选拔、管理工作。

②坚持和完善民主推荐、民主测评，提高工会干部工作的民主程度和公开程度。

③接受、配合上级工会与本级工会对单位领导班子成员的考核。

（8）负责召开会员代表大会，工会全委会、常委会的具体准备工作；配合做好代表资格的审查工作，工会换届的报批，候选人资格审查等工作。

（9）协助做好会费的收缴工作，会同财务人员做好会费的合理使用和管理。

（10）接受会员和职工代表的申诉，听取会员职工的意见和呼声，并及时向工会委员会和有关部门反映，提出解决问题的办法，取得合理解决。

（11）协助基层总结“建家”的经验，发挥“小家”的积极作用。

（12）做好专职工会干部的考核，总结典型，定期表彰工会积极分子；做好工会会员的奖励、表彰工作，负责办理工会委员会对会员奖励的有关工作；做好工会的“评先”和全国、省劳模的登记建档和管理工作，推动工会工作。

（13）完成主席、副主席交办的其他工作。

二、新形势下工会组织工作的重点难点

1. 以前仅把以工资收入为主要生活来源作为加入工会的基本条件，已不适应当前形势的发展

改革开放以来，我国职工队伍的构成发生了巨大而深刻的变化，工人阶级不仅包括传统的产业工人，而且包括不同就业形式的职工。比如，随着工业化、城镇化、现代化的发展，越来越多单位的农民工成为工人阶级新成员。与此同时，职工收入形式也多样化，从“以工资收入为主要生活来源”，发展到以工资和劳动报酬收入为主要生活来源。因此以前的入会基本条件已经不能适应形势发展。

如何根据《中国工会章程》对会员条件修改，将“以工资收入为主要生活来源或者与用人单位建立劳动关系的体力劳动者和脑力劳动者”

吸收进工会，是新形势下工会组织工作的一个重点。

2. 经济体制改革和产业结构调整带来许多新问题，需要建立、健全工会组织体系

（1）在经济体制改革和产业结构调整过程中，国企改组、改制，职工大量减少，部分地区会员大量流失，同时，相当部分非国有企业下岗职工和解除劳动关系的职工没有重新加入工会组织；工会组织机构撤销、合并到党群工作部门或其他部门合署办公，或者不按《工会法》的规定配备专职工会主席，大量削减工会工作人员编制，给工会工作带来大量的问题。

（2）企业集团公司大量涌现，跨行业、跨地区，甚至在国外建厂的企业增多，涌现许多涉及产业工会与地方工会、企业集团公司工会与所在地方工会、产业工会等的新问题。

（3）非公有制经济已成为社会主义市场经济的重要组成部分，但不仅工会组建率比较低，而且大量职工游离于工会组织之外，甚至有一些非公有制企业，以种种理由限制和阻挠职工组建工会。

没有建立工会组织与非公有制企业劳动争议较多，劳动者的合法权益迫切需要工会组织去维护，形成强烈的矛盾。“组织起来、切实维权”工作方针需要认真贯彻落实。

3. 职工队伍结构的变化，使会员的发展和管理难度加大

当前，国有和集体单位从业人员比例逐渐减少，会员流失现象严重，会员会籍管理缺位；同时，其他类型的企事业单位从业人员大幅度增加，民营企业及个体经济从业人员迅速增长，新兴产业和第三产业的职工人数不断增加，高新技术产业集中了大批高学历、高职称、高收入的职工，农民工成为工人阶级新成员，迫切需要把他们吸收到工会组织中，并探索与形势相适应的新管理方式。在用工方式上，则出现了城市尚未就业的人群，以及大量的由劳务派遣公司派遣进入企业和事业单位工作的职工。

劳动关系和用工形式的变化，使职工流动性日益增强，大量分散的、流动的、非正规就业的职工没有加入工会，甚至同一个单位存在着几种不同身份和不同待遇的职工群体，发展会员和会员会籍管理的任务紧迫且繁重。

4. 工会干部素质不太适应新形势要求

主要表现在：年龄相对偏大；文化程度相对偏低；熟悉经济管理、劳动工资、劳动保护、社会保险和法律知识的人才相对偏少；多适合于工会事务性工作，不善于调查研究、解决新问题；创新意识不强，思想观念和工作理念不能适应新形势发展的需要；工作作风不深入，与职工群众不够密切等。

要适应新形势的要求，必须重视和加强对工会干部的培养和教育，努力把工会干部培养成“三家”，营造优秀工会人才和积极分子脱颖而出的体制环境。

三、新形势下工会组织委员工作启示

1. 确立新的工会组织工作理念

在坚持以工资收入为主要生活来源作为职工加入工会的基本条件的前提下，根据现阶段分配方式多样化的现实，把通过诚实劳动、以不同方式取得劳动报酬的职工吸收到工会组织中来。

应把与用人单位建立劳动关系，作为加入工会的基本条件。只要是在用人单位工作，由用人单位付予报酬的劳动者，都可以加入工会。不论合同工、临时工、季节工，不分户籍所在地，不分工作时间长短，只要承认工会章程，积极参加工会活动，按规定交纳工会会费，工会组织就有责任和义务把他们吸收到工会组织中来，使他们成为工会会员队伍中的一员。

《中国工会章程》第一条：“凡在中国境内的企业、事业单位、机关和其他社会组织中，以工资收入为主要生活来源或者与用人单位建立劳动关系的体力劳动者和脑力劳动者，不分民族、种族、性别、职业、宗教信仰、教育程度，承认工会章程，都可以加入工会为会员。”

2. 解决临时工、劳务工加入工会的问题

按照全总“组织起来、切实维权”的指示精神，积极把临时工、劳务工组织到工会组织中来。充分发挥新闻媒体的舆论宣传作用，引导社会正确对待和尊重进城务工人员，为维护他们的合法权益创造良好的社会环境。

加强对临时工、劳务工人会的教育，让他们了解工会的性质、地位和作用，增强他们加入工会组织的愿望，使他们尽快地加入到工会组织中来。

3. 努力探索加强工会基层组织建设的新思路

努力探索与企业改制和辅业重组相适应的工会组建方法，加强工会组织的整顿、重建工作，加强会员管理，壮大工会力量。

努力探索适应多种企业组织形式的工会组织形式和工作方式，创新工会组建形式，做到“围绕经济抓工建，抓好工建促经济”。

4. 深入开展建设“职工之家”活动

（1）更新“建家”新理念。以科学发展观统领“建家”工作，通过深入开展“建家”活动，贯彻落实党的全心全意依靠工人阶级指导方针，充分发挥工人阶级作为先进生产力代表的作用；培养和造就“四有”职工队伍，充分发挥工人阶级作为先进文化创造者、传播者和实践者的作用；充分发挥工会组织的桥梁纽带作用，代表好、维护好广大职工的合法权益。

（2）赋予“建家”新内容，把“维护职工合法权益，共谋企业健康发展”作为“建家”的主要内容。

（3）突破“建家”手段。比如，充分利用网络这个现代化科技手段，创新“建家”形式，建立“网上职工之家”。

5. 加大工会干部教育培训工作力度以及工会干部队伍建设和管理

认真学习涉及职工权益的方针政策、法律规定和上级工会的重要部署。重视车间、班组兼职工会干部和积极分子的学习，普及培训。开展自学或自编教材，邀请老师讲课，或到工作优秀的工会参观、取经，强化培训。

四、做好工会经费收缴和监督

工会经费和财产是工会组织发展和开展工作的重要条件和物质基础。

1. 工会经费的来源

根据《中国工会章程》第三十六条明确规定："工会经费的来源：（一）会员缴纳的会费。（二）企业、事业单位、机关和其他社会组织按全部职工工资总额的百分之二向工会拨缴的经费或者建会筹备金。（三）工会所属的企业、事业单位上缴的收入。（四）人民政府和企业、事业单位、机关和其他社会组织的补助。（五）其他收入。"

在五项经费来源中，企业、事业单位、机关和其他社会组织按全部职工工资总额的2%向工会拨缴的经费，是工会经费的主要来源。

2. 会员会费如何计算

会员缴纳会费是会员应尽的义务，是会员具有工会组织观念的具体体现。会员缴纳的会费留在基层工会使用。

（1）工会会员每月应向工会组织缴纳本人每月工资收入0.5%的会费，工资尾数不足10元的不计算缴纳会费。

（2）无固定收入的会员，可按本人上月所得工资额计算缴纳会费。

（3）会员所得各种奖金、津贴、稿费收入以及按劳动保护条例或其他法律规定所领取的各种补助费、救济费、退休金、退职金等，均不计算缴纳会费。

3. 做好经费收缴监督

（1）监督企业按时、按数拨缴工会经费。建会之前曾拨缴建会筹备金，则要在组建工会组织后，监督企业是否足额拨缴工会经费。

（2）在工会会员加薪后，应该随时调整工会会费，从加薪之月起补缴会费。

工会小组长在每月工资发放前应查抄本小组会员的工资，计算出本月本小组会员应缴纳的会费，填入"工会小组收缴会费清单"。在每月工资发放后的三天内收齐本小组会费上缴给分工会。

工会组织委员收到各小组会费后，认真清查，核对无误后，在"工会小组收缴会费清单"上签章，并填制"工会会费收缴汇总表"，将所收会费全部上缴基层工会。

五、工会印章管理

1. 工会印章式样的规定

根据中华全国总工会《关于各级工会组织印章的规定》的规定，各级工会组织的印章一律为圆形，宽边内加一细线，中间刊五角星，星外刊单位名称，文字自左而右环排。

印章所刊工会组织的名称一般用全称，如文字过多，可采用通用的简称。印章的文字，用宋体字和国务院公布实行的简化字。民族自治地方工会组织的印章，应当刊汉字和当地通用的民族文字，民族文字刊左，汉字刊右。

制作证件用的钢印及其他专用章，应在式样规格上与正式印章有所区别。

2. 工会印章的规格尺寸以及相关名称的规定

中华全国总工会的印章，直径5公分，边宽0.15公分，五角星直径2公分。

各省、自治区、直辖市总工会及全国产业工会、全总部委办一级组织的印章，直径4.6公分，边宽0.12公分，五角星直径1.8公分。

其他各级工会组织，及工会组织所属的部门、企事业单位的印章，直径均为4.2公分，边宽0.12公分，五角星直径1.6公分。

各级工会经费审查委员会印章的尺寸、式样、规格与同级工会组织的印章相同。

3. 什么情况下刻制“××工会委员会”字样的印章

会员人数达到或超过25人的各种所有制企事业单位、机关和其他社会组织等基层单位，依法建立工会组织，成立工会基层委员会，不论单位级别、层次高低均应称“××工会委员会”，刻制的工会印章上的名称与工会组织相一致。

4. 刻制工会印章的规定

中华全国总工会的印章以及各省、自治区、直辖市总工会和全国产业工会、全总部委办一级组织的印章由全总办公厅制发。其他工会组织及所属部门、企事业单位的印章，由其主管的上一级工会组织制发（各省、自治区、直辖市总工会及有关的全国产业工会可视情制定具体办法）。

各级工会经费审查委员会印章由同级工会组织制发。

制作证件用的钢印及其他专用章，各单位可自行刻制。

如确实需要制作印刷文件用的套印印章，可报上一级组织备案后自行刻制。套印印章的式样规格应与正式印章相同。

刻制工会组织的印章，须由制发机关的办公厅（室）开具证明，并详细写明印章的名称、式样和规格，到制发机关所在地的公安部门办理登记手续，去指定的单位刻制。承制单位和刻制者都不准留样和仿制。递送工会组织的印章，应按递送秘密文件对待。

5. 工会印章的保管与使用

工会组织的印章，由该组织的负责人或指定人员保管。使用印章须经该组织负责人批准，每次用印应进行登记。大批印发的且印有文件头的工会内部文件，可不盖印章。

6. 工会印章的启用与停用

印章的启用或停用应及时通知有关单位。印模在本单位存档。工会组织的印章因受损坏或机构变动而停止使用后，应及时上缴原制发单位。收回的旧印章，应区别情况予以封存或销毁。销毁旧印章，应经本组织负责人批准，2 人监销。

六、基层工会法人资格登记

作为社团法人，工会依法享有法人应享有的权利，包括财产所有权、债权、知识产权、名誉权、名称权等民事权利，并承担相应的民事义务。工会不仅可以依法进行民事活动，在诉讼中成为独立的诉讼主体，而且还可以代表职工与企业进行谈判、签订集体合同。

规定工会具备法人资格，可以使工会的合法权益进一步得到法律保护。企业工会作为社团法人与企业法人是各自独立的法人主体。当工会的合法权益受到侵害时，工会可以独立法人主体的资格诉诸法律，请求保护。

1. 申请基层工会社团法人资格

基层工会取得工会法人资格不以所在单位是否具有法人资格为条件。

基层工会申请取得工会法人资格应具备的条件：①依照《工会法》和《中国工会章程》的规定成立。②工会经费来源有保障。③有组织机构和办公场所。④能够依法独立承担民事责任。凡具备规定条件的基层工会，应当于成立之日起60日内，向审查登记机关提出工会法人资格登记书面申请，办理《社会团体法人资格证》。

基层工会依照《基层工会法人资格登记办法》的规定，经核准登记、领取证书后，即取得工会法人资格，依法独立享有民事权利、承担民事义务。工会主席是法定代表人，依法履行工会法人代表的职责。

2. 基层工会法人资格审查登记受理部门

基层工会法人资格的审查、核准、登记、发证机关，按属地原则及组织隶属关系确定：

（1）隶属于县级（县、市、区、旗）总工会的基层工会，由县级工会审查，并报市（地）级总工会核准、登记、发证。

（2）隶属于市（地）级（市、区、州、盟）总工会的基层工会，由市（地）级总工会审查、核准、登记、发证。

（3）隶属于省级（省、自治区、直辖市）总工会的基层工会，由省级总工会审查、核准、登记、发证。

（4）隶属于铁路、民航、金融、邮政电信等产业工会的基层工会，由所在地相应的省级、市（地）级总工会审查、核准、登记、发证后，报相应的上一级产业工会备案。

（5）中央企业工会组织由所在地相应的省级、市（地）级总工会审查、核准、登记、发证。

县级总工会经上级工会授权，可以履行审查登记机关的职责。

3. 申请取得工会法人资格的程序

（1）凡具备条件的基层工会，应当于成立之日起60日内，向审查登记机关提出工会法人资格登记书面申请。

（2）基层工会申请取得工会法人资格，应当向审查登记机关报送基层工会法人资格申请登记表、上级工会批复的基层工会成立的文件、工会经费和财产情况说明等文件。

（3）工会法人资格审查登记机关自收到申请登记表之日起30日内对有关申请文件进行审查，对审查合格者，办理登记手续，发放《工会法人资格证书》及其副本和《工会法人法定代表人证书》；对申请文件不齐备的，审查登记机关应及时通知提出申请的基层工会补充相关文件，申请时间从文件齐备时起算。

（4）审查登记机关可以在报刊、网络上发布工会法人资格登记公告。

（5）基层工会应当在取得工会法人资格证书后30日内，持《工会法人资格证书》（副本）、《工会法人法定代表人证书》和上级工会批复成立的文件，到当地质量技术监督部门申领中华人民共和国组织机构代码证。

（6）工会组织申领中华人民共和国组织机构代码证的机构类型为工会法人。

4. 工会法人资格的变更登记、注销与补办

（1）已取得工会法人资格的基层工会变更名称、住所、法定代表人的，自变更之日起30日内到审查登记机关申请办理变更登记手续。审查登记机关自受理变更登记申请之日起15日内，换发《工会法人资格证书》及其副本和《工会法人法定代表人证书》，收回原证书。

（2）工会组织名称、住所变更或撤销、合并时，应当及时到原申领中华人民共和国组织机构代码证的质量技术监督部门办理变更或者注销登记。

（3）《工会法人资格证书》及其副本和《工会法人法定代表人证书》不得涂改、抵押、转让和出借。遗失的，应当及时声明作废，并向审查登记机关申请补发。

（4）已取得工会法人资格的基层工会因所在单位撤销、破产等原因注销的，应当向原审查登记机关办理注销登记手续，并提交法定代表人签署的注销申请书和上级工会关于该基层工会经费、财产清理及债权债务完结的证明。审查登记机关审查登记后，收回原证书，并可以在报刊、网络上发布公告。

七、做好工会组织工作总结与计划

1. 组织工作总结

工会组织工作总结是对过去某一时期工会组织工作的情况（包括成绩、经验和存在的问题）的回顾、评价和结论。

工作总结一般包含：①概述；②主要工作内容；③主要存在问题。

【附例 1】××公司工会组织部 2013 年工作总结

××公司工会组织部 2013 年工作总结

2013 年以来，××公司工会组织部始终围绕年初提出的全年工作计划和工作要点，在公司党组织和上级工会的正确领导与大力支持下，按照“增强凝聚力、扩大覆盖面”的总体要求，充分发挥工会组织的作用，认真落实“组织起来、切实维权”的工作方针，解放思想，创新模式，采取建会、“建家”、建制并举，大力推进组建工会和发展会员工作；以强基建制为抓手，深入开展“建家”活动；以打造“五型”工会和“五能”工会干部队伍为目标，加大教育培训力度，提高工会干部综合素质和工作水平；以巩固建会成果为动力，以“一条例三规范”为标准，加强全公司工会规范化建设。使我公司的工会组织建设取得了明显进展，为工会各项工作的高质高量完成奠定了坚实的基础。

一、大力开展组建工会和发展会员工作，最大限度地把广大职工组织到工会中来

1. 建立健全工作体系，明确建会思路

2013 年以来，我们把组建工会和发展会员工作作为全会工作的重中之重，动员全会力量，采取切实有力的措施，以保证最大限度地把我公司职工组织到工会中来，维护他们的合法权益，促进经济发展和社会的和谐稳定。经过一年的积极实践和探索，在工会组建工作中一手抓工会组建，一手抓作用发挥。在党委的高度重视和支持下，建立了建会考核目标管理体系和以分厂、车间为坐标的服务管理网络体系，组建工会和发展会员工作取得了明显成绩。截至目前全公司工会组建率和职工入会率均达到 100%。不论是干部、职工、还是合同工、农民工、外来工，只要与单位建立了事实劳动关系，都作为工会发展会员的对象，最大限度地增加组建率，扩大会员覆盖面，确保工会组织建设工作的完成。

2. 健全组织机构，加强网络建设

先后制定了加强工会组织建设的文件，建立健全了工会组织网络，明确各分厂、车间工会的职责，奠定了他们组织职工的基础，给予了他们更大的活动空间。目前全公司 14 个分厂、56 个车间、120 个科室全部成立了工会委员会，形成公司工会——分厂工会——车间工会——科室工会四级组织网络，使全公司工会组织建设工作迈上了新台阶。

3. 积极探索，创新入会模式和方法

为适应形势的变化，在建立“党委领导，政府支持，工会运作，各方配合”的建会领导体制和工作格局的基础上，我们边探索，边实践，在吸引会员入会的方式上，采取了会员登记入会、劳务输出地入会、灵活会籍管理入会等。

4. 抓宣传发动、营造建会氛围

在召开组建工作会议以后，我们首先从工会内部抓起：一是从总公司内部，对会议精神进行了认真地传达，确定了全公司工会组建工作目标和任务。二是于6 月 13 日上午及时召开分厂工会主席会议，进行了再动员，并下发文件对组建工作进行了具体安排和部署。通过宣传贯彻，使分厂工会干部提高了认识，明确了责任，增强了做好组建工作的事业心和责任感。

5. 抓目标落实、实现两个百分百

按照公司工会对分厂工会组建工作的要求，我们调动公司总工会全体人员，分三大组，配合分厂工会，从6 月 15 日至7 月底，深入到班组，用 1 个半月的时间进行了登记、组建。在具体实施这一工作中，我们采取“领导亲自抓、全体人员集中抓、各部室协同抓”，从而形成了上下左右齐抓共建的工会组建工作新局面。

在组建分厂工会工作中，我们统一推行“先搭台、后充实、再完善、逐步规范”的建会方式，使全公司分厂工会组建工作在短时间内大面积整体推进。

二、深入开展“建家”活动，不断激发基层活力

1. 健全完善党政支持、工会运作的领导机制

充分认识基层活力建设的重要性，加强“建家”工作的组织领导。成立机构，加强管理，明确职责，做到工会工作与党委工作同步进行、取得行政重视支持，确保基层工会工作顺利开展。

2. 坚持抓大促小，分类指导的落实机制

(1) 坚持龙头分厂、部门的示范效应。以软件开发车间为重点，开展以“建会、建制、增活力”为主要内容的强基建制活动，总公司成立领导小组，划分五个区域，明确职责、任务，建立考核奖励机制，加强舆论宣传，形成全方位、立体式的工作模式，开展强基建制工作。经过一段时间努力攻关，成效显著，工会活力得到普遍增强，由此带动一大批企业的建会和规范化工作。

(2) 统一新时期“建家”工作管理办法，制定了“建家”工作新的评选标准、规范了评选程序和考核验收办法，如按分类指导、分层实施的原则精简了评选条件，量化了考核标准，突出了维护职能，提高了操作性。

三、加强工会干部教育培训工作，不断提高工会干部工作能力和水平

加强工会干部教育培训工作，公司工会专门组织工会会员学习《工会法》《中国工会章程》《劳动合同法》《劳动争议调解仲裁法》等相关法律法规；组织培训，让工会干部掌握相关的业务知识，以更快更好地投入工会工作中去，此举受到基层工会干部的普遍好评与欢迎；强调树立高度的政治责任感，严格按照上级的要求，认真对待工会工作，绝不能敷衍了事。在工作中要多向党委政府请示，多向上级工会汇报，多与企业、职工沟通，努力达到企业满意，职工满意，真正为职工群众和企业办实事、办好事。

回顾过去的工作，我公司工会在增强全局意识，服务意识，责任意识，创新意识，发展意识等许多方面取得了新的成绩。但对照省、市工会的要求和新形势赋予工会工作的新任务，我们的工作还存在一些不足。主要是：①全公司工会的组建面和组建率不够平衡，需要进一步加大工作力度；②劳动关系调处和职工维权工作力度有待进一步改善和加大；③工会干部队伍自身建设水平还需进一步提高。这些都有待于我们在今后工作中认真加以研究，不断加以改进、完善和提高。

2. 组织工作计划

工会组织工作计划是对未来某段时期的组织工作作前瞻性的部署。

一般而言，工作计划包含两个方面：①计划的行动；②安排计划行动的进度。

【附例2】湖北省××小学2012年度工会工作计划

湖北省××小学2012年度工会工作计划

一、指导思想

以邓小平理论、“三个代表”重要思想和科学发展观为指导并统领学校工会工作，办人民满意的教育、构建和谐校园，按照“组织起来、切实维权”的工会工作方针，努力解决教职工的切身利益问题，不断推进工会自身建设，努力增强教育工会的工作活力。

二、建立健全学校工会维权机制

在学校党支部的领导下，积极配合校委会工作，着力构建和创新学校工会维权机制，进一步健全工会从源头参与机制，维护教职工经济权益和保障民主权利机制，落实劳动医疗保障机制，全面提高工会在教育教学工作中的参与程度，加大维权力度。主要是开好一年一度的教代会，参加学校工作的重大决策，大力推进校务公开制度的规范化建设，使学校各项工作规范化、制度化，建立校务公开责任制、公示制和责任追究制。

三、推进教师队伍建设

工会积极参与学校的教育教学工作，协助围绕提高教师业务水平而开展教学竞赛，远程教育课、电化教学课、示范课、教学比武、教学科研成果评展等活动，参与各教研组教研活动，认真总结和交流经验，加强教师队伍建设，促进教师队伍素质建设的新发展。积极培养和发现人才，开展树立良好形象，创文明校风，为办人民满意教育作贡献。开展“三育人”创建活动，树立师德标兵，每年评选出“教书育人、管理育人、服务育人”的“三育人”先进个人。

四、开展和谐校园建设

从解决教职工困难入手，开展“送温暖”活动，要把教职工中困难群体作为帮困的工作重点，对教职工建房、搬迁、子女入学、生老病死等进行资助、走访、慰问单亲女教工、关心离退休老同志的生活，定期进行走访慰问。

积极主动地做好教职工的医疗保险和大病医疗保险工作，做好核保和续保工作，切实为教职工解决看病、住院的实际问题，参与学校的人事制度改革，协调好教职工的调整，解决好劳动争议，促进教职工的稳定。配合学校总务认真抓好“五小”活动。配合好学校的大型投资项目和基建项目的民主决策，参与过程的管理。要制定目标，责任到人；要因地制宜，办好项目；看重管理，抓实效。

同时，做好校园文化建设，积极参与市教育工会举办的“乒乓球比赛”等体育运动会，积极筹备和开展“三八”节、“五一”节、教师节、国庆节、重阳节等节日的各种活动，通过健康休闲、游览、歌咏比赛、球赛、笔会、书法绘画等丰富多彩的活动，吸引广大教职工，丰富教工的业余文化生活，增强学校的凝聚力。

五、加强工会的自身建设

完善工会委员会的机构设置和领导，加强工会干部队伍建设，深入开展“教工之家”的创建活动，重视女教工工作，将女教工工作纳入年度安排；健全女教工组织，维护女教工特殊权益，开展巾帼建功活动，评选表彰女教工干部，发挥女教工在教育改革和发展中的作用。

工会自身建设也要抓好财务工作，通过完善经审委员会审查制度，运用好工会财务，学习法律法规，坚持依法办事，规范财务管理，收好、管好、用好工会经费。

同时加强学校工会的宣传报道作用，积极参与教育工会安排的一系列重大活动，并做好宣传报道，还要做好校志和年鉴的编纂工作，校志的编纂，任务重、时间紧，安排专人、专班，固定的办公场所，争创办一流的校志。

六、几项具体工作和活动安排

8~9月

1. 党员暑期集训，组织党员政治理论学习
2. 工会委员会议研究工作计划
3. 绿色教学工作宣传
4. 教师节党员座谈会

10月

1. 党支部组织教师学习《教师职业道德细则》
2. 学习科学发展观，进行主题讲座
3. 开展“三育人”教育活动
4. 庆国庆，进行爱国主义教育

11月

1. 树立“八荣八耻”荣辱观

2. 参与教学大比武
3. 参与少先队、共青团活动
4. 党的基本知识讲座

12 月

1. 党风廉政建设专题讲座
2. 落实“党员责任明白卡”活动
3. 党员民主生活会
4. 检查党员学习笔记

元月

1. “五小”活动小结
2. 基层工会建设年自查
3. 党员廉政建设自查
4. 迎接市教育局年终检查

2~3 月上旬

1. 组织党员政治理论学习
2. 工会委员会议研究工作计划
3. 师德师风宣传讲座，主办主题党课
4. 组织纪念“三八”活动（生理卫生、保健知识讲座）

3 月中下旬

1. 党支部组织教师学习《教师职业道德细则》
2. 教师年度考核
3. 开展“三育人”教育活动，主办主题党课
4. 制定党员责任目标明白卡方案

4 月

1. 参加市入党积极分子培训班
2. 党员责任目标明白卡活动实施，主办主题党课
3. 扶贫帮困学生见面
4. 配合学校开好学生运动会
5. 参与学校学生春游

5 月

1. 检查党员学习笔记，“三会一课”检查
2. “五小”活动小结
3. 基层工会建设年自查

4. 迎接省委组织部党建工作验收
5. 评选“三育人”先进工作者
6 月上旬
1. 党风廉政建设自查，开展主题党课
2. 配合学校开展“六一”纪念活动
3. 迎接市教育工会检查
4. 召开支部民主生活会
7 月
1. 庆“七一”活动，评比优秀党员
2. 民主测评，工作总结
8 月
教师师德教育，暑期集训

八、做好工会组织的考核工作

（一）制定考核目标

1. 总体要求

工会工作考核目标的制定应依据各级党委政府（行政）确定的全局性工作目标、上级工会下达的指令性和指导性目标任务以及本地、本单位工会从实际出发制订的工作计划等三个方面，其目标构成一般应包括共性目标和职能目标两项。

2. 制定考核目标应注意把握好四个原则

（1）围绕中心的原则

工会工作是党的群众工作重要组成部分，是党的工作的延伸，工会工作必须服务于党的中心工作。因此，工会工作考核目标也必须紧紧围绕党的中心工作来考虑、制定。

（2）突出重点的原则

工会工作考核目标的设定应着眼于工会组织的全面建设，在涵盖工会组织整体工作的基础上，既要统筹兼顾、全面安排，又要突出重点、有所侧重。

（3）定量与定性相结合的原则

确实难以量化的目标，可采取定性目标形式，对其完成的标准和时限作出明确要求，其表述应力求客观、准确。对“一票否决”的内容应慎重设置，尽可能避免考核单位因某项目标失误而否定所有成绩的现象发生。

（4）履行民主程序的原则

工会工作考核目标是否科学，其目标制定既要体现上级工会的指令性要求，也要是可行的，且被基层工会所接受的。在制定考核目标过程中，应注意坚持履行民主程序这一重要环节，为目标管理考核工作奠定群众基础。

目标制定的具体程序是：先由工会职能部门提出考核目标及目标分解量化方案，经本级目标管理考核专班初审后，再广泛征求基层分工会和各职能部门意见，在反复磋商且达成共识的基础上，最后确定并正式下达执行。

（二）确定考核指标

在考核指标设定中，应注意做到“两个结合”。

1. 统一标准与分类指导相结合

建立统一的考核标准是制定可行性考核指标的基础和客观要求，考核指标的制定应力求标准的统一。由于工会各部门、各基层分工会之间的工作性质与工作定位有所不同，工作重点和目标要求也不尽相同，因此，在考核指标的制定时，既要坚持考核标准的统一性，又要考虑到各基层分工会和工会各部门工作目标及工作要求的差异性，实行分类指导，从而真正实现通过目标管理考核来推动工会工作的目的。

在对基层工会目标管理考核中，应根据分厂、车间、科室的特点，考核指标的制定应有所区别，有所侧重，不搞一刀切。既要在考核指标的制定上体现各部门不同的工作性质和特点，同时在考核分值的设置上，也要根据目标任务的主（协）办部门所承担的责任大小不同制定不同的计分标准实行区别对待，充分调动主（协）办部门工作积极性。

2. 硬性指标与创新工作相结合

推行工会工作目标管理考核，其目的既要保证制定的考核目标在基层工会得以落实，同时，也要以此为载体，推动基层工会工作的不断创新发展。因此，考核指标制定还应充分考虑基层工会工作创新因素，对工作有创新、有影响，并取得实效的基层工会应在考核评分时采取加分或设立“工会工作创新奖”等形式给予肯定，充分调动工会创新工作的积极性。同时，还应注重加强对考核中发现的先进典型进行总结和宣传的力度。

（三）确定考核程序

1. 在考核程序上应注意把好关键环节

（1）目标责任书签订环节

签订目标责任书是考核程序不可缺少的环节，通过签订责任书这一形式，可以实现基层工会和工会各部门负责人了解和掌握目标任务，明确目标责任，强化责任意识的目的。

（2）督察指导环节

督察是考核程序的关键环节，通过建立平时督察指导制度，可以使上级工会更好更全面地了解和掌握基层工会工作目标进展情况，督促工作目标在基层的落实。同时，及时发现并解决基层工会在工作中所存在的问题，确保上级工会工作目标任务的全面实现。

（3）交叉互检环节

交叉互检是考核程序的重要环节，目标考核不仅仅是督促基层工会落实工作目标，更重要的是通过考核这一形式，达到相互学习、相互交流、促进工作的目的。在考核过程中，应建立基层工会交叉检查的考核机制，通过交叉互检，为基层工会搭建相互交流学习的平台。在交叉考核检查中，应采取综合考核与随机抽查相结合的方式进行。

2. 在考核机制上注意把好“三关”

（1）严把考核标准关

考核工作要体现客观公正，必须要有统一的考核标准。考核标准一经确定，便具有其严肃性和权威性，不应随意提高或降低标准，更不可因人而异、另设标准。

（2）严把考核制度关

建立健全规章制度，是确保考核工作能否取得实效的重要保证。各级工会应建立健全目标管理考核专班工作职责制度和定期或不定期召开考核专班工作会议制度，切实加强对目标管理考核工作的组织领导。要建立考核责任部门负责制和考核评审会议制度。

（3）严把考核指标核查关

考核结果能否真实反映基层工会完成工作目标情况，关键应将考核的重点放在核查基层落实考核指标情况上，避免考核中的弄虚作假现象的发生，确保考核指标的准确性和真实性。

（四）进行考核评价

1. 严格考核评价程序

考核评价程序一般可分为四个步骤：

（1）被考核部门或单位应实事求是地对年度考核目标完成情况进行认真自查，对自查情况作出客观评价，并将自查自评结果及时报送上级工会目标管理考核工作办公室。

（2）上级工会目标管理考核相关责任部门按照考核责任划分，分别对被考核单位完成考核目标和考核指标情况进行认真审核和把关。

（3）上级工会组织检查考核，对被考核单位完成考核目标情况进行交叉互检。

（4）组织被考核单位、上级目标管理考核相关责任部门、上级工会领导班子进行三个层面的评分，并按不同层面对被考核单位进行综合评分。

2. 科学评定考核等次

考核等次的设定应从有利于推动工会工作创新发展的客观实际出发，本着“分档”和“控面”的原则，科学设定考核等次及各等次的比例。

考核等次一般可设定为“达标”和“先进”，根据需要，也可增加“优秀”等次。其评定标准，凡基本完成考核目标任务，且无“一票否决”内容的单位可评定为“达标”等次。“先进”或“优秀”等次一般应从“达标”单位中评选产生，但评选比例不宜过大。

（五）实施奖惩

奖励应以精神鼓励为主、物质奖励为辅，坚持精神鼓励和物质奖励相结合的原则。在物质奖励方面，对基层分工会可按考核等次予以奖励；对工会各部门的考核奖励可根据被考核部门得分和部门工作人员职级两个方面因素，采取“得分档”和“职级差”形式综合设定奖励标准。考核工作的奖惩应形成制度，使奖惩工作有章可循、有据可依。

（六）组织评选表彰工会先进集体和个人

通过组织开展评选表彰工会先进集体和个人，树立工会干部模范典型，可以有效地激励工会干部积极投身于工会事业，努力营造良好的工作氛围。

开展评选表彰工会先进集体和个人的工作步骤一般为：制订评比表彰方案、合理设置奖项、制定评比考核规定、设立参评范围和条件、制定评比表彰程序、实施检查考核评比、进行奖励。工会组织委员应做好相关工作。

【附例3】××市水利（水务）局系统工会评比表彰办法

××市水利（水务）局系统工会评比表彰办法

第一章　总则

第一条　为适应形势和任务发展的需要，大力弘扬“献身、负责、求实”的水利行业精神，进一步规范局系统工会评选表彰工作，充分发挥表彰奖励的激励作用，推进工会工作向更高层次发展，根据有关规定和要求，特制定本办法。

第二条　系统工会的评比表彰工作始终坚持在局党委的统一领导下进行，评比表彰的范围为局系统的工会工作内容。

第三条　系统工会每两年召开一次总结表彰大会，时间放在第三年度的“五一”节前。会标为“××—××年市水利（水务）局系统工会总结表彰大会”。

第二章　奖项分类设置

第四条　根据系统工会评比表彰的内容分类设置奖项。第一类，基层工会工作综合奖。设置5个奖项：优秀基层工会，先进基层工会，合格基层工会，优秀工会工作者，优秀工会积极分子；第二类，“水务杯”立功竞赛奖。设置4个奖项：立功竞赛红旗单位、立功竞赛先进单位、立功竞赛达标单位（暂定）、立功竞赛先进个人。

第三章 考核评比规定

第五条 由市水利（水务）系统工会委员会制定《系统工会工作目标考核评比细则》和《“水务杯”立功竞赛考核评比细则》（简称《细则》），两个《细则》均实行百分制考评，满分都是100分。按照规定，符合加分条件的，给予加分并记入总分，但最高不超过110分。考核结果分三个档次：第一档，95分以上为优秀（红旗）单位；第二档，85分以上为先进单位；第三档，75分以上为合格（达标）单位。名额分配，只取各档次的前三名，上一档次的剩余名额，则入选下一个档次，其余类推；如果各档次考评结果不足3名，则以实际考评结果为准，不补足。“先进个人”以工会干部、工会会员和参赛人员总数的3%推荐上报，不足1人的可按1人上报。

第四章 评比表彰条件

第六条 基层工会参评条件：

1. 工会组织机构健全，人员配备到位，符合要求，按规定参加教育培训；职工入会率达到100%；坚持工会工作重大问题由工会会员（代表）大会讨论决定。

2. 职代会制度健全、各项职权落实；建立厂务公开制度，职工知情、参与权落实到位；公司制企业建立职工董事、职工监事制度。

3. 工会委员会按时换届、民主选举产生，并定期向工会会员（代表）大会报告工作，接受其评议和监督。

4. 单位领导班子团结协作，将党的全心全意依靠工人阶级的方针落实到位，尊重和支持职工代表行使民主管理、民主监督、民主参与的权力。

5. 建立完善三级劳动保护监督体系，职能到位，做到单位无重大伤亡事故发生，实现安全生产；维护职工合法权益，认真实施送温暖工程，达到经常化、制度化、规范化。

6. 坚持以经济建设为中心，团结带领广大职工深入开展群众性的经济技术活动，组织不同形式的劳动竞赛，为提高经济效益和社会效益，在改革和发展稳定中发挥了积极的作用。

7. 集体合同落实率达到100%（按规定必须签订和履行集体合同的单位），劳动关系和谐，无违约行为。

8. 积极开展群众性的文体娱乐活动，文化体育设施得到充分利用，职工参与广泛，凝聚力强，综合素质好。

9. 按时足额上缴工会经费和会费。

10. 积极进行“职工之（小）家”建设活动，并达到“合格“职工之（小）家”标准。

经综合考评成绩在95分（含）以上，评为“优秀基层工会”；成绩在85分（含）以上，评为“先进基层工会”；成绩在75分（含）以上，评为“合格基层工会”。以上单位都设有“一票否决”项。

第七条　优秀工会工作者参评条件：

1. 热爱工会工作，对工会工作有强烈的事业心和责任感。能够认真贯彻党的全心全意依靠工人阶级的指导方针，努力实践“三个代表”重要思想，积极开展工会各项活动。

2. 积极主动争取党政领导支持，使工会在本单位的地位得到巩固和提高，工会的作用得到充分发挥。

3. 能够根据本单位的实际情况，创造性地开展工会各项工作，工作有创新，成绩显著，受到了各方好评。

4. 思想素质和业务素质较高，能够掌握本单位工会工作情况，熟悉工会工作业务以及有关劳动法律法规。

5. 联系群众，关心职工，作风正派，办事公道，廉洁自律，不谋私利，在群众中有较高的威信。

6. 所在单位没有发生严重损害职工权益的事件和重大伤亡事故。

7. 从事本单位工会工作两年以上的专兼职工会干部。

第八条　优秀工会积极分子参评条件：

1. 关心时事政治，有一定的思想政治觉悟，作风正派。

2. 积极协助和大力支持工会的工作，热心为职工群众服务，有较高的群众威信。

3. 办事公道、团结同志、联系群众，能及时准确地反映职工的呼声和合理要求。

4. 善于学习，钻研业务，能出色地完成本职工作任务。

第九条　“水务杯”立功竞赛参评条件：

1. 申报参赛，并按时上报立功竞赛活动方案。

2. 竞赛活动组织严密，检查评比、小结讲评经常，宣传发动影响大，职工的参与率高（85%以上）。

3. 群众性经济技术工作有创新、有特色、有成绩，组织技术攻关，开展合理化建议和金点子评选，节能降耗增效明显。

4. 组织开展岗位练兵、技能培训、技术比武等活动，职工技能明显提高，技术等级明显上升（5%）。

5. 及时召开总结表彰大会，按时上报总结材料。

经综合考评成绩在95分（含）以上，评为“水务杯”立功竞赛红旗单位；成绩在85分（含）以上，评为“水务杯”立功竞赛先进单位；成绩在75分（含）以上，评为“水务杯”立功竞赛达标单位（暂定）。以上单位都设有“一票否决”项。

第十条 “水务杯”立功竞赛先进个人条件：

1. 必须是本单位立功竞赛活动评比表彰的先进个人。

2. 思想作风好。热爱祖国、热爱党、热爱社会主义，树立正确的人生观、世界观、价值观，具有艰苦奋斗的创业精神、吃苦耐劳的奉献精神、敢打硬仗的拼搏精神。

3. 职业道德好。爱单位、爱本职，有强烈的主人翁责任感和全心全意为人民服务的思想，自觉遵守各项规章制度和行为规范，清正廉洁，深受广大群众爱戴。

4. 完成任务好。保质保量完成自己承担的各项任务，主要指标达到或创造了本单位本行业的先进水平，安全生产意识强，无质量事故和人机事故发生。

5. 业务技术好。认真学习文化知识，刻苦钻研业务技术，对工作精益求精、任劳任怨，善于动脑，常出“金点子”，为提高本单位本部门的经济效益做出贡献。

第十一条 其他需要大会表彰的事项。

第五章 评比表彰程序

第十二条 各级工会评比表彰要按照民主程序，对照评比条件，自下而上进行评比和推荐，申报要按条件严格把关，重业绩、重数据，突出先进性。

第十三条 各级工会推荐表彰的先进单位（集体）、先进个人在上报前要进行公示，时间7天，广泛征求职工意见。

第十四条 各级工会推荐表彰的先进单位（集体）、先进个人由系统工会委员会进行汇总、复审，并提出审核意见报局党委审定。

第六章 检查考核评比

第十五条 根据考核《细则》，局检查考核领导小组将对各单位两个年度的工会工作和立功竞赛情况进行打分，并按设定的奖项进行综合评定。检查考评时间一般安排在表彰年度的3～4月份进行。

第十六条 本办法评比跨度时间较长，各单位的年度工会工作和“水务杯”立功竞赛活动的总结表彰还必须坚持每年一次。两个年度内没有获得过单位一次先进的，不得推荐到局和上级的表彰（单项奖除外）。每年度局系统工会组织的单项活动比赛，实行“一事一奖”，不重复表彰。

第十七条 凡获得先进的单位、集体或个人荣誉的，局将统一制作奖牌、颁发奖状和证书，并享受同等级条件下的各种待遇。

第十八条 凡连续两次被授予先进单位荣誉称号的单位或集体，优先推荐参加市以上组织的各类表彰；凡是表彰当年发生与荣誉称号不相符的问题，影响声誉的，将给予通报批评，情节严重的取消荣誉称号。

第七章 附则

第十九条 本《办法》自2012年元月1日起施行。

第二十条 本《办法》的解释、修订由系统工会委员会负责。

附录

关于基层工会会员代表大会代表实行常任制的若干暂行规定

（1992年4月14日全国总工会第121次书记处会议通过）

为贯彻落实中国工会第十一次全国代表大会通过的《中国工会章程部分条文修正案》关于工会基层组织的“会员代表大会的代表实行常任制，任期3至5年”的规定，充分发挥会员代表联系会员群众的纽带和桥梁作用，团结、依靠会员群众把工会组织建设好，特作如下暂行规定：

第一章　会员代表

第一条　基层工会会员代表大会代表应具备以下条件：本人为中国工会会员；坚持党的基本路线；在生产、工作中起骨干作用，有一定的议事能力；热心为会员群众说话办事，在会员群众中有一定的威信。

第二条　基层工会会员代表大会的代表名额，按会员人数确定。会员在200至500人者，代表为会员的25%至20%；会员在501至1000人者，代表为会员的20%至10%；会员在1001至5000人者，代表为会员的10%至6%；会员在5001人至10000人者，代表为会员的5%。

人员超过万人的大型企事业单位，会员代表的人数原则上不超过500人。个别特大型企业单位，会员代表需超过500人的，须经所在省、自治区、直辖市总工会批准；以产业工会领导为主的单位，报相应的全国产业工会批准。

会员在200人以下的基层工会，一般应召开会员大会。如因特殊情况需要召开会员代表大会时，须经上级工会批准，代表人数比例不得少于会员的30%。

第三条　基层工会会员代表大会代表的组成，应有广泛的群众性和代表性。企业单位中的工人会员代表，学校、科研单位中教职员工和科研人员会员代表，一般应占会员代表总数的60%以上。女教职工和青年职工会员代表应占一定比例。

第四条 会员代表应由会员民主选举产生。会员代表的候选人，由其所在单位（分厂、车间、科室，下同）工会组织，按照基层工会确定的代表候选人名额和代表条件，组织会员讨论提出名单，报基层工会平衡后，由代表所在单位工会负责主持，经会员直接选举为正式代表。大型企事业单位工会会员代表大会的代表，可以由所属单位工会代表大会选举产生。

第五条 基层工会会员代表大会代表，一律采取无记名投票方式差额选举产生。

第六条 每次选举所投的票数多于投票人数，选举结果为无效；等于或少于投票人数，选举结果为有效。每张选票所选的人数多于规定应选代表人数为废票；等于或少于规定代表人数为有效票。

第七条 基层工会会员代表大会代表候选人，获得选举单位全体会员过半数选票时，使得当选为正式代表；大型企事业单位代表大会的代表，由所属单位工会代表大会选举时，其代表候选人获得应到会人数过半选票时，使得当选为正式代表。获得过半数选举的代表候选人名额超过应选代表名额时，以得票多的当选。如遇候选人得票相等不能确定当选人时，可以就票数相等的候选人重新投票确定；获得过半数选票的代表候选人名额少于应选代表名额时，不足的名额，可另行选举。

第八条 选举出席上级工会代表大会代表时，其代表候选人不限于各级工会代表或会员。

第九条 基层工会代表大会代表选出后，应将代表名单提交基层工会委员会进行资格审查，基层工会代表大会不设资格审查委员会。

对补选的基层工会代表大会代表，依照前款规定进行代表资格审查。

第十条 会员代表的任期与基层工会代表大会届期一致，从每届工会会员代表大会举行第一次会议开始，到下届本级工会会员代表大会代表选举工作完成后为止。会员代表可以连选连任。

第十一条 会员代表以基层工会所属工会组织为单位分别组成代表团（组），推选正副团（组）长各 1 人。代表团（组）长根据代表大会议程和基层工会委员会的安排，负责组织代表的日常活动。

第十二条 会员代表有选举权、被选举权和表决权；有权对基层工会委员及各专门委员会的工作、对基层工会领导人提出批评、建议、任何组织和个人不得打击报复。

第十三条　会员代表的职责是：

（一）带头执行党的路线、方针、政策，自觉遵守国家法律和本单位的规章制度，努力完成生产、工作任务；

（二）积极参加会员代表大会，认真听取基层工会委员会和经费审查委员会工作报告，认真讨论和审议代表大会的各项议题，认真负责地提出审议意见和建议；

（三）严肃负责地履行民主选举的权利，认真做好各项民主选举工作；

（四）积极参加对基层工会领导人的民主评议和民主测评，实事求是地提出奖惩和任免的建议；

（五）经常保持与本单位会员群众的密切联系，注意听取会员的意见和建议，并及时向工会委员会反映，热心为会员说话办事，积极为做好各项工作献计献策；

（六）积极宣传贯彻基层工会代表大会的决议精神，团结和带动会员群众完成会员代表大会提出的各项任务。

第十四条　会员代表对原选举单位会员负责，接受原选举单位的监督。会员和原选举单位对违法乱纪和严重失职的会员代表，有权提出罢免的要求。

代表的罢免必须经过选举单位全体会员过半数通过，并经基层工会委员会审批。

第十五条　会员代表因故调离原选举单位，不能继续履行代表职责时，代表资格自然免除。原选举单位出现的会员代表的缺额，由全体会员另行选举，并报经基层工会委员会审批。

第二章　会员代表大会

第十六条　每届基层工会代表大会第一次会议，应在本届基层工会代表大会代表选举完成后一个月内，由上届基层工会委员会召集。并应将会议日期和建议会议讨论的事项提前10天通知代表。

第十七条　每届代表大会的第一次会议由大会主席团主持，以后各次会议均由本届基层工会委员会召集。

第十八条　每届基层工会代表大会第一次会议召开前，应先举行预备会议，选举大会主席团和秘书长，通过本次大会的议程和有关事项。预备会议由基层工会委员会主持。

第十九条 代表大会的职权是：

（一）审议和批准工会基层委员会和经费审查委员会的工作报告；

（二）讨论并决定基层工会工作的重大问题；

（三）对基层工会领导人进行民主评议和民主测评；

（四）选举工会委员会、经费审查委员会，或补选、增选工会委员会、经费审查委员会的成员；

（五）选举出席上级工会代表大会的代表。

第二十条 届期内工会代表大会一般每年召开一次。每次代表大会都应对工会工作进行一次民主评议，按“职工之家”标准检查是否合格，并将评议结果报上级工会。同时，对工会领导人进行民主评议，每两年结合民主评议对工会领导人民主测评一次。经民主评议，凡获得信任票不足半数者，应报请上级工会和干部主管部门共同进行考察。如确认其不能再担任现任职务时，应由代表大会做出决定，予以撤换或罢免。

基层工会领导人缺额时，应按全国总工会《工会基层组织选举工作暂行条例》及时予以补选。

第二十一条 每次代表大会举行前，基层工会委员会应事先将有关代表大会的筹备情况和大会的各项议案交由各代表团进行讨论，并召开代表团（组）长联席会议，广泛听取各方面的意见。在代表大会召开期间，各代表团（组）长或代表团（组）可推选代表，按照大会主席团的安排，在大会全体会议上发表意见。

第二十二条 在规定的时限内，一个代表团或者10名以上的代表，可以向代表大会提出属于基层工会代表大会职权范围内需要讨论的议案，经提案审查委员会审查后，由大会主席团或基层工会委员会决定是否列入大会议程。

提案审查委员会可以成为常设机构，其届期至下届代表大会提案审查委员会产生时为止。

第二十三条 向基层工会代表大会提出的方案，在交付代表大会表决前，如提案人要求撤回时，对该议案的审议即可终止。

第二十四条 基层工会代表大会的选举工作，应按全国总工会《工会基层组织选举工作暂行条例》进行。

第二十五条 基层工会代表大会举行会议时，本届基层工会经费审查委员会委员应列席会议。

第三章　基层工会委员会

第二十六条　代表大会闭会期间，基层工会委员会负责主持本级工会的日常工作。基层工会委员会对本级工会代表大会负责并报告工作。

第二十七条　基层工会委员会常务委员会和主席、副主席的设立，按有关规定执行。

第二十八条　基层工会委员会在基层工会委员大会和会员代表大会闭会期间，行使以下职权：

（一）负责执行会员大会或会员代表大会的决议和上级工会的决定，主持工会基层组织的日常工作，承担企业、事业单位职工代表大会工作机构的职责，代表本单位职工同行政签订集体合同或单项协议；

（二）主持本级会员代表大会代表的选举工作；

（三）负责筹备本级工会代表大会；

（四）讨论决定本级工会的重要工作安排和有关重大问题；

（五）在基层工会代表大会闭会期间，对基层工会领导人选的变动提出意见和建议；

（六）审查和批准下级工会会员或代表大会的召开和选举结果；

（七）讨论任免基层工会的工作人员；

（八）讨论决定本级工会的财务预决算；

（九）根据工作需要提出基层工会的工作机构设置方案。

第二十九条　基层工会委员会全体会议，由主席召集（设常务委员会的基层工会，由常务委员会召集）每两个月召开一次。工会委员会的决议，由委员会全体会员过半数通过有效。

基层工会委员会讨论决定的重要事项，可事先召开代表团（组）长会议，征求意见。委员会召开会议时，也可根据需要，吸收代表团（组）长列席。

第四章　会员代表大会与职工代表大会

第三十条　会员代表大会与职工代表大会，可以分别举行，也可以结合举行，按会议议程分段召开。

第三十一条　实行基层工会会员代表大会与职工代表大会结合举行的单位，可以在以下几个方面试行：

（一）会员代表和职工代表可以同时选举产生。会员代表可以兼任职工代表，但非会员职工代表不能兼任会员代表；

（二）会员代表大会与职工代表大会的代表团（组）可以共同组成；

（三）职能相近的会员代表大会与职工代表大会各专门委员会或专门小组，可以合设并承担两个委员会的工作；

（四）会员代表大会与职工代表大会的主席团可以“一身二任”，也可以根据两段会议议程的需要，分别组成；

（五）会员代表大会与职工代表大会的届期可一致，也可以分设届期。

第三十二条　基层工会委员会既是基层工会委员代表大会的常设机构，又是职工代表大会的工作机构，按照《中国工会章程》和《中华人民共和国全民所有制工业企业法》的有关规定，承担两个大会的有关工作。

第三十三条　实行两会结合的单位的工会委员代表大会的召开，以及工会领导人的民主选举结果，仍按工会章程的规定，报上级工会审批。

第五章　附　则

第三十四条　基层工会会员代表大会的届期按《中国工会章程》和有关规定确定，届期内的会议按次计算。

第三十五条　会员大会可以参照本规定的有关条款执行。

第三十六条　本规定原则适用于外商投资企业、私营企业工会。

第三十七条　本规定的解释权属全国总工会组织部。

第三十八条　本规定自发布之日起执行。

工会基层组织选举工作暂行条例

（1992 年 4 月 14 日全国总工会第 121 次书记处会议通过）

第一章　总　则

第一条　为完善基层工会民主选举制度，加强基层工会组织建设，根据《中国工会章程》的有关规定，特制定本暂行条例。

第二条　本条例所称工会基层组织，是指工厂、商店、农场、机关、学校和其他基层单位工会委员会。

第三条 基层工会委员会由会员大会或会员代表大会选举产生。工会委员会的主席、副主席，可以由会员大会或会员代表大会直接选举产生，也可以由基层工会委员会选举产生。

第四条 中国工会会员有选举权和被选举权。

第五条 选举应尊重和保障会员的民主权利，充分发扬民主，体现选举人的意志。

第六条 基层工会委员会选举的筹备工作由上届工会委员会负责。

第二章 委员和常务委员名额

第七条 基层工会委员会委员名额，按会员人数确定：

25 人以下者，设主席或组织员 1 人；

200 人以下者，设委员 3 至 7 人；

201 人至 1000 人者，设委员 7 至 15 人；

1001 人至 5000 人者，设委员 15 至 21 人；

5001 人至 10000 人者，设委员 21 至 29 人；

10000 人以上者，委员最多不超过 37 人。

第八条 大型企事业单位基层工会委员会，经上级工会批准，可以设常务委员会，常务委员会由 9 至 11 人组成。

第三章 候选人的提出

第九条 基层工会委员会的委员、常务委员会委员和主席、副主席候选人均应按照干部“四化”的标准，在能坚持党的“一个中心，两个基本点”的基本路线，热心工会工作，受到群众信赖的人员中选定。

第十条 基层工会委员会委员候选人的产生，均以工会小组或车间（科室）工会为单位提名，由上届委员会根据多数工会小组或车间（科室）工会的意见，提出建议名单，报经同级党委和上级工会审查同意后，提交会员大会或会员代表大会通过。

基层工会委员会的常务委员会委员、主席、副主席候选人，可以由上届委员会根据所辖多数工会小组或车间（科室）工会的意见提出建议名单，报经同级党委和上级工会审查同意后提出；也可以由同级党委与上级工会协商提出建议名单，经工会小组或车间（科室）工会酝酿讨论后，由上届委员会根据多数工会小组或车间（科室）工会的意见提出。

第十一条 基层工会委员会的主席、副主席，在任职届期内应按规定完成岗位任职资格培训任务。凡无正当理由未按规定完成岗位任职资格培训任务的，一般不再提名为下届主席、副主席候选人。

第四章　选举的实施

第十二条　参加选举的人数为应到会人数的三分之二以上时，方可进行选举。选举可以直接采用候选人数多于应选人数的差额选举办法进行正式选举，也可以先采用差额选举办法进行预选产生候选人名单，然后进行正式选举。委员会委员和常务委员会委员的差额率分别为5%和10%。

第十三条　召开会员大会进行选举时，由上届委员会主持；不设委员会的基层工会进行选举时，由上届工会主席或组织员主持。召开会员代表大会进行选举时，由大会主席团主持。大会主席团成员由上届工会委员会集中各代表团（组）意见，提出建议名单，提交代表大会预备会议表决通过。召开基层工会委员会第一次全体会议选举常务委员会委员、主席、副主席时，由上届委员会或大会主席团推荐一名新当选的工会委员会委员主持。

第十四条　选举前，选举单位工会组织或大会主席团应将候选人的名单、简历及有关情况向选举人介绍。

第十五条　选举监票人，负责对选举全过程进行监督。会员大会或会员代表大会选举的监票人由全体会员或各代表团（组）从不是候选人的会员或会员代表中推选，经会员大会或会员代表大会表决通过。委员会选举的监票人，从非常务委员、主席、副主席候选人的委员中推选，经全体委员会议表决通过。

第十六条　选举一律采用无记名投票方式。选票上候选人名单以姓氏笔划为序排列。

第十七条　选举人可以投赞成票或者不赞成票，也可以投弃权票。投不赞成票者可以另选他人。

第十八条　会员或会员代表在选举期间，如不能离开生产、工作岗位，可以在选举单位设立的流动票箱投票。

第十九条　选举收回的选票，等于或少于投票人数，选举有效；多于投票人数，选举无效，应重新选举。

每一选票所选人数等于或少于规定应选人数的为有效票，多于规定应选人数的为废票。

第二十条　候选人获得应参加选举人的过半数选票时，始得当选。

获得过半数选票的候选人名额超过应选名额时，以得票多的当选。

如遇票数相等不能确定当选人时，应就票数相等的候选人重新投票，得票多的当选。

当选人少于应选名额时，对不足的名额另行选举。如果接近应选名额，也可以由大会征得多数会员或会员代表的同意减少名额。

第二十一条 大会执行主席根据本条例规定，宣布选举结果及选举是否有效。

第二十二条 选出的基层工会委员会委员、常务委员会委员、主席、副主席，按照《中国工会章程》的规定和干部管理权限，报有关党委和上级工会审批。

第五章 调动、罢免和补选

第二十三条 基层工会委员会主席、副主席，在任期内应保持相对稳定，如因工作确需调动时，应征得本级工会委员会和上一级工会的同意。

第二十四条 经会员大会或会员代表大会民主测评和上级工会与干部主管部门考察，需撤换或罢免工会领导时，须按全国总工会《关于基层工会会员代表大会代表实行常任制的若干暂行规定》执行。

第二十五条 基层工会主席因工作调动或其他原因空缺时，应及时按照民主程序进行补选。补选前征得同级党委和上级工会的同意，可暂由一名副主席或委员代理主席职务，代理时间不得超过半年。

第六章 经费审查委员会

第二十六 条经费审查委员会委员名额一般为3至7人。经费审查委员会设主任委员1人，必要时也可设副主任委员1人。

第二十七条 经费审查委员会由会员大会或会员代表大会选举产生。主任委员、副主任委员由经费审查委员会推选产生。

第二十八条 经费审查委员会及其主任委员、副主任委员会的选举结果，与基层工会委员会选举结果同时报上级工会审批。

第七章 附 则

第二十九条 本条例自发布之日起实行，过去有关规定与本条例不一致的，以本条例为准。

第三十条 本条例原则适用于外商投资企业、私营企业工会。

第三十一条 本条例由全国总工会组织部负责解释。

基层工会法人资格登记办法

（2008 年 6 月 13 日　总工发〔2008〕39 号）

第一条　为规范基层工会法人资格登记，保障其在民事活动中的法律地位，根据《中华人民共和国工会法》、《中国工会章程》和最高人民法院有关司法解释的规定，制定本办法。

第二条　我国境内的企业、事业单位、机关、民办非企业单位以及其他单位的基层工会申请取得、变更、注销工会法人资格，适用本办法。

第三条　基层工会依照本办法的规定经核准登记、领取证书后，即取得工会法人资格，依法独立享有民事权利、承担民事义务。

工会主席或者主持工作的副主席为法定代表人。

第四条　基层工会申请取得工会法人资格应当具备以下条件：

（一）依照《中华人民共和国工会法》和《中国工会章程》的规定成立；

（二）工会经费来源有保障；

（三）有组织机构和办公场所；

（四）能够依法独立承担民事责任。

基层工会取得工会法人资格不以所在单位是否具有法人资格为条件。

第五条　基层工会法人资格的审查、核准、登记、发证机关（以下简称审查登记机关），按属地原则及组织隶属关系确定：

（一）隶属于县级（县、市、区、旗）总工会的基层工会，由县级工会审查，并报市（地）级总工会核准、登记、发证；

（二）隶属于市（地）级（市、区、州、盟）总工会的基层工会，由市（地）级总工会审查、核准、登记、发证；

（三）隶属于省级（省、自治区、直辖市）总工会的基层工会，由省级总工会审查、核准、登记、发证；

（四）隶属于铁路、民航、金融等产业工会的基层工会，由所在地相应的省级、市（地）级总工会审查、核准、登记、发证后，报相应的上一级产业工会备案；

（五）中央企业工会组织由所在地相应的省级、市（地）级总工会审查、核准、登记、发证。

县级总工会经上级工会授权，可以履行审查登记机关的职责。

第六条 凡具备第四条规定条件的基层工会，应当于成立之日起六十日内，向审查登记机关提出工会法人资格登记书面申请。

第七条 基层工会申请取得工会法人资格，应当向审查登记机关报送基层工会法人资格申请登记表、上级工会批复的基层工会成立的文件、工会经费和财产情况说明等文件。

工会法人资格审查登记机关自收到申请登记表之日起三十日内对有关申请文件进行审查，对审查合格者，办理登记手续，发放《工会法人资格证书》及其副本和《工会法人法定代表人证书》；对申请文件不齐备的，审查登记机关应及时通知提出申请的基层工会补充相关文件，申请时间从文件齐备时起算。

第八条 审查登记机关可以在报刊、网络上发布工会法人资格登记公告。

第九条 取得工会法人资格的基层工会变更名称、住所、法定代表人的，自变更之日起三十日内到审查登记机关申请办理变更登记手续。

审查登记机关自受理变更登记申请之日起十五日内，换发《工会法人资格证书》及其副本和《工会法人法定代表人证书》，收回原证书。

第十条 基层工会应当在取得工会法人资格证书后三十日内，持《工会法人资格证书》（副本）、《工会法人法定代表人证书》和上级工会批复成立的文件，到当地质量技术监督部门申领中华人民共和国组织机构代码证。

工会组织申领中华人民共和国组织机构代码证的机构类型为工会法人。

工会组织名称、住所变更或撤销、合并时，应当及时到原申领中华人民共和国组织机构代码证的质量技术监督部门办理变更或者注销登记。

第十一条 《工会法人资格证书》及其副本和《工会法人法定代表人证书》不得涂改、抵押、转让和出借。遗失的，应当及时声明作废，并向审查登记机关申请补发。

第十二条 取得工会法人资格的基层工会因所在单位撤销、破产等原因注销的，应当向原审查登记机关办理注销登记手续，并提交法定代表人签署的注销申请书和上级工会关于该基层工会经费、财产清理及债权债务完结的证明。审查登记机关审查登记后，收回原证书，并可以在报刊、网络上发布公告。

第十三条 各省、自治区、直辖市总工会按照中华全国总工会统一规定的代码确定本辖区内基层工会法人资格证书的编码。

基层工会法人资格登记的证书和登记表等由各省、自治区、直辖市总工会按照中华全国总工会下发的格式统一印制。

第十四条 基层工会法人资格登记工作在全国总工会法律工作部的指导下进行。各地基层工会法人资格登记工作由各省、自治区、直辖市总工会法律工作部门负责。

工会法人资格审查登记机关应当逐步实行网络化登记管理。

第十五条 省、市（地）级总工会应当制备工会法人资格登记专用章，专门用于工会法人资格的登记工作，其规格和式样由全国总工会确定。

审查登记机关应当建立基层工会法人资格登记的档案管理制度。

第十六条 工会法人资格审查登记工作所需费用在本级工会经费中列支。

第十七条 县级以上总工会和审查登记机关可以对工会法人资格登记工作进行监督检查。

第十八条 各省、自治区、直辖市总工会可以根据本办法的规定，制定工会法人资格登记的具体实施办法，并报中华全国总工会法律工作部备案。

第十九条 本办法由中华全国总工会负责解释。

第二十条 本办法自下发之日起施行。

中华全国总工会办公厅关于切实做好农民工会员会籍管理的紧急通知

（2009 年 2 月 9 日　工发电〔2009〕13 号）

各省、自治区、直辖市总工会、全国各产业工会，中共中央直属机关工会联合会，中央国家机关工会联合会，全总各部门、各直属单位：

近一时期，国际金融危机对我国实体经济的影响日益显现，因一些企业关闭、破产或经营困难裁员等，致使大批农民工失去工作而返乡。

面对此种情况，为进一步加强农民工会员会籍管理，防止农民工会员流失，特通知如下：

一、各级工会特别是基层工会要高度重视做好当前农民工会员会籍管理工作，深刻认识加强农民工会员会籍管理的重要性和紧迫性，着眼最大限度把农民工组织到工会中来，坚持和完善农民工“一次入会、持证接转、全国通用、进出登记”的会籍管理制度，畅通农民工会员会籍接转渠道，方便农民工入会和接转会籍。

二、要进一步明确责任，落实好农民工会员会籍管理相关工作，对因失去工作岗位返乡的农民工会员，用人单位工会要及时为其填写《工会会员证》“组织关系接转”栏目中的相关内容，加盖公章，连同《工会会员登记表》一并交农民工会员办理会员关系接转手续。

应将返乡农民工会员会籍接转至本人所在村（社区）、乡镇（街道）工会管理。有关村（社区）、乡镇（街道）工会要对返乡农民工逐一了解情况，主动做好返乡农民工会员的会籍接转工作，组织其参加工会活动，并将重新就业的农民工会员会籍接转到新的用人单位工会。农民工会员的统计工作由其会籍所在单位工会负责。

三、各级工会要把“农民工有困难找工会”的要求进一步落到实处，使农民工会员确实感受到工会组织的温暖，采取对农民工会员优先培训、优先介绍就业、优先享受帮扶救助等有效措施，体现会员与非会员的区别，增强工会组织对农民工的吸引力和凝聚力，鼓励和吸引农民工会员珍惜会员身份，自觉配合组织接转会员会籍关系，确保农民工会员队伍稳定发展。

中华全国总工会关于
加强基层工会经费收支管理的通知

（2014 年 7 月 3 日　总工办发〔2014〕23 号）

各省、自治区、直辖市总工会，各全国产业工会，中共中央直属机关工会联合会、中央国家机关工会联合会，全总各部门、各直属单位：

为贯彻落实中央《关于改进工作作风、密切联系群众的八项规定》《党政机关厉行节约反对浪费条例》，以及全国总工会《关于贯彻中央改进工作作风、密切联系群众八项规定的实施办法》（总工发〔2012〕80号）《关于加强工会经费财务管理和审计监督　切实管好用好工会经费的通知》（总工发〔2013〕51号）等文件精神，使工会经费更好地为基层工会工作服务、为职工群众服务，现就加强基层工会经费收支管理有关事项，通知如下：

一、基层工会经费收支管理原则

基层工会组织要认真贯彻落实中央关于勤俭节约的有关规定和全国总工会《关于加强工会经费财务管理和审计监督　切实管好用好工会经费的通知》精神，发扬艰苦奋斗、勤俭节约的优良传统，切实加强工会经费收支管理，坚决制止奢侈浪费，合理有效地使用资金。要坚持工会经费为工会工作和职工群众服务的方向，确保工会经费取之于职工用之于职工，把更多工会经费用在职工身上，为职工群众办实事、做好事、解难事，让工会经费真正惠及职工群众和工会会员。

基层工会的经费收支管理，要贯彻以下原则：

（一）遵纪守法原则。各项经费收支，必须严格执行中央规定、国家法律法规、所在地方政府和中华全国总工会的有关规定，认真执行工会财务会计制度，遵守财务纪律。

（二）依法获取原则。基层工会的各项收入要根据《中华人民共和国工会法》和《中国工会章程》的规定，依法获取。

（三）经费独立原则。基层工会要依法取得社会团体法人资格，单独开设银行账户，实行工会经费独立核算。

（四）预算管理原则。基层工会经费各项支出应当全部纳入预算管理，按照全国总工会《工会预算管理办法》执行。

（五）服务职工原则。基层工会经费使用要突出重点，优化支出结构，集中财力保证维护职工的合法权益、开展职工服务和工会活动。

（六）勤俭节约原则。基层工会要贯彻中央厉行节约，反对浪费的要求，经费使用要精打细算，少花钱多办事，节约开支，提高经费使用效益。

（七）民主管理原则。要依靠职工和工会会员管好、用好经费，定期公布账目，实行民主管理，接受职工和工会会员监督以及经费审查委员会审查。

二、工会经费收入范围

基层工会的各项经费收入，要严格按照《中华人民共和国工会法》《中国工会章程》的规定，依法获得。包括：

（一）工会会员缴纳的会费。

（二）建立工会组织的单位按每月全部职工工资总额的2%向工会拨缴的经费，或上级工会委托税务机关代收工会经费后按规定比例转拨基层工会的经费。

（三）上级工会补助的款项。

（四）单位行政按照《中华人民共和国工会法》《中国工会章程》和国家的有关规定给予工会组织的补助款项。

（五）工会所属的企业、事业单位上缴的收入。

（六）基层工会对外投资取得的收益。

（七）其他收入。

三、工会经费支出范围

工会经费应当全部用于为职工服务和开展工会活动。基层工会要按照所在省级工会确定的经费分成比例，及时足额上解经费。工会经费支出包括：

（一）工会为会员及其他职工开展教育、文体、宣传等活动产生的支出。基层工会应当将会员缴纳的会费全部用于会员活动支出。

1. 职工教育方面。用于工会开展职工教育、业余文化、技术、技能教育所需的教材、教学、消耗用品；职工教育所需资料、教师酬金；优秀学员（包括自学）奖励；工会为职工举办法律、政治、科技、业务、再就业等各种知识培训等。

2. 文体活动方面。用于工会开展职工业余文艺活动、节日联欢、文艺创作、美术、书法、摄影等各类活动；文体活动所需设备、器材、用品购置与维修费；文艺汇演、体育比赛及奖励费；各类活动中按规定开支的伙食补助费、夜餐费等；用会费组织会员观看电影、开展春游秋游等集体活动。

3. 宣传活动方面。用于工会开展政治、时事、政策、科技讲座、报告会等宣传活动；工会组织技术交流、职工读书活动、网络宣传以及举办展览、板报等所消耗的用品；工会组织的重大节日宣传费；工会举办的图书馆、阅览室所需图书、工会报刊以及资料费等。

4. 其他活动方面。除上述支出以外，用于工会开展的技能竞赛费用及其他活动的各项支出。

（二）工会直接用于维护职工权益的支出。包括工会协调劳动关系和调解劳动争议、开展职工劳动保护、向职工群众提供法律咨询、法律服务、对困难职工帮扶、向职工送温暖等发生的支出及参与立法和本单位民主管理、集体合同等其他维权支出。

（三）工会培训工会干部、加强自身建设及开展业务工作发生的各项支出。包括开展工会干部和积极分子的学习和培训所需教材资料和讲课酬金等；评选表彰优秀工会干部和积极分子的奖励；组织劳动竞赛、合理化建议、技术革新和协作活动；召开工会代表大会、委员会、经审会以及工会专业工作会议；开展外事活动、工会组织建设、建家活动、大型专题调研；经审经费、基层工会办公、差旅等其他专项业务的支出。

（四）工会从事建设工程、设备工具购置、大型修缮和信息网络购建而发生的支出。包括房屋建筑物购建、办公设备购置、专用设备购置、交通工具购置、大型修缮、信息网络购建等资本性支出。

《中华人民共和国工会法》规定，各级人民政府和企业、事业单位、机关应当为工会办公和开展活动，提供必要的设施和活动场所等物质条件。

在行政方面承担资本性支出的经费不足，并且基层工会有经费结余的情况下，工会经费可以用于必要的资本性支出。

（五）对工会管理的为职工服务的文化、体育、教育、生活服务等独立核算的事业单位的补助和非独立核算的事业单位的各项支出。

（六）由工会组织的职工集体福利等方面的支出。主要用于工会组织逢年过节向全体会员发放少量的节日慰问品，会员个人和家庭发生困难情况的补助，以及会员本人过生日的慰问等。

（七）以上支出项目以外的必要开支。

四、严格控制工会经费开支

（一）基层工会要认真贯彻落实《中华人民共和国工会法》《中国工会章程》，以及全国总工会《工会预算管理办法》《关于加强工会经费财务管理和审计监督　切实管好用好工会经费的通知》精神，严格控制工会经费开支，各项开支实行工会委员会集体领导下的主席负责制，重大开支集体研究决定。

（二）不准将工会经费用于服务职工群众和开展工会活动以外的开支。

1. 不准用工会经费购买购物卡、代金券等，搞请客送礼等活动。

2. 不准违反工会经费使用规定，滥发津贴、补贴、奖金。

3. 不准用工会经费支付高消费性的娱乐健身活动。

4. 不准单位行政利用工会账户，违规设立“小金库”。

5. 不准将工会账户并入单位行政账户，使工会经费开支失去控制。

6. 不准截留、挪用工会经费。

7. 不准用工会经费参与非法集资活动，或为非法集资活动提供经济担保。

8. 不准用工会经费报销与工会活动无关的费用。

五、本通知下发后，全总 2009 年 10 月 28 日印发的《基层工会经费收支管理办法》（总工发〔2009〕47 号）同时废止。